中国工程院院士

是国家设立的工程科学技术方面的最高学术称号，为终身荣誉。

中国工程院院士传记

程泰宁传

陈敬 著

中国建筑工业出版社

人民出版社

图书在版编目（CIP）数据

程泰宁传 / 陈敬著. —北京：中国建筑工业出版社，2023.10
（中国工程院院士传记）
ISBN 978-7-112-29171-7

Ⅰ.①程… Ⅱ.①陈… Ⅲ.①程泰宁—传记 Ⅳ.①K826.16

中国国家版本馆CIP数据核字（2023）第180306号

责任编辑：费海玲　张幼平　陈　桦
责任校对：赵　力

中国工程院院士传记

程泰宁传

陈　敬　著

*

中国建筑工业出版社出版、发行（北京海淀三里河路9号）
各地新华书店、建筑书店经销
北京锋尚制版有限公司制版
北京富诚彩色印刷有限公司印刷

*

开本：787毫米×1092毫米　1/16　印张：22　字数：348千字
2024年3月第一版　2024年3月第一次印刷
定价：**98.00**元
ISBN 978-7-112-29171-7
（41626）

中国工程院院士传记丛书

编辑出版工作领导小组

顾　问：宋　健　徐匡迪　周　济

组　长：李晓红

副组长：钟志华　蒋茂凝　邓秀新　辛广伟

成　员：陈建峰　梁晓捷　罗莎莎　唐海英

　　　　丁养兵　李冬梅

编辑和审稿委员会

主　任：辛广伟　罗莎莎

副主任：葛能全　唐海英

成　员：张戟勇　谭青海　侯　春

编辑出版办公室

主　任：张戟勇

成　员：侯　春　张丽四　龙明灵　李淼鑫

　　　　方鹤婷　姬　学　高　祥　何朝辉

　　　　宗玉生　张　松　王小文　黄　永

　　　　丁　宁　聂淑琴

总　序

20世纪是中华民族千载难逢的伟大时代。千百万先烈前贤用鲜血和生命争得了百年巨变、民族复兴，推翻了帝制，肇始了共和，击败了外侮，建立了新中国，独立于世界，赢得了尊严，不再受辱。改革开放，经济腾飞，科教兴国，生产力大发展，告别了饥寒，实现了小康。工业化雷鸣电掣，现代化指日可待。巨潮洪流，不容阻抑。

忆百年前之清末，从慈禧太后到满朝文武开始感到科学技术的重要，办"洋务"，派留学，改教育。但时机瞬逝，清廷被辛亥革命推翻。五四运动，民情激昂，吁求"德、赛"升堂，民主治国，科教兴邦。接踵而来的，是18年内战、14年抗日和4年解放战争。恃科学救国的青年学子，负笈留学或寒窗苦读，多数未遇机会，辜负了碧血丹心。

1928年6月9日，蔡元培主持建立了中国近代第一个国立综合性科研机构——中央研究院，设理化实业研究所、地质研究所、社会科学研究所和观象台四个研究机构，标志着国家建制科研机构的诞生。20年后，1948年3月26日遴选出81位院士（理工53位，人文28位），几乎都是20世纪初留学海外、卓有成就的科学家。

中国科技事业的大发展是在新中国成立以后。1949年11月1日成立了中国科学院，郭沫若任院长。1950—1960年有2500多名留学海外的科学家、工程师回到祖国，成为大规模发展中国科技事业的第一批领导骨干。国家按计划向苏联、东欧各国派遣1.8万各类科技人员留学，全都按期回国，成为建立科研和现代工业的骨干力量。高等学校从新中国成立初期的200所增加到600多所，年招生增至28万人。到21世纪初，高等学校2263所，年招生600多万人，科技人力总资源量超过5000万人，具有大学本科以上学历科技人才达1600万人，已接近最发达国家水平。

新中国成立60多年来，从一穷二白成长为科技大国。年产钢铁从

1949 年的 15 万吨增加到 2011 年的粗钢 6.8 亿吨、钢材 8.8 亿吨，几乎是 8 个最发达国家（G8）总年产量的 2 倍。20 世纪 50 年代钢铁超英赶美的梦想终于成真。水泥年产 20 亿吨，超过全世界其他国家总产量。中国已是粮、棉、肉、蛋、水产、化肥等第一生产大国，保障了 13 亿多人口的食品和穿衣安全。制造业、土木、水利、电力、交通、运输、电子通信、超级计算机等领域正迅速逼近世界前沿。"两弹一星"、高峡平湖、南水北调、高公高铁、航空航天等伟大工程的成功实施，无可争议地表明了中国科技事业的进步。

党的十一届三中全会以后，实行改革开放，全国工作转向以经济建设为中心。加速实现工业化是当务之急。大规模社会性基础建设，大科学工程、国防工程等是工业化社会的命脉，是数十年、上百年才能完成的任务。中国科学院张光斗、王大珩、师昌绪、张维、侯祥麟、罗沛霖等学部委员（院士）认为，为了顺利完成中华民族这项历史性任务，必须提高工程科学的地位，加速培养更多的工程科技人才。中国科学院原设的技术科学部已不能满足工程科学发展的时代需要。他们于 1992 年致书党中央、国务院，建议建立"中国工程科学技术院"，选举那些在工程科学中做出重大的、创造性成就和贡献、热爱祖国、学风正派的科学家和工程师为院士，授予终身荣誉，赋予科研和建设任务，请他们指导学科发展，培养人才，对国家重大工程科学问题提出咨询建议。中央接受了他们的建议，于 1993 年决定建立中国工程院，聘请 30 名中国科学院院士和遴选 66 名院士共 96 名为中国工程院首批院士。于 1994 年 6 月 3 日，召开了中国工程院成立大会，选举朱光亚院士为首任院长。中国工程院成立后，全体院士紧密团结全国工程科技界共同奋斗，在各条战线上都发挥了重要作用，做出了新的贡献。

中国的现代科技事业比欧美落后了 200 年。虽然在 20 世纪有了巨大进步，但与发达国家相比，还有较大差距。祖国的工业化、现代化建设，任重道远，还需要有数代人的持续奋斗才能完成。况且，世界在进步，科学无止境，社会无终态。欲把中国建设成科技强国，屹立于世界，必须持续培养造就数代以千万计的优秀科学家和工程师，服膺接力，担当使命，开拓创新，更立新功。

中国工程院决定组织出版"中国工程院院士传记"丛书，以记录他们对祖国和社会的丰功伟绩，传承他们治学为人的高尚品德、开拓创新的科学精神。他们是科技战线的功臣，民族振兴的脊梁。我们相信，这套传记的出版，能为史书增添新章，成为史乘中宝贵的科学财富，俾后人传承前贤筚路蓝缕的创业勇气、魄力和为国家、人民舍身奋斗的奉献精神。这就是中国前进的路。

宋健

2012 年 6 月

序《程泰宁传》

　　友人把陈敬和她的一部传记文学手稿介绍给我，传记写的是中国工程院院士程泰宁先生。我与陈敬和程泰宁先生都素昧平生。友人期望我能对她有所帮助，并把一份打印稿递到我面前。我从首页顶端看到一个第 13 稿字样，便问："改了 13 稿？"陈敬说："不止，后来改的不标记了。"

　　我没见过哪个作者将一部书稿改了这么多次！我看了几页，对她说，你的文字是很好的，这是最基础也最重要的，是你能够写好的根据。我还说，好文章是改出来的，去掉可以不写的，留下的就是好的。我不知我的泛泛之谈对她有什么用。后来我看到了她惊人的进步。我相信这是她在孜孜不倦地进行了那么认真的斟酌修改后达到的一个质的飞跃。

　　陈敬说："这是一本介乎他传与自传之间的传记。"为什么？陈敬一遍遍地修改，基于她与程泰宁先生"六年数百小时的直面交流"，这在一定程度上构筑了"口述史"的真，又有程先生对陈敬文稿提出的修正，还有陈敬所坚持的求实求是，这便是两个认真者的认知交织乃至融合于一书的传记。我感到我遇见一个既非他传也非自传的传记文学作品了，这是应该刮目相看的。

　　我是从这部传记中认识我读到的程泰宁的。他生于日本侵华战争全面爆发的年月，未及记事就随父母逃难到四川，战乱中的童年使他"不知何处是故乡"，但颠沛中渐渐刻骨铭心的记忆却使他童心中有了祖国，一个破败的被日本飞机轰炸的祖国。传记里，他童年视角中的江村河流，被炸毁的房屋，亲人离聚，迁居又迁居……都有着仿佛能令人闻其声感其苍凉的真实。

　　新中国诞生了。他在全国扫盲和大办教育的背景里一路读书读到了大学，那是阳光灿烂的年华。结婚成家了，"长长的筒子楼，像一条空中胡同，串起每层十几户人家。"何曾想到，那就是孕育新一代优秀建筑师的摇篮。所有历史性的艰难和困苦，都在考验和锻炼同新中国一起成长的这一代青年。在"五七"干校成立之前，程泰宁们就到农村去了。无论身处的"局部"多么真实，日后都会在一遍遍的反思中经历再认识。城乡简陋破旧的房屋，总在激励一个孜孜于建筑专业的读书人。"高高的坡屋顶上面吊挂了一个15瓦灯泡"，光线很暗，程泰宁把桌子和椅子叠放上去，人再爬上去……这是什么，是努力靠近光明。

改革开放了，他感到西方现代建筑对我国传统建筑的冲击几乎是碾压式的。他紧迫地感到了需要向世界学习。然而几年后，他对建筑中出现越来越盛的"仿洋风"感到忧虑，进而在1986年的《建筑学报》上发表《立足此时 立足此地 立足自己》，强烈直言中国建筑师要做的，就是"坚持自己的坐标，走自己的路"。

这不是一般的认识。请读这段文字："现代建筑以其变幻不定的笔触记载了现代工业文明的辉煌，也记载了它的混乱、冲突和矛盾。20世纪令人炫目的技术奇迹，不能掩盖人类生存环境日益恶化的现实。面对这种状况，有责任感的建筑师无不感到面临的巨大挑战。中国建筑师所面临的局面就更为严峻。但我们绝不退缩，绝不随波逐流。我们愿与所有有志于斯的同行一起，在商品经济浪潮冲刷中，验证自己的主张，树立自己的品质，重铸中国建筑的新辉煌。"这段话是1994年的程泰宁和他的创作团队共同斟字酌句地写下的。

2005年他发表了《东西方文化比较与建筑创作》。这已超越建筑技艺，进入大文化思考。城市出现大型怪异建筑，百姓怒批，这其实让我们有机会来认识，真正凝聚着中国文化的建筑，深蕴着对平凡事物的尊敬，洋溢着亲切的平民性格。2014年，程泰宁在第十届亚洲建筑国际交流会上做了《语言·意境·境界——东方智慧在建筑创作中的运用》的发言，他以"境界"为哲学基础，以"意境"为美学特征，以"语言"为媒介，简述一种融合古今中西的建筑理论体系。在这里，我看到了一位中国院士的境界和建树。

再说这部"介于他传与自传之间"的传记，它令我想起，1946年有人劝说爱因斯坦写回忆录，爱因斯坦几经考虑后在《自述》中写下了他曾经的忧虑："现在67岁的人已完全不同于他50岁、30岁或者20岁的时候了。任何回忆都染上了当前的色彩，因而也带有不可靠的观点。"后来爱因斯坦同意写了，因他想明白了："讲一讲自己努力和探索过的事情，在回顾中看起来是怎样的，那该是一件好事。"

爱因斯坦给出了一个值得我们认真思考的事实：即使是爱因斯坦这样的科学家，写回忆录要达到同当年一样的绝对真实，是不可能的。那么，是不是就有无法达到的"真实"呢？不是的。经过岁月淘洗，对往事的认识可能穿透时空获得更高的真实，即本质的真实。

不仅写作如此，阅读也如此。一部传记文学作品写的人物（包括纪实作品的人物），是某作者写的某人。那么看一切纪实作品，只能看到作者是怎样看世界和看所写的人物的。这就是纪实作品的人物特征，这个特征要求作家去开掘和创造出超越采写对象的社会意义、美学意义。这并不是降低传记或纪实文学的真实性，而是提出一个更高的命题：去追寻本质的真实。

我仔细读下来，感到陈敬所写的程泰宁先生，最精准的刻画也许莫过于她在《后记》中归纳的："除了最先闪过的博学和睿智外，执着/超脱，强势/无奈，完美/妥协，激进/低调，喜新/守拙，大气/细节，自我/随和，荣耀/寂寞……一组组相互对立的词语，手拉着手向我示威。"这段描述是如此精彩而难得。不论先生对陈敬的文稿有怎样严格的要求，陈敬对自己独立观察和认识的坚持，是在的。这已不是一般地写出人物性格，而是挺进到人物的精神世界。

我看到，陈敬描述的如彼矛盾又如此统一在程泰宁先生身上的内容，反映的并不只是个人的性格，而是所处的时代在一个读书人身上的映射。中国近代遭遇"三千年未有之变局"，我们怎样认识世界，怎样认识自己，是整个民族的难题。百年后，计算机在诸多领域取代齿轮。我曾写下："当世界再一次变成需要重新认识的对象，人生也会成为一个陌生的难题。"我能理解，某种看似矛盾的认识竟能统一在一个读书人的头脑里，其实正是这个人在不同的时期不同的年岁都真实地面对自己的困惑，并去寻求真知的反映。这也使我想起我自己的一个人生体验："我需要不断地同自己的自以为是和自以为不是作斗争。"

我敬仰中国文化很早就分出道与术。在这部传记里，我看到程泰宁如此划分："科学为术，自然为道。语言为术，境界为道。技艺为术，人文为道。"我以为先生是深得中国文化精髓的。从前我听说建筑是"凝固的音乐"，现在更体会到，建筑是一个民族历史的和现代的审美、情感、价值观的综合表达，凝聚着一个民族深厚而庄严的文化。当今是东西方文化在数百年相遇相撞中经历着重新认识的历史时期，中国在经历一次新的文化复兴。在建筑领域，程泰宁期望和同仁一道，用行动为世界建筑的健康发展提供中国思索，致力于让建筑走出"现代性困惑"与"理性的铁笼"，走向融境界、意境、语言于一体的"诗与远方"。

对程泰宁院士，对这本传记的创作探索，我以由衷的祝福写此序致敬！

王宏甲

2023 年 5 月 12 日

注：本文作者为中国作家协会报告文学委员会副主任，中国传记文学培训部主任。

目录

上 篇

下　篇

上
篇

第一章

寻梦少年

（1935—1952）

　　童年中有些记忆，总是会扎根在每个人的心里，它可能会影响我们的一生。童年犹如人的精神摇篮，摇出纯真的天性与最初的梦想，然后一起交给岁月去打磨……

1 不知何处是故乡

初次听程泰宁讲他的童年经历，第一印象就是"动荡"，与他名字里的"泰宁"反差很大。

他生于南京，当时的国民政府首都。那天是 1935 年 12 月 9 日，北平爆发了一二·九抗日救亡运动。在他不满 2 岁时，日本侵华战争全面爆发，国民政府迁往陪都重庆，在政府工作的祖父和父亲奉命西撤，家中妇孺随后逃难到四川巴县（现属重庆）和重庆江北。抗战胜利后，父亲工作升迁，他家又先后搬往镇江、南京小住，直到 1948 年才在上海定居下来。那一年，他 13 岁。说不清何处是故乡的童年生活结束了。

他说，自己童年的记忆，是从渔洞溪镇开始的。

渔洞溪镇位于长江南岸，当时隶属四川巴县（今重庆巴南区），离重庆市区约 30 公里，自明代开始设立水驿而渐成集市。由于地处长江黄金水道，形成了特有的水运文化、宗教文化与地域文化。镇上的房子多建造于明清时期，利用山水间隙而造，坡檐街廊，吊脚台院，依山就势，叠屋累居，与周围环境浑然一体，可谓是"青石板，木板墙，格子窗，穿斗房"。江上百舸往返，码头到处是力夫挑担的身影，混杂着商贩叫卖的声音，十分热闹。

我家逃难到四川后住在渔洞溪镇的初期，经常遭遇日本鬼子的空袭。警报一旦拉响，所有附近的居民都会躲到一个公共防空洞里。而我每次一进防空洞总是放声大哭，哄吓不止，以至引起公愤。人们认为这哭声会被日本飞机上的鬼子听到，引来敌机的轰炸，于是强烈要求我离开。无奈之下，我的父亲（有时是母亲）不得不把我抱出防空洞，回到家里大方桌（上面铺着棉被）下躲避。所幸敌机的炸弹并未落在我家的房屋上。❶

---

❶ 程泰宁. 似真似幻说童年 [M] // 金磊主编. 建筑师的童年. 北京: 中国建筑工业出版社, 2014.

遭受轰炸的经历，是长辈们在程泰宁懂事后讲给他听的。他们说他"不识眉眼"（南京俚语），又拿他无可奈何。他那时年幼，不懂轰炸的威力，哪里能知道祖父就是因为轰炸而意外身故的。

祖父是在从重庆回渔洞溪镇探亲的路上遭遇日军飞机轰炸，从滑竿（中国西南山区特有的一种供人乘坐的传统交通工具）上跌落，引发脑溢血去世的。在程泰宁模糊的记忆里，家里都是穿白衣服的人。油灯的阴影里，跪着父亲和母亲。

外祖父　甘鉉

那时程泰宁还不满五岁，对祖父印象很淡，所知有限。后来才知道，祖父叫程敏斋，祖籍安徽婺源（今属江西），世居南京，早年间家里开过字画店。祖父字写得很漂亮，小时候常站在板凳上帮人写对联。长大后，他考取功名做过安徽寿县县长。期间经手的钱很多，去蚌埠开会都要雇人挑着银元。国民政府执政后，他考入山西行政院后升为科长，抗战前调回南京并随国民政府迁往重庆。

祖父的过早离世，切断了他这一脉后人与祖籍的联系。迄今，程泰宁从未回去过。

所谓祸不单行。程泰宁被战争夺走的第二位至亲，是他的外祖父甘鉉（字仲琴，1869—1939）。

甘家在南京属于名门望族，其祖宅甘熙故居被南京人唤作"九十九间半"（实际有房屋 300 余间）。故居始建于清嘉庆年间，因规模最大、保存完好而与明孝陵、明城墙并称南京三大明清景观，现经修缮作为南京民俗博物馆对外开放。甘家的名望还来自英雄辈出的族人。据甘家族谱《金陵甘氏考》（甘醲编著，凤凰出版社，2010 年）记载，上有战国时期的秦武王左丞相甘茂、三国时的东吴十二虎臣之一甘宁等历史人物，近有清代学者、方志学家甘熙，南京地方历史文献《白下琐言》，即为甘熙所著。到民国时期，最有声望的有两位，其中一位就是甘鉉。

一直住在甘熙故居的甘鉉，在南京商界和政界都颇有影响力。他曾任南京市总商会会长、民国临时政府参政院参政，南京著名的中央商场，就是他与张静江、茅以升等人一起创办的。在商会时，他抵制日货，积极扶持民族工商业，声援南京和记洋行的工人罢工。他还热心慈善，常在三伏天命人在甘家门口摆下摊子，免费为老百姓提供甘家自制的解暑饮料，在坊间有"甘大善人"的美誉。

外祖父原本没打算逃难，但汪伪政府想利用他的名望，重振沦陷后的南京商业以制造虚假的繁荣。他们哪里知道，让一个颇有民族气节的老人当汉奸，怎么可能！为了躲避敌伪的持续逼迫，69岁的甘鈜只好孤身一人从南京投奔女儿一家。然而，恶劣的流亡生活，加之国破家亡的忧患和郁闷，还是让他过早撒手人寰、寿终他乡。

外祖父走了。那个只要跑过去喊一声，就会爱抚地摸一下自己的头的朦胧身影，留在了程泰宁童年的记忆里。几十年后，当他重回甘熙故居见到外祖父的肖像、了解到他的事迹时，对外祖父的追思，除了亲情，更多有一份感佩和崇敬。

祖父和外祖父相继去世，父亲平日要在重庆上班，留在镇上的程家就变成了由女人和孩子组成的"母系社会"。这个社会的首领，是祖母和母亲。

祖母那时还不到五十岁。她很快把十几口人的管家事务悉数交给母亲，然后从孙辈里率先"领养"了程泰宁——母亲要管家，已无暇照顾孩子，只能把他们分别托付给相应的女性长辈照管。于是，几个孩子都有了各自的专属礼遇。负责照顾弟弟永宁的程家帮佣老尹奶奶，会悄悄在弟弟碗底藏个鸡蛋或几块肉，而祖母则会用体己钱给程泰宁买零食。

"老大，过来。"祖母在向他招手。

程泰宁知道祖母又要带他去买糖或咸鸭蛋吃了。

他家那时住在离镇中心几百米远的一心善堂。这个善堂是捐建给穷人施粥用的，抗战期间改为难民的临时住所。善堂共两层，带个院子。程家借住在二楼，视野很好，可以看江。原本十四五米见方的一大间，被家人用席子隔成三小间：父母带着妹妹、小弟弟住一间，其他长辈与大孩子住另一间，当中那间前面做堂屋，后面连着厨房。

蜀地多坡，善堂建于可以望见长江的高处，进出都要经过一段高高的石阶路。祖母裹着小脚走不稳，出门时总要紧紧握住程泰宁的小手，然后侧着身子一步一步地被他搀扶下石板台阶。这个画面一直印刻在他的脑海里并化入后来的创作中。在重庆美术馆项目里，树林、山体、坡坎、梯级，层层叠落的屋顶，共同构成了重庆的整体意象。

祖母对程泰宁属于"只疼爱、不管教"，说是溺爱也不为过。每次回家，她总会递上块热毛巾让他擦一擦，说这样"人会好过点"。哪怕读大学后放寒暑假，看到孙子顶着酷暑在亭子间里发奋，祖母依然会心疼不已。她会在楼下一遍遍地喊他下来歇会儿，然后数落他："你这个娃儿，怎么一点都不知道爱惜自己呢！"

程泰宁也很爱祖母。在他记忆中，祖母为人善良，性格温和，不爱笑也很少哭。她常说，有什么好哭的呢，眼泪早就流光了。这让年幼的他总是无法理解。

虽然不懂祖母，但他最担心祖母会像祖父和外祖父一样突然离开他。有一次，父亲请一位"大师"到家算命。程泰宁当时已有十一二岁，好奇地躲在门后偷听。"大师"先为父亲算何时升官发财，他没兴趣；到为祖母算寿时，"大师"说祖母的大限在1955年。他心头一紧。从那以后一直过得提心吊胆，时常做噩梦哭醒。1955年他已在南京读大三，祖母平安无事。此后祖母又陪伴他们生活了二十年。在此期间，早已离家在外的程泰宁，一有机会就会回去看望祖母，陪她聊聊天，陪她坐一会儿。

逃难的日子是漫长的。与之相伴的，是长辈们对故乡的思念，年复一

一心善堂

渔洞老街

年。他们说得最多的就是南京和甘熙故居，而程泰宁也是从他们的口中，对这个不是家乡的家乡有了最初的认知。

他们说，作为九朝古都的南京，是"江南佳丽地，金陵帝王州。逶迤带绿水，迢递起朱楼"，也说那时的南京已"有了全国最好的柏油路，有了富丽雄伟的会堂、官廨、学校、戏院、商号、饭店、菜馆、咖啡店乃至私人住宅"。当然，最津津乐道的还是在甘熙故居的日子。

（我）出生后不久住在南京，母亲常回娘家（甘熙故居）打麻将，两个奶妈带着我和小我一岁的弟弟同去母亲家玩耍，而我每次一到那里就放声大哭，闹着要回家。以至弟弟的奶妈在牌局结束后，总能"抽头"得到些外快，而我的奶妈却没有，这使我的奶妈很不爽。❶

与程泰宁的莫名想逃离不同，父亲程子敏很喜欢去甘熙故居。这大概与程泰宁的外祖母有关。事实上，他这个女婿，就是被外祖母相中的。

父亲生于1911年，辛亥革命爆发那年。生于乱世的他，少年时就把救国理想寄托在政治革命上。他做过童子军，参加过1925年孙中山先生的逝世追悼会（是维持秩序的童子军）。中学时，他听革命先驱恽代英、肖楚女演讲，接受了进步思想熏陶。15岁，他加入国民党，期间因对蒋介石清党独裁不满，参加了中国国民党改组同志会，一度被国民党开除党籍。

1931年，年方20岁的程子敏从上海持志大学（上海外国语学院前身）中文系毕业，进入国民政府南京内政部地政司，与水利委员会以及江苏省长公署一起，在明代王府"林瞻园"里集中办公。地政司的职能接近于今国土资源管理局，当时的核心任务是完成国民政府"为百年而计"的"首都计划"。按照这个计划，九朝古都南京即将成为中国历史上第一个按照国际标准采用综合分区规划的城市。

在忙碌工作的人流中，英俊干练的程子敏总能令人眼前一亮。他为人机敏、办事妥帖，加之正直且勤奋，颇受上司器重，晋升很快。在有心人介绍下，程泰宁的外祖母、甘鋐的夫人看中了他，做主把人称"甘四小姐"的四

❶ 程泰宁. 似真似幻说童年 [M] // 金磊主编. 建筑师的童年. 北京：中国建筑工业出版社，2014.

女儿甘月华许配给他。

外祖母为人和善，行事大气。她对自己挑选的女婿一直很好。每次父亲去甘家吃饭，她知道他爱吃螃蟹，就一个接一个地亲手剥给他吃。她一边剥还一边夸赞父亲是家里的顶梁柱，说他不仅事业心强，家庭观念也重，对长辈、妻子和孩子都很好，不容易啊！

年青的父母亲

外祖母的优良特质悉数传给了程泰宁的母亲甘月华。她出身名门却毫无"公主病"，她性格随和，待人宽厚，读书不多但会背不少古诗。她恪守传统，对于自己的婚事也是全凭父母做主。

在外祖母的悉心关照下，程泰宁的父母婚后琴瑟和鸣，最直接的"成果"就是四年里接连生了四个孩子：程泰宁的姐姐程润芳、哥哥、程泰宁和大弟弟程永宁，算上后来逃难到四川后出生的妹妹程庆芳和小弟弟程遐宁，程家一共兄妹六人。本是程家第三个孩子的程泰宁，由于哥哥的夭折和姐姐的过早去世（抗战胜利后在返乡船上因感染脑膜炎而亡故），顺位成为程家的长子长孙。

程家在鱼洞溪镇上住了整整七年。

程泰宁记得，每年过年时，家里堂屋的油灯总会比平日点得亮一些。年夜饭前，大人们会玩一种对筷子的游戏：两人各拿三支筷子，摆成"冂"字形，相向而行并向内移动，嘴里还念叨："天灵灵、地灵灵，筷子姑娘有神灵；今年能回南京去，筷子就往里面行；今年不回南京去，筷子就往外面行"，一边念一边对。如果四根筷头对上了，大家就很高兴，觉得今年有希望回家乡了。孩子们也学着大人的样子，但眼睛里只有满桌的菜肴，心里想的也只是晚上可以举着竹编的火把，跟着家里的两位帮佣老段和老尹奶奶去看要龙灯。这就是再好不过的年味了！

对这个游戏玩得最认真的总是母亲。战争对母亲的改变也最大。

对她来说，养尊处优的生活，从逃难那天已经一去不复返，接着就是没有尽头的居无定所。条件恶劣姑且不论，远在重庆上班的父亲又不在身边。特别是在受命管家后，原来万事都不操心的母亲，一下子要负责十几口人的吃穿用度，她的紧张和压力感是可想而知的。

遇到困难，母亲只能用书信与父亲联络。他们在"我的月"和"我的敏"的相互称谓中，期盼着一两个月一次的小聚。那就是最让母亲

抗战期间全家合影（1941年重庆渔洞溪）
前右一：程泰宁

和祖母欢喜的时刻了。每到这时，"母系社会"就变得格外热闹起来。

母亲对钱财很看得开，没什么理财观念，只要全家人衣食无忧就可以。最困难时，家人也没挨过饿；最富有时，家里也没一件值钱的家具。后来程家搬到镇江时，生活宽裕了，登门做客的亲戚朋友多起来，见过世面又有多年管家经验的母亲，对来宾都一视同仁、以礼相待，还悄悄周济了不少人，在父亲同僚和两家亲朋中都留下了很好的口碑——晚年在甘家被尊称为"老祖宗"。后来父亲在上海失业落魄时，多次得到亲朋援手相助。父亲常说，这都是母亲当年结下的善缘。

或许是受母亲影响，程泰宁从小就对财富没有兴趣。他没有体验过因缺钱而挨饿的痛苦，直到读小学，他才知道世上居然还有吃不饱饭的小孩。他也不曾有过因有钱而摆阔的愉悦。于是，钱财可脱贫、可炫富的双向魔力，对他似乎都不存在。

按理说，十几口人的大家庭，上有老下有小，长辈多、女人多、孩子多，矛盾是非应该不会太少。但母亲自有她的管家艺术——难得糊涂。遇到问题，她总说"糊"过去就好了。而且，在温和大度的祖母默许下，每次都能"糊"得大家挑不出什么毛病。

平和、友善的家庭氛围，为程泰宁提供了自由宽松、和谐健康的成长空间。一个典型的佐证是长大后的程泰宁，在为人处世方面从不"小心眼"。

"老大，别看了，进来吃饭吧。"

一心善堂的二楼有条不到两米宽的环廊，这里是程泰宁最喜欢停留的地方。他会长时间坐在走廊上俯瞰从房前逶迤流过的长江，目光追随江面上一艘艘大小不同的船只，想象它们到底会流向哪里。

在渔洞溪镇俯瞰长江

母亲常说，家乡就在江的另一端。这让他对这条被称为"东西万里川、上下五千年"的大江有种说不出的情感。事实上，尽管他童年生活的轨迹颇为凌乱，但将其连成一线就会发现，始终没有离开长江流域，两次长途迁徙（逃难与返乡）也是乘船走的长江。直到今天，他仍会梦到童年时的家，就像一叶扁舟，在长江上随波逐流。

或许，对程泰宁来说，故乡不是某个地方，而是一片孕育并延续了华夏文明的广阔流域。他搭乘着"家庭号小船"——在战火中虽然破旧、动荡，却不乏温情——从这里缓缓而来，带着这方水土赋予他的清秀与温润，带着他的敏感与开阔，让人很容易联想到长江文明第一文人屈原和他那句著名的"长太息以掩涕兮，哀民生之多艰"。

谁能说这不是一种别样的乡愁呢！

2 倔强少年侠客梦

　　和其他小男孩一样，童年时的程泰宁，任性、顽皮、好动，而且更加古灵精怪。他主意多、胆子大，时常带着弟弟妹妹和邻家小孩一起玩闹，成了一心善堂院里的孩子王。

　　据长辈说，我从小就"不识眉眼"而且很任性，常做出一些令人生厌但又令人无可奈何的事情。稍长，开始记事，但似乎也没有什么值得夸耀的记忆。相反，如果把几件有突出印象的记忆汇总，恐怕会给人一种印象——顽劣。

　　那时候，不知道"蒋委员长"是何方神圣。但听到大人谈话，心想这一定是一个像玉皇大帝或是刘备、曹操那样能管很多人的大人物。于是我就自封为"蒋委员长"，在一起玩耍的小伙伴们也这样叫我。有一天，我看到一处高坡上很整齐地堆放着一垛木枋。我很想用这些木枋为我这个"蒋委员长"搭建一个"聚义厅"。木枋有点重，一个小孩拿不动，木垛又比较高，小孩也够不着。因为木垛码在一个斜坡上，于是我指挥小伙伴们合力使劲从上往下推。结果木垛失稳，一整垛木枋完全垮塌，一部分木枋掉在了一侧有一层楼高差的石板路上，发出了巨大的响声。大家都吓呆了，我喊了声快跑，小伙伴们一会就一溜烟地跑得无影无踪了。我这个"蒋委员长"也心怀鬼胎地回到家里，心想这个祸闯得有点大。我不知道那垛木材的主人会不会找到家里来算账，更担心木材垮落在下面的道路上是否砸伤了人……直到几天过去后，也没有什么反应，这才把悬着的一颗心放了下来。❶

　　这是程泰宁最早的"建造"工程，因对"结构"考虑不周而不幸坍塌。不过从事发后他的反应看，倒也算有担当——让小伙伴先跑，也有反思——这个祸闯得有点大。

❶ 程泰宁. 似真似幻说童年 [M] // 金磊主编. 建筑师的童年. 北京: 中国建筑工业出版社, 2014.

"老大太淘气了，不如让他早点上学吧。"

在征得父亲同意后，母亲把程泰宁送到渔洞溪镇中心小学。这一年是1941年，他还不满六周岁。

入学不久，程泰宁就被拉入儿童袍哥帮会。这个帮会是干什么的，他不知道。他为何会被拉入，他也不知道。他只知道自己在里面年纪最小。他记得学校每周一训话时，不听话的学生都要趴在长条凳上被打屁股，而"行刑手"就是帮会里的"大哥"。这让他觉得自己也很神气。可笑的是，不久他也加入到受罚的行列，只不过是在家里。

在我们那个时代，因为小孩做错事或不听话而被罚跪是常有的事，但当众罚跪就比较罕见了。七八岁时，由于我的不服管教，常常惹大人生气。一次母亲实在气急了，就让我跪在有好几家居住的大院子里，并且请人写了"忤逆不孝"四个字贴在我的床头上。性格一向温和的母亲为什么这次下了"狠手"，长大后才慢慢明白：逃难到四川不久，祖父和外祖父相继去世，全家十几口人全赖父亲的很少的薪水支撑，而父亲远在百里以外的重庆上班，一两个月才回家一次，这一大家子实际上是靠母亲操持。经济上的窘迫、家事的繁杂、客居异地他乡的种种不便，使母亲身心俱疲，年纪还轻的她就曾因劳累而吐血。在这种情况下，面对我这个常常闹事而又总不听话的孩子，迫使她痛下一次"狠手"，这心情是完全可以理解的。这让我隐隐地觉得自己的不对，因此默默地接受了母亲的责罚并心怀愧疚。❶

现在回看，激怒母亲的，显然不仅是淘气和闯祸，更多的还是他的倔强和不服管教。这或许与父亲不在、母亲无暇，祖母只宠不管有关。可以说，他基本是被"放养"的。

这样的孩子，通常自我意识更强，胆子更大也更有主见，但也会因缺乏引导和约束而显得倔强、叛逆，"无法无天"。对程泰宁来说，只要是他认准的事，他从小就是"撞了南墙也不回头"的性格。即使长大后，他也经常

❶ 程泰宁. 似真似幻说童年 [M] // 金磊主编. 建筑师的童年. 北京：中国建筑工业出版社，2014.

无惧成为人群中的少数，即使在不被理解中艰难独行，也改变不了他的"英雄"本色。

再淘气的孩子，身上也有"亮点"。程泰宁的亮点就是喜欢看书，而且是看"闲书"。

偏僻的渔洞溪镇上书源有限，家里存放的看完了，他就和同学、邻居小朋友相互借着传看。到小学三四年级，他看的书还来自于教语文的、长得很好看的罗老师。她常把在其他年级没收来的书悄悄给他看，他记得有本书叫《粉妆楼》。就这样，他从此养成习惯，抓到什么就看什么。除了四大名著，《聊斋》《阅微草堂笔记》《二十年目睹之怪现状》和《官场现形记》外，还读过《曾文正公家书》等。他记得这些书大多是铅印的，印刷质量不错，也有些是油光纸石印的，单面对折，字很小，有点模糊。

一段日子下来，书是没少看，但大部分属于囫囵吞枣。例如看《红楼梦》时，他只记住了贾宝玉、林黛玉几个名字；最喜欢看的《三国演义》，关注的也并非天下兴亡的大事，而是反复钻研里面的武将需要大战多少回合才能分出胜负，然后对他们武艺高低进行排名，最后力证自己最喜欢的常山赵子龙才是武艺最高的。接触较多也更容易看懂的，是一些绘像通俗小说，如《薛仁贵征东》《薛丁山征西》《狄青平南》和《罗通扫北》等。

广泛的阅读，丰富了少年程泰宁的知识和见识，拓展了他的眼界和想象力，最直接的效果是他的语文和历史成绩都不错。

1944年，父亲职位晋升，有能力把全家搬到重庆江北团圆。变化首先来自于饭桌——常有番茄炒蛋，再有就是父亲的"出现"，意味着放养的日子结束了。

父亲帮他们办好了转学手续，又把一位下属请来做家庭教师。在先生教授下，程泰宁对《岳阳楼记》和《醉翁亭记》都能熟背，也对语文更有兴趣。不过，那时父亲似乎更喜欢妹妹庆芳和姐姐润芳，因为她们漂亮、聪明，成绩也好。而对于成绩一般、"人倔话不多"又有祖母撑腰的长子，则多少有些头痛。

父亲知道这与他的缺位有关，有意去弥补。然而自祖父去世后，他为了挑起养家重担必须更加努力工作，晋升很快，却更难抽出时间。不过，他对待工作的态度和处理家庭问题的方式方法，都让程泰宁看在眼里。这些身体力行的示范与熏陶，其实更胜过千言万语的教诲。

程泰宁清楚记得，父亲始终把家人看得最重要，特别是对祖母。哪怕他年过 60 岁，依然每晚跪在床上为祖母铺床叠被，那景象一直印刻在程泰宁的脑海中。祖母喜欢吃的，父亲总会想方设法弄来。祖母随口说了句"豆腐乳好吃"，他就默不作声地挤公交车去买。

父亲的孝顺，还体现在对祖母的尊重上，遇大事必先征求祖母意见。国民党撤退台湾时，父亲问祖母去不去。祖母说，故土难离，不去。新中国成立初期父亲因失业难以维系家庭生活想回南京发展，又问祖母的意见。祖母想了几天说，上海格局大，留下吧。原来，她担心父亲做过国民党高官，回南京或许会被千丝万缕的人际关系牵扯到，相比之下，上海那么大，显然安全得多。事实验证了祖母的远见。可以说，父亲的孝顺与祖母的智慧，不仅决定了儿孙的未来人生走向，也对他们的人格形成产生了潜移默化的影响。

1945 年，日本宣布无条件投降，十四年抗战宣告结束。对于这场战争，程泰宁的直接记忆并不多。这与他年纪小且一直住在战区后方有关。与侥幸逃过的南京大屠杀相比，在后方遭遇空袭只能算是"小事"。不过，他清楚记得家搬到江北不久的一天，他从报纸上看到"独山失守"四个大字时的触目惊心。父亲说独山是贵州的南大门，独山失守，意味着日军将长驱直入，直逼贵阳、重庆……这时，他已懂得并记住了，中国已无退路可言以及孱弱必遭欺凌的屈辱。

抗战胜利后，父亲晋升为江苏省地政局局长，先行飞往镇江（时为江苏省省会所在地）赴任。程家也在半年后搬往镇江，程泰宁随即转入镇江京江中学读初一，并很快因被罚跪而出名。

另一次罚跪，是在镇江京江中学读初一的时候，因为在课堂上顶撞老师而被"当众罚跪"。我们学校是原来清朝时期的道台衙门，我就跪在审判犯人的大堂前面的台阶上。这样，全校所有班级的同学经过这里都能看到直挺挺跪在那里的我。当众罚跪，尤其是在全校同学面前罚跪应该是一件十分丢人的事情，但奇怪的是对于这次罚跪，无论在当时还是后来的回忆，我却丝毫没有羞愧和害怕的感觉。大概是觉得自己并没有做错什么，因此对老师如此羞辱我所激发出来的强烈的抵触情绪，已经盖过了一切其他感觉了。❶

所谓顶撞，不过是程泰宁在课堂上对老师的失误提出质疑并顶了几句嘴而已。但在老师眼里，这已是对权威的公然挑衅，属于"是可忍孰不可忍"！而他"高昂着头、直挺挺地跪在那里"的表现，则给来来往往不太知情的师生们留下了顽劣、乖张与痞性的印象。

可以想象，这件事让本就处于叛逆期的少年程泰宁产生了强烈的逆反心理。他对课堂失去了兴趣，天天踢"足球"（一种小橡皮球，当时在小孩中很风行）、看"闲书"。很快，他就对新派武侠小说着了迷。

从那以后，他陆续看了《鹤惊昆仑》《宝剑金钗》《剑气珠光》《卧虎藏龙》《铁骑银瓶》《七杀碑》《鹰爪王》《十二金钱镖》《蜀山剑侠传》等。他为小说中人物的悲剧命运和爱恨情仇感动，他从王度庐、朱贞木的作品描写中学习写作技巧。更重要的是，这些大侠虽然经历不同、风采各异，但个个充满正义感和骨气，在历尽艰辛后仍能将命运牢牢掌握在自己手中。这让他得出两个结论：一是"吃得苦中苦，方为人上人"，二是"侠之小者，仗义济人；侠之大者，为国为民"。而大侠身上的豪气与侠肝义胆，特别是不畏强权这一点，很对他的胃口。

为抒发心中的侠客情结，程泰宁自封名号"镇三山辖五岳踏浪无痕鬼见愁小诸葛程泰宁"，随后又帮弟弟妹妹都取了名号。可笑的是，也许是把最好的词都用在自己身上，最后弟弟妹妹只记住了哥哥风光无限的名号。

爱看武侠小说的习惯，程泰宁一直保留至今。他很早就读遍了金庸的小说。印象最深的是《天龙八部》和《笑傲江湖》。

许多少年都有一个武侠梦，只不过梦想的打开方式有所不同。对程泰宁来说，小说看多了，创作的想法跃跃欲试。初二，他开始动笔写小说，取名《蜀山奇侠》，主人公叫林淡然，是个道士。初三快毕业时，他还写过一部《京华侠踪》。当时家已搬到上海，正值上海解放前夕，学校都停课了。孩

❶ 程泰宁. 似真似幻说童年［M］// 金磊主编. 建筑师的童年. 北京：中国建筑工业出版社，2014.

子们在家没事干，租了不少武侠小说回来。这些书又破又脏，程泰宁多已看过，弟弟妹妹却都抢着看。

家里掀起了一股武侠热。趁弟弟妹妹看书时，程泰宁开始埋头写小说。他为小说设计了一个很有场景感的开头：清晨，在自远而近的一串铃声中，主人公（一个镖师）出场了。写完这句，他觉得自己的文笔比之前有了明显进步。

这两部小说都没有写完，但也写满了四五个笔记本。这些笔记本一直存放在上海家里，直到多年后他回家再去翻却已不见。他猜想，或许是父母在特殊年代顺手处理掉了。不过，他清晰记得，在创作的那段日子里，他天天沉浸在自己创造的充满武侠精神的理想国里，每天想的都是——人说乱世出英雄，眼下世道够乱，我能成为像大侠那样的英雄吗？

3 球星梦与文学梦

1948 年秋，程泰宁的父亲调任南京市财政局局长，程家随之从镇江搬往南京，不久又迁往上海。

程泰宁对父亲的工作不甚了了，但对物价飞涨很有体会。那时，他家借住在上海虹口区东宝兴路，每天去新沪中学上学都要经过横滨桥一带。这是当时上海最乱的地方之一，到处是做黑市生意的人。他们见人就喊，"大小头（指银圆上的袁世凯和孙中山先生的头像）买进卖出，美元要伐？"让他感受最深的是，金圆券贬值的速度是以天甚至是以小时为单位的。祖母要他去对面杂货铺买包烟，上午问的价格下午去买就翻倍了。进饭馆吃饭时是一个菜价，到结账时又是一个菜价。

国民党大势已去，父亲与祖母商定不去台湾后决意辞职，自降到江苏省银行任常务董事兼副总经理。随后，又用多年的积蓄在上海永嘉路"顶"下一处洋房用于全家人栖居。所谓"顶"，指只有使用权而没有产权，顶比买要便宜许多。洋房共有 3 层，第三层被原房主留作自用，下面两层归程家使用，程家在这里住了六十多年。

1949 年春夏之交，上海城外传来接连不断的枪炮声。从大人的言谈中，程泰宁知道解放军就快打进上海了。为了保护上海，第三野战军司令员陈毅下令不得使用重炮和炸药攻城，战局因而进展缓慢，前后持续了十多天。

5 月 25 日清晨，窗外细雨濛濛，枪炮声都没有了，街上一片寂静。推门一看，眼前的情景让所有人都大吃一惊——满地都是和衣而卧、睡在湿地上的解放军战士！这个场面给 13 岁的程泰宁留下了深刻记忆。这一幕还登上了当天《大公报》的头版头条。陈毅说，解放军把对《入城三大公约十项守则》的严格遵守，作为送给上海人民的见面礼。

一连三天，解放军都露宿街头、秋毫无犯，令广大上海市民深受感动。他们自发向部队发起慰问。祖母给战士送水、送毛巾，母亲请他们进家休息，但战士们婉言谢绝了。父亲感触最深，他长长地叹了口气说："国民党不亡，是无天理！得民心者得天下啊！"

不久，程泰宁和弟弟永宁一起报考徐汇区最好的中国中学，弟弟考初中部，他考高中部，结果弟弟考取了，他却落榜了。❶

像我这样的小孩，上学读书成绩不好似乎也是很自然的。从小学到初中，除了语文、历史，其他课程都属下游。这里有自己"不用功"的原因，也与不断的转换学校有关……学习缺乏系统性，成绩自然就不好。意外的收获是不断换校，不断跳班，13岁初中毕业，20岁大学毕业，算是同龄人中比较早的。但这并不如后来不少朋友的猜想：早慧。恰恰相反，"差生"的阴影始终笼罩着我的童年时代。以至于后来家搬到上海，弟弟妹妹们都考上了很好的学校，唯有我考试落榜，最后只能进了淮海路上有名的"野鸡学校"肇光中学。用现在的话讲，我绝对是输在起跑线上了。❷

肇光中学创立于1939年，是上海著名绸业巨子王延松先生创办的一所私立中学。新中国成立之初，由于生源良莠不齐在上海市民中的口碑不太好。好在当时上海刚解放，整个社会的大环境是健康积极的，这对程泰宁产生了正面影响，加之父亲的失业和家境的变化，让他隐隐地开始意识到，不能再不好好读书了。

他暗下决心要把高中当作一个全新的开始。幸运的是，一用功，他就发现肇光中学的师资力量相当不错，而且许多老师也很赏识他。例如，历史老师常说，学历史不要死记硬背，要有自己的观点。这话甚合他的心意。在一次历史考试中，他就题发挥写满了考卷，最后得了100分。历史能考满分可谓罕见，老师在班上夸赞了他。语文本就是他的强项，教语文的吴竞寸老师是一位很有经验的老教师。他对程泰宁的作文一直赞不绝口，每次都给出高分。程泰宁清楚记得吴老师为他批改的最后一篇作文的评语是："文笔流畅！然为文需有寓意方可成为完作，作者有此天才，他日定有成就！"除了强项历史和语文，他最薄弱的数学成绩也赶了上来。就连他和同学们最怕上

---

❶ 2016年7月，程永宁在上海家中接受了笔者的访谈。

❷ 程泰宁. 似真似幻说童年［M］// 金磊主编. 建筑师的童年. 北京：中国建筑工业出版社，2014.

的英语课，他也凭借课堂上的一次表现获得了吃小灶的机会。

怕上英语课，是因为教英语的陈炳章老师气场很强。据说他原本是国民党高官，留过学。他上课时很严厉，如果回答不出问题，要站着听课。因此，上别的课，课堂都是吵吵嚷嚷，唯有他上课时，教室非常安静。

那天，陈老师读完课文，随口问了一句："谁能用英语解释一下这一段副词的作用？"

提问来得很突然，大家都没反应过来。随着他的视线扫过，同学们都低下了头，教室里静得连一根针掉了都能听见。

"Manner（方式）。"程泰宁坐在位置上，突然福至心灵地接了一句。

"哇，程泰宁！"陈老师面带微笑地转向他，"很好！我要请你吃冰棍！"

就这样，程泰宁和另外两位同学一起，真的被陈老师请到家里。陈老师住在茂名路上最高档的一栋18层公寓里，要坐电梯上去。当陈老师拿糖果和冰水给他们吃时，他心想，学好英语的感觉可真不赖！可惜陈老师只教了一个学期就不知去向。

高一期末成绩出来，程泰宁在全班五十几人中考入前三名。这是他第一次跻身"学霸"行列，全家人都很高兴，夸他懂事了。这让他信心大增，并从心底感激老师们对他的赏识教育。

他的懂事，还表现在主动报名参加勤工俭学。他知道失业的父亲虽通过关系找到两份兼职工作，但薪水仍不够养活全家，幸亏有母亲当年结交的亲朋好友接济才能勉强度日。而兄妹四人加上小姑姑的学费对当时的家里是一笔很大的负担，每次缴学费都只能先交一部分，其余的先欠着。于是，从没为生活操过心的他，也觉得该为家里做点什么。酷暑天他顶着烈日，挨门挨户推销万金油、十滴水，晒得又黑又瘦却销量不佳，祖母看后非常心疼。

高二到了，程泰宁因为被老师和同学们发现有运动天赋，一度迷上了打篮球。

肇光中学的竞技运动实力不俗，篮球和排球水平在上海都位居前列。以排球为例，不仅直接选送了第一代排球国手姚徐榕，还能和上海高校排球冠军圣约翰大学抗衡。程泰宁的同班同学、好朋友吴振威就很喜欢打排球，程泰宁跟他学过一阵儿，不过他更喜欢打篮球。

他有运动基础，一经体育老师指点进步飞快。同学们都夸他悟性高、动作灵活、协调性好。在高班同学鼓励下，他加入校队，但根据年龄和身高只能进入小联队（由15岁以下的学生组成，除他之外都是初中生）。小联队就小联队！他热情高涨，除了坚持校队每天的日常训练，连课间休息的几分钟，也要跑出去投几下篮。

一年一度的全市少年篮球联赛开始了。1951年的比赛在上海八仙桥青年宫举行。程泰宁所在的小联队一路过关斩将闯入决赛，最终惜败于南洋模范中学。不过，亚军已是肇光中学历史上最好的纪录。程泰宁作为首发参加了全部比赛。那段日子，他天天穿着球队的运动服很是骄傲，胸前两个绒绣的大字"联队"高档醒目，也让他觉得很神气。他开始幻想，只要自己足够刻苦，将来或许能打进国家队，那样他就会有个不一样的人生了！

一个偶然事件，击碎了程泰宁的球星梦。

父亲通过关系带家人到一家有X光机的私人诊所做体检，结果查出他患有肺结核病。虽然他没有任何感觉，但家人都吓坏了，不准他再打球。他哪里肯，依然背着家里去。直到母亲在洗衣时发现他口袋里的球员证，把他狠狠骂了一顿才算作罢。

尽管球星梦碎，但这段短暂的运动历练和比赛生涯，让程泰宁的身心都得到了锻炼和磨砺，也让他学会了团队合作，性格也变得更果断、自制和坚韧，收获还是很大的。

不能打球，程泰宁只好通过看球赛过球瘾。看完比赛，他随手将赛事记录到由他负责的班级黑板报上。写多了，他突发奇想，为什么不把稿子寄给报社呢？他试着向《文汇报》和《新民晚报》（当时称《亦报》）投稿。稿件居然陆陆续续被采用了。报社给他寄来下次投稿用的稿纸、信封和一点微薄的稿费。

"走，吃面去！"程泰宁大方地带着弟弟妹妹去吃路边摊头的阳春面。

弟弟妹妹兴奋地拍手欢呼："哥哥可以靠此为生了！"

不久，程泰宁被《文汇报》聘为通讯员，有时要去位于圆明园路上的报社开会。好朋友吴振威每次都陪他一起去，等会议结束再一起回来，像亲哥哥一样。

吴振威比程泰宁大两岁，喜欢木刻，曾送给程泰宁一本木刻作品集《初刀集》。他也喜爱文学，常与程泰宁一起讨论。他推荐程泰宁看屠格涅夫的

《罗亭》，但程泰宁不喜欢小说灰暗的基调，也不喜欢"语言的巨人，行动的矮子"的主人公罗亭。他还买些有关文学创作的书送给程泰宁，其中有一本茅盾的《论文艺的创作方法》。他在书的扉页上写了寄语，说希望程泰宁将来学文学、走文学创作的道路。

为报社写体育通讯，一直延续到程泰宁到南京读大学。有一次，八一篮球队到南京比赛，《新民晚报》的体育记者冯小秀写信给他，请他跟踪报道一下。收到来信，程泰宁既惊讶又荣幸。冯小秀可是当时国内非常有名的体育记者！圆满完成任务后，他还把这封来信小心收好，可惜后来辗转搬家找不到了。

除了写体育快讯，程泰宁也写些其他内容的稿件。其中有篇谈京剧改革的文章《怎样修改洪羊洞》（《洪羊洞》是京剧著名老生传统剧目），发表在《新民晚报》上。他还尝试编写过几页的《大戏考》。"三反""五反"运动时，程泰宁写过一篇投稿未发的小小说。他在里面设计了一个细节：一个人贪污受贿后，回家躺在床上，两眼瞪着天花板，茫然不知所措。他写完拿给旁边的同学看。同学说，你写得真好，我家里的亲戚就是这样的，你怎么会知道？你真有想象力！

同学的夸赞，让程泰宁仿佛看到自己写的文字已被印刷成书，还带着油墨的芳香。他想，借由写作去探索人生、寻找生命的意义，不就是他的梦想吗！为了实现文学梦，他有意加大了课外阅读量，利用课余时间读完了《子夜》《家》《春》《秋》《卓雅和舒拉的故事》和《青年近卫军》等中外小说。

"我将来必是要走文学道路的。"程泰宁在心里认准了自己未来的方向。

4 对美的最初体验

童年和少年，是一个人充满幻想的年代。只要拥有一双善于发现的眼睛和一颗敏感而不乏想象力的童心，就可以感受乃至创造"美"!

对程泰宁来说，生命之初接触到的一切事物，都让他觉得很新鲜，总能引发他的好奇和遐想。川流不息的长江、伸手不见五指的大雾、雨后苍翠的后山、山阴道上的万籁俱寂以及山谷中轰然鸣应的阵阵雷声，都会让小小的他怦然心动。

我特别喜欢坐在我家厨房的矮凳上，痴痴地望着那片积满灰尘、再加上漏雨而显得斑斑驳驳的墙面。从中寻找那每次都有变化的、千奇百怪的图形，这使我后来读中国画论关于用笔如"屋漏痕"的描述，以及现代艺术对模糊性的强调变得很容易理解。❶

从抽象图案中提取元素进行审美体验，后来逐渐成为程泰宁一种不自觉的习惯。变幻的光影在地上的投射、垃圾桶旁扭曲的巨大体块（大纸箱），都会吸引他的目光。现在，他看得最多的是他办公室卫生间里的地面瓷砖。他会指着那些抽象的纹路对你说——你也来仔细观察一下，是不是每次都是不一样的!

图案再美，也只是平面。程泰宁还想营造出属于自己的"空间"和"场所"。夜晚上床睡觉时，他会习惯性地用手把被子的前部稍稍撑开、形成一个很有围合感的"洞穴"，好让昏暗的油灯灯光渗进来、在洞顶幻化成五彩斑斓的光晕，如同一粒粒金色的玉米，奇幻、瑰丽。记不清有多少个夜晚，他就在这样美妙温馨、充满静谧的空间中朦朦胧胧进入梦乡。

这大概是程泰宁最早的"建筑"作品。与"石""木"建筑相比，这个

---

❶ 程泰宁. 似真似幻说童年［M］// 金磊主编. 建筑师的童年. 北京：中国建筑工业出版社，2014.

"棉"建筑在提供空间与场所的功能上毫不逊色：既安顿了他小小的身体，也安放了他广阔的心灵世界。

住在一心善堂时，他常跑到一楼的老中医王四爷爷家，因为老人家的毛笔大字写得很好。他看完就对弟弟说，王四爷爷的字写得比爸爸的字好！后来读小学时同学们常求他写扇面，大概就得益于这份潜移默化的"童子功"。

看川剧和京剧，也是他儿时的一大乐趣。初到渔洞溪时，他家住在镇中心张爷庙旁的一座两层旧屋中。屋外下面有个类似晒场的地方，可以演川剧。坐在台阶上看川戏，是他童年记忆中的一个画面。不过，由于年纪小，他对剧情似懂非懂，但对戏剧的表演形式很感兴趣。以京剧为例，一方布景极为简化的舞台，就能突破时间和空间的限制，虚拟的道具与程式化的脸谱和动作充满象征意味：以桨代船、以鞭代马；一个圆场，人物已从甲地到了乙地；一抬手，一投足，就是室内室外、楼上楼下……这种写意与象征的京剧表现手法，对他日后的建筑创作不无启发。

家搬到重庆江北后，程泰宁第一次见识到山城夜景：依山而建、起伏错落的民居，组成了如繁星般交相辉映的万家灯火，如梦如幻，令他心旌摇曳，为人间烟火的生气和繁华而感动。

在中国城市中，能够集江城、山城和雾都于一身的，非重庆莫属。滔滔江水、沉沉汽笛，与秀山奇石、雾霭林海共同构成了重庆的自然风光。这里的大江大山，气势磅礴，奔放险峻，不似江浙地区那般柔和秀美，却更能体现自然之美、自然之趣，从而让人生出豪迈、旷达之感。

"曾经沧海难为水，除却巫山不是云"，说的是这里。"滚滚长江东逝水，浪花淘尽英雄"的感叹，也发自这里。可以说，重庆的奇山妙水，就是程泰宁的第一任自然课老师，也开启了他对"美"的感受和某种领悟。此后，随着年龄增长，他的审美从大自然转向了人所创造的美——生活、艺术和人文之美。

待到读书后，程泰宁开始被文学和历史的艺术魅力和想象空间所吸引。随着识字量增加，他越来越乐于沉浸到书本描绘的世界中。在老师鼓励下，他对读书和写作文都很有兴趣，对戏曲也增添了新的理解。课余时间，他经常组织弟弟妹妹比赛作文，也会带上邻家小伙伴一起唱戏。不过他自己很少唱，他更喜欢做导演——谁演什么角色、怎么演，都由他指挥——这种既能主导又有创意的玩法更吸引他。

给弟弟妹妹编故事，也是程泰宁的拿手好戏。其中百听不厌的故事主角叫"猪儿鬼"，是个厕所里面练出来的精怪。随口杜撰的离奇情节总让弟弟妹妹听不够，有时过几天还想再听一遍。此时他只能暗自叫苦（随口编的内容他早忘了），然后虚心接受批评——"你和上次讲的不一样！"几十年后，这依然是兄妹们见面时的一大笑谈。他们总是一面笑着奚落哥哥"格调太低"，一面又争着复述故事中天马行空般的精彩片段。

程泰宁对建筑的粗略感受，来自于 1945 年抗战胜利后重返甘熙故居。那天，母亲带着十岁的他和九岁的弟弟永宁，乘车来到秦淮古街的核心区。在故居门外，母亲指着一大片白粉墙小青瓦的木构建筑群说，这里就是外祖父家。

迈进大门，程泰宁就发现故居之大、房屋之多，还有数不清的院落和天井，流线如织，宛如迷宫。母亲带他们走了许多院子，每进一个，就让小哥俩喊爷爷、叔叔、婶婶……她把自己住过的两层小楼指给他们看，又在故居最重要的"友恭堂"——一座三开间七架梁的建筑里，告诉他们这里就是甘家举行重大活动的场所：每年祭祖时，族人要按排辈分批叩拜，取得功名的子孙可入堂拜祖，没有功名的，只能在友恭堂外的露天院中叩拜。

那天到底走了多少房间、见了多少长辈，程泰宁早已记不清，只记得印象最深也最喜欢的，却是故居南侧那处唤作"小园"（小园并不小）的园林。尽管杂草丛生、十分荒芜，全然不见往日的奢华，但苍凉的自然景观，破落的亭台楼榭，相较于"堂皇"的房屋和巷弄，更让他觉得自然和感动。

这就是江南民居带给他的最初印象——与集徽派建筑和苏式建筑于一体的"青砖小瓦马头墙，回廊挂落花格窗"以及"跑马楼"的形制、法式相比，道法自然的山水园林，更让他"心有戚戚焉"。

程泰宁第一次被建筑空间打动，已是家搬到上海徐汇区永嘉路 615 号后的事，那时他在位于淮海中路的肇光中学读高中。

永嘉路宽约 15 米，由上海法租界公董局于 1920 年修筑。它西接衡山路，与繁华的淮海中路只相隔一个街区，属于闹中取静的核心地段。这条长约两公里的小路上，坐落着孔祥熙、宋子文和荣智勋等民国名流的府邸，建筑风格多以欧式花园洋房为主，建筑师包括法国的亚历山大·贲安和匈牙利的邬达克（永嘉路615号是他设计的），也有中国近代著名建筑师范文照、童寯等。这条路连同附近的衡山路、淮海中路，都以笔直的街道、欧洲的建筑风格和法国梧桐树等造景而充满西方格调和海派风情，与程泰宁之前生活过的城市都不一样。

那时，他每天上下学都经过衡山路。路上有一座国际礼拜堂，属于德国仿哥特式教堂建筑，占地超过 7330m²，建筑面积 1372m²，红砖结构，堂高16m。一天放学回家，下着小雨，来往车辆很少。在雨雾朦胧中，平素见惯了的礼拜堂、美童公学，在树木葱茏下显得格外静谧、和谐。向西望去，徐家汇教堂双塔在细雨中若隐若现❶，有种难以言表的宁静和神圣。这感觉直击人心，让他愣在原地，驻足良久。这是他第一次体会到建筑的美也能如此令人感动并震撼。

部分家人在甘熙故居（2015年）

---

❶ 由于上海城市建设的变化，此景已不可见。

"世界上并不缺少美，只是缺少发现美的眼睛。"任何一颗稚嫩、敏感的童心，都需要美与爱的滋养。对程泰宁来说，童年对美的欣赏、捕捉、想象的体验，随着日月的增长，渐渐内化为他心灵世界的组成部分，只待时机成熟，即会显化于形、筑造为境。

5 生当作人杰

高考填志愿的时候到了。

程泰宁毫不犹豫地选择了文学或新闻学专业，没想到遭到父亲强烈反对。

"不要报考文科。"

"为什么?"程泰宁脖子一梗，声音也响了起来。

"我不希望你像爸爸一样学文，从政的风险太大了!"父亲说完，用手指了指枕边的一堆衣服说:"你知道爸爸为什么要把它们放在这儿吗?"

程泰宁这才注意到父亲枕边确实堆了一堆反季的衣服，他摇了摇头。

"那你听说过'镇反运动'吧? 你想过爸爸随时可能会被抓走么?"程泰宁愣住了，父亲严肃的神情证明他所言非虚。他想起曾听父母提到过一些被镇压的人，忽然明白为何每次外面警车鸣叫，父亲总会脸色大变。政权更迭之际，在旧政府做过高官的父亲怎会不担心……

"可是我想走文学道路，我想写作。"程泰宁的声音低了下去。

"写作能养家吗? 学文科太难找工作了! 爸爸就是学文科的。"父亲停了一下，语气缓和了下来，"家里的情况你是知道的。你是长子，我觉得你还是学工科吧。你看，我们裕新纺织厂工资最高的，就是从美国留学回来的总工程师。他学的是机械专业，我们就报机械或者纺织专业，好不好?"

程泰宁没有再说话。他的文学梦也破灭了! 他觉得他已体会到了巴金《家》里的主人公觉新的感觉。作为高家的长房长孙，觉新听话、孝顺，却由于软弱导致一系列悲剧命运，令人同情。在这点上，他觉得，同样热爱文学的弟弟永宁，比他幸运得多。几年后，弟弟考取了心仪的复旦大学新闻系，程泰宁得知后兴奋地抱着他跳了起来，然后不无羡慕地说:"我本来就想学这个啊!"

尽管叛逆、倔强，但程泰宁从父亲身上学到的担当与孝顺，还是让他接受了父亲的安排。这也是他第一次体会到"责任"。

正式填报志愿的前两天，一位毕业于中央大学（南京工学院的前身）艺术系的远房姑姑来程家做客。她注意到程泰宁闷闷不乐，问清原委后对他说："要不你学建筑学吧，建筑系可是南京工学院的王牌！"她还告诉程泰宁，建筑学虽然属于工科，但与文学、艺术都很相关。

程泰宁不懂学建筑能干什么，就找好朋友吴振威商量。吴振威从他的实际情况出发，也建议他可以考虑学建筑，还告诉他说自己也打算弃文学工，已经填报了同济大学土木系。

高中 毕业照

就这样，程泰宁把"建筑学"这个折中方案填到了志愿表的第三栏里。

高考结束后，学校组织学生到江湾镇参加封闭鉴定学习。这是上海市政府专门为几千名高中毕业生举办的爱党、爱国主义主题教育。一共十多天的集训，学生们参观了史霄雯等烈士的英雄事迹，聆听了不少英模报告会和优秀代表发言。给程泰宁留下最深印象的是国民党高级将领黄维的女儿。她很漂亮，在台上揭发和控诉父亲的反革命罪行时慷慨激昂，她说，新中国成立前物价飞涨、民不聊生，国民党不亡，天理不容！

也许是受她感染，鉴定学习结束后，同样出身旧政府官吏家庭的程泰宁，对共产党和新中国有了全新的认识和感情。他"火线"递交了入团申请，在毕业前入团并开始认真思考自己的人生理想。

程家对面有间杂货铺，老板的小日子过得令人羡慕。但程泰宁却对弟弟永宁说："我今后绝不做这样的人！"

弟弟不解，问他想做什么人。

他说："不知道，反正我不能像他那样过一辈子！"

那时的程泰宁，尽管对未来尚不清楚，但他背过李清照的"生当作人杰，死亦为鬼雄"，他知道他不要得过且过、碌碌无为地度过一生，他要活得"轰轰烈烈"！

高考发榜了，父亲为程泰宁选报的第一二志愿都落空了。在报纸上，程泰宁看到自己已被南京工学院建筑系录取。对于这个结果,他无所谓失落也无所谓欣喜。他想,假如真如姑姑所说——建筑与文学和艺术都很相关,那么弃文学"建",也许就是命运对他最好的安排了。

这个在长江流域长大一路寻梦的少年,即将迎来新的人生历程。

第二章
爱上建筑学
（1952—1956）

从不知建筑学为何物，到毕业时的优秀生并爱上建筑学，程泰宁完成了学科方向的选择，也明确了人生的奋斗目标。这就是成长。

他的成长，源自他个性中的奋发图强，也得益于新中国的朗朗乾坤。古人说人无志不立。伴随着志向的树立，程泰宁度过了阳光明媚的大学时代。

1 苦练绘画基本功

1952 年初秋，不满 17 周岁的程泰宁带着满心憧憬再次回到南京。昔日不曾留意的古今建筑，如今在他眼里仿佛都有了新的模样。

作为六朝古都和十朝都会的南京，历史文化底蕴丰厚，拥有雨花台、大报恩寺、定林寺塔、朝天宫、夫子庙、明孝陵、总统府、中山陵，以及明故宫明城墙遗址等不同历史时期的著名建筑。

位于市中心的南京工学院（以下简称"南工"）校区，也是一处这样的存在。它东枕钟山，西邻钟鼓楼，北临玄武湖，是六朝宫苑和明朝国子监的遗址所在地。20 世纪 20 至 30 年代，国立中央大学（南工前身）在这里建起十余栋西洋古典风格的校园建筑。如今，这些建筑以其优雅、浪漫的人文气息，入选首批中国 20 世纪建筑遗产。

来到南工门前，程泰宁立刻被一座三开间四列柱的门阙式门楼所吸引——新古典风格的样式，很有仪式感。这就是学校著名的南大门。透过大门，掩映在郁郁葱葱的法国梧桐和六朝古松下的百年学府，巍巍风度若隐若现。一条规整的中轴线，通向不远处一座八角形的建筑，敦厚、大气，不失沉稳，这就是校园的标志建筑大礼堂。中轴线道路两旁的两个建筑，孟芳图书馆与中大院，彼此遥遥相望，仿佛在列队迎接负笈而来的莘莘学子。

在迈入校门的那一刻，程泰宁天真地想，我这就算是进入建筑之"门"了吧？

"你注意到南门楼了吗？是不是很气派？这可是我们建筑系主任杨廷宝先生设计的。"报到时，一位热情的学长一边接待他，一边向他介绍："你知道，中国第一个建筑学科就是在我们学校开办的，虽然只有 25 年时间！"

"这之前呢？"程泰宁很好奇。

学长笑了："这之前中国只有建筑工匠，没有建筑学，当然也没有建筑师。不过我们很幸运，因为我们的先生们就是中国第一代建筑师！"

从左至右依次为：杨廷宝先生、童寯先生、刘敦桢先生、刘光华先生

学长说完，转而问他："你为什么学建筑？你有美术基础吗？"

程泰宁不知怎么回答，摇了摇头。

学长说："那你开始可能会遇到些困难，因为学建筑离不开美术基础。"看出他的疑惑，学长又宽慰他说，"你也不用担心，新生都会从头开始学。只要跟着先生们勤学多练一定没问题。"

学长说的没错。创建于 1927 年的南工建筑系，是中国近代第一所建筑院系，历史可追溯到 1923 年苏州工业专门学校建筑科，此后逐渐发展为国内久负盛名的中央大学建筑系。到程泰宁入读时，这里作为新中国培养建筑师和建筑学家的主要基地，不仅拥有全国顶级的师资阵容，而且先生们都工作在教学第一线。

这个师资阵容有多强，举个例子就知道了。1955 年，中国科学院技术科学部成立，全国只有梁思成、杨廷宝和刘敦桢三位建筑学学部委员（院士），南工就占据两席！也就是说，"北梁南杨"的"杨"和"北梁南刘"的"刘"都在这里！建筑系主任由杨先生与刘先生轮流担任。程泰宁在学校就读时，系主任是杨先生。

梁思成（1901—1972），生于日本东京，11 岁回北京。1915 年考入清华学堂，1927 年在美国宾夕法尼亚大学获得硕士学位。1928 年回国在沈阳创办了东北大学建筑系。1931 年参加中国营造学社，任法式部主任，从事中国古建筑研究。1946 年回清华大学创办建筑系。1955 年当选中国科学院技术科学部学部委员。

杨廷宝（1901—1982），字仁辉，河南南阳人。1924 年在美国宾夕法尼亚大学获得硕士学位。1927 年回国加入基泰工程司主持建筑设计，先后在中央大学和南京工学院执教，1955 年当选中国科学院技术科学部学部委员。

刘敦桢（1897—1968），字士能，湖南新宁人。1921 年毕业于东京高等工业学校建筑科。1922 年在上海与柳士英等人创办华海公司建筑部。1926 年任苏州工专建筑科教授，后在中央大学任教至 1932 年。1932—1943 年在中国营造学社任文献部主任。1943 年后在中央大学和南京工学院执教，1955 年当选中国科学院技术科学部学部委员。

此外，系里还有童寯、刘光华、李剑晨、张镛森等知名教授及一批很有才华的中青年教师，如张致中、钟训正、齐康、潘谷西……随便说出哪一位，日后都堪称中国建筑界的大师级人物。

在这样的学校和先生们面前，对建筑学几乎一无所知的程泰宁，无疑就是一枚"小白"！

新生的课程表下来了。包括建筑投影、素描、建筑设计制图和高等数学在内的八门课，共有 38 个学分，其中建筑投影、素描和建筑设计制图的课时最多，合计 33 个学分。

这正是布扎建筑教育体系强调"绘画是建筑学的基本功"的特点。这个体系由巴黎美术学院创立于 18 世纪，特点是把建筑当作与绘画密切相关的艺术形式，强调建筑与古典艺术相结合，注重建筑设计的图面表达、视觉渲染及建筑的形式感，并通过设计实践与设计范例，对建筑师进行样式设计和技法训练。不过，因其容易忽视建筑本身的空间形态生成等核心问题和材料、构造等建筑技艺，被后人批判为"图画建筑"（Picture Architecture），即脱离了建筑的本体内容，使设计成了图面构图游戏，成为造型主张下的形式主义或只供挂起来欣赏的绘画。

南工建筑系当时采用的就是这个体系。故而新生在大学一年级，就要完成以投影和素描为基础的课程作业以及水彩、渲染和速写练习等美术训练，从而迅速掌握建筑师的基本语言——绘画与绘图。

建筑设计属于造型活动，必须借助人们对形式和空间的思维能力与感受能力、借助于形式语言进行思考的能力，以及运用图形语言及绘画媒体对所见与所思进行描述的能力……意大利文艺复兴时期的画家、艺术历史学家、

最早的美术学院创办人瓦沙利（Giorgio Vasari）指出，素描是绘画、雕塑和建筑这三门艺术之父。❶

手绘能力对建筑师来说是一块试金石。资料显示，建筑大师的手绘能力都很强。他们中的大多数，在绘画或雕塑等美术门类上都起步很早，童子功很扎实。他们有的在童年就显示出对绘画的兴趣和天赋，也有的沉迷于雕塑艺术，又或是自幼就接受过相应的建筑熏陶。即使是与程泰宁同时代的钟训正、彭一刚、王天锡和年纪更轻的张在元，也都因自幼喜爱绘画、受过良好的家庭熏陶而早早出发了。

与他们相比，程泰宁对绘画和建筑学几乎一无所知。如果要为他找出一点与美术的渊源，就是在1944年他8岁那年，在当时国民政府《中央日报》上看到举办儿童绘画竞赛，选题是"马"。从不画画的他，觉得自己从那么多绣像小说中都见过马的形象，就瞒着家人参加了比赛。寄出画稿后，他一直盼着结果出来，而且居然觉得自己能得第一名，结果却是名落孙山。他仔细看了第一名的画作，心里很服气，由此也牢牢记住了他的名字和年龄：刘勃舒，8岁。二十多年后，当他再次从美术期刊上看到这个名字时，刘勃舒已经是全国知名的青年画家了。

开学不久，程泰宁就体会到了"起步即落后"的感觉——尽管每次都很认真，可他画的作业常常只能得三分（采用苏联的五分制，三分为及格分）。与班上几位有基础的同学，如张耀曾、顾馥保和郑光复等人，根本就没法比。

从小就"画画弄弄"的张耀曾，入学时就画得非常好。他给女同学画的速写以及后来作为留系成绩的素描作业，总能引发同学们的叹美。顾馥保的水彩画画得最好，他用的水彩纸是国外的（他父亲是位营造商）。每次画好，顾馥保都把画摆到窗台上，然后点名喊程泰宁去看。程泰宁明知他想得到夸赞，却总故意说：这纸不错哦！气得顾馥保冲他直嚷嚷：谁让你看纸了，我让你看的是我画得怎么样！

一年级时，有个课程作业是画公园石级。我在画完渲染图的铅笔稿后，就到（郑）光复的座位上看看。这一看我就怔住了。我们做的方案中都有一个弧形平面的平台，平台边上也都采用传统形式的望柱和栏杆，但他的望柱栏杆完全是根据弧形平面的投影画出来的，十分准确真实。而我画的望柱除了间距不同外，全部是正立面，不仅画法错误，而且显得很简陋。再看看他画的细部如螭首、水池、墙面的石材分格等都十分到位。虽然只是一张渲染图的铅笔稿，但画面显得非常细致充实。和我画的图对比，效果完全不同，差距实在太明显了。当时嘴上不说，心里真是服了。❶

差距让程泰宁感到了无形的压力，但他性格倔强、好胜心强，不会因落后而服输。他记得江南鹤（《鹤惊昆仑》中的人物）的武功耗时十年才练就；玉娇龙（《卧虎藏龙》中的人物）也是从手无缚鸡之力开始习武的。所以说暂时的落后，没有什么了不起！

对于认准的事，差距从不会让程泰宁气馁，只会激励他迎头赶超上去！

为了扭转不利局面，他在课堂上认真听讲、悉心揣摩。他至今清晰地记得刘敦桢先生在讲中国建筑色彩时没有分析色彩原理，而是给学生描绘中国建筑的色彩妙在哪里。

"为什么中国古代皇家建筑的屋顶是黄的，柱子是红的，斗栱的彩画却是绿蓝相间的？一般说，红、蓝、绿、黄算是不太协调的颜色，放在一起应该很杂乱。但是，大家仔细想想，斗栱的位置是不是在檐口的阴影部分？这样，不太协调的蓝绿相间就被弱化了。在北方蓝蓝的天空下，人们看到的还是黄的瓦、红的柱子，阴影里的斗栱颜色变成了灰色的调子。虽然红、黄、蓝、绿都有，但是不是既协调又很壮丽辉煌呢！"

那时程泰宁没去过北京，教材上印刷的图片只有黑白两色。他只能发挥想象，借助刘先生的描绘去体会气势宏大的场景：蓝天白云下黄灿灿的屋顶与一排排红色的柱子……类似的提醒，显然出自刘先生细微的观察和体会。情景代入式的授课方式，让程泰宁对以木建筑为主的中国古建筑的色彩运用特点，有了深刻的记忆和理解。

❶ 程泰宁. 悼光复［M］// 程泰宁. 程泰宁文集. 武汉：华中科技大学出版社，2011.

课余时间，程泰宁悄悄给自己加小灶。每次寒暑假回家，他都抓紧时间画画。上海盛夏的亭子间燠热难耐，完全沉浸在线条和色彩中的他，却似乎完全感受不到，害得祖母在楼下心痛不已。画好后，他把画都贴到墙上，每天对着看。有时问弟弟哪张好一点，如果弟弟说不好，他就再画一张。等到假期结束，亭子间的四壁上，贴满了大大小小的素描和水彩画。

全家福（1955 年）
前排：母亲、祖母、父亲
后排：小弟遐宁、妹庆芳、大弟永宁、程泰宁、姑母杏官、表妹甘楠

对绘画的痴迷，还给程泰宁带来不少麻烦。

位于上海市中心的中苏友好大厦，是上海解放后建造的第一座宏大建筑，是典型的巴洛克式古典风格，设计师是苏联建筑艺术家安德列耶夫。1955 年大厦建成第一天，在此举办的苏联经济及文化建设成就展，吸引了数万上海市民前来参观。假期到了，程泰宁迫不及待地拎着画夹来到大厦前。

高高矗立的主楼上竖着镏金钢塔，塔尖上还有个熠熠闪耀的巨大五角星。他打开画夹，对着俄罗斯风格的装饰构件开始临摹，没想到很快就被警察制止了，说他"形迹可疑"，对他一顿盘查。

还有一次，在放假回上海的夜车上，程泰宁画画，被巡视的乘警发现了。

"你在画什么？不知道火车上不许画画吗？"乘警语气很严厉。

程泰宁画得正投入，被他一打断，心里不高兴，赌气地把画夹板扔到座位上："不画就不画！"

围观的人很多，乘警觉得没面子，冲他吼了句："你跟我走！"他把程泰宁带到列车警卫室，单独"关押"了一路。下车前还拿出一张登记表问他："你是不是第一次在火车上画画？"

程泰宁理直气壮地回答："不是，我画过好多次！"

乘警在登记表里写下"屡犯"，到站后又把他带到上海北站派出所。所长是位独臂的警官，他看了一下程泰宁，什么都没问，很温和地说了一句：你回家吧。

在写生时遭遇阻拦、盘问，对程泰宁是常有的事。在上海肇嘉浜，工作后在北京八大处……他每次都不以为意，依然故我——我不过是在练习画画，为什么不可以！

绘画是慢功夫，需要一定时间的积累才能看出成效。

大三时，程泰宁画了一幅自认为不错的画，异想天开地希望能被刘敦桢先生的"大壮室"收藏，因为刘先生会不时地把收藏的画作拿出来展览。可惜程泰宁的"大作"没能进入刘先生的法眼。

他没有气馁，继续练习，直到画画渐渐成为习惯并开始收到正向激励。随着成绩提高、夸赞变多，他的自信心增强了。这些愉悦的体验，让他在不知不觉中将原先的劣势变成了兴趣和擅长，并爱上了建筑学。

此后，绘画不仅演化为程泰宁毕生的特长和爱好，也是他自我训练的日常方式。画笔就是他的好伙伴。每次拿起它，他都能迅速进入禅定的状态，笔尖在纸面上快速游走。他说，绘画练习不仅是为了表现好不好看，而是对空间和色彩的体悟与把握，是将脑海中闪现的灵感快速捕捉的一种手段，即传统绘画中所说的"心摹手追"：心中所想，必须要边体会、边用手追上去、画出来才行。

凭借数十年的训练，程泰宁的手绘作品早早就入选了全国《建筑画选》。他的绘画习作得到了美术界的关注和好评，甚至说他"不应该搞建筑，应该搞美术"。就连他最欣赏的画家张在元先生，也说他"随便手勾的曲线，连许多画家也画不出来"。

2 入门的熏与悟

绘画，仅仅是学习建筑学的基础，离入门还差得很远，因为建筑学实在是很难学的，在世界公认的十大最难学科中位居第八。

入学前，程泰宁对建筑学的了解，只限于知道这门古老学科，解决的是衣食住行中的"住"，也听过"建筑是凝固的音乐、石木的史书"的说法，说它承载着人类的情感、记录了历史的变迁和发展。当他真正接触建筑学后，才发觉它的内涵太深、外延又太广。

建筑学的研究对象，是建筑与人、建筑与自然之间的关系，包含了技术、经济和社会等多重维度，且与艺术渊源极深。在人类开辟的八大艺术门类中，建筑在文学、绘画、音乐、舞蹈、雕塑之后位居第六，文化内涵和美学属性都很高。

建筑学具有复杂性、多义性与开放性的学科特点，这就注定了建筑学没有标准答案，对它的研究，也很难用条分缕析式的简单理性能梳理清楚，更不能将建筑设计完全科学化。❶

在 20 世纪 80 年代，程泰宁曾和当时的《世界建筑》主编、清华大学教授曾昭奋一起去看望建筑界前辈林乐义先生。林老是福建南平人，1937 年毕业于上海沪江大学，在美国佐治亚理工学院被聘为建筑系特别讲师，1950年回国。代表作有北京首都剧场、北京电报大楼、北京国际饭店、中国驻波兰大使馆、中南海怀仁堂和紫光阁改建工程等。林老当时已年逾七旬，却说自己搞了一辈子建筑，也没明白建筑学到底是什么。对此，程泰宁很有感触。他后来常说，建筑学于他是"那般的神圣、神秘、无边无垠而又深不

---

❶ 程泰宁，费移山. 语言·意境·境界：程泰宁院士建筑思想访谈录. 建筑学报，2018，10（601）。

可测"，就是因为建筑学充满"模糊与不确定，多义与兼容，变化与发展"，是"理性与感性的并存、艺术与科学的交叉"。

鉴于此，建筑学的教学方法与其他学科有所不同。南工建筑系采用的是类似"师徒制"的教学方法——在一流名师的工作室或图房，学生通过名师亲自示范、学生对名师的模仿来学习。

"大学四年，没有哪位先生告诉过我建筑学到底是什么，但他们共同造就了一个建筑学的'场'，而我就是在这个场中被'熏'陶，然后不断去体'悟'的一个。"程泰宁说。

前面说过，当年站在南工建筑系讲台上的，都是新中国第一代建筑师的优秀代表。这让程泰宁他们班有幸成为第一代建筑师的真传弟子。他们班的建筑设计课，是由杨廷宝、童寯和刘光华亲自教授的。他们班的中国建筑史课，是刘敦桢教授的；担任素描和美术课教学的，则是被海内外誉为"中国水彩画之父"的李剑晨。先生们中国文化底蕴深厚，且多有留学欧美的背景，于建筑领域堪称博古通今、学贯中西。

与学院派偏重方法论、较少涉及认识论和哲学层面的教学方法不同，杨廷宝和童寯设计经验丰富，能从更宏观、更广阔的视野看待建筑学，也会把从创作实践中体悟到的一些思考和哲理讲给学生听，这是南工接连培养出几批拔尖学生的重要原因。

程泰宁记得，杨廷宝先生不仅熟知西方各大流派和著名建筑师，也对中国建筑和中国文化有很深造诣。他学成回国后做的第一个大项目天坛修缮，就充分显现了他对中国传统建筑技法的学识和素养。

杨先生的设计风格多样、创作思路开放，挥洒自如。他设计的南京中央研究院（现中国科学院南京地理与湖泊研究所）和国民党党史馆，是典型的传统做法；沈阳火车站，则是明显的西洋古典风格；北京的和平宾馆，采用的是现代建筑手法。

杨先生从来不说建筑一定要怎么做，也不主张建筑师过早确定自己的创作方向。他说，建筑师必须在对古今中外都很了解并很熟悉的基础上，有了一定积累和沉淀，再谈个人的创作方向才合适，否则只能是空谈。他也不建议把建筑机械地分为各种类型，因为其中的共性太多了。在他心中，建筑应该是自然"生长"出来的。

杨先生治学严谨，学识渊博，中外建筑都有很深的造诣，教学风格也比较宽松。改图时常常给同学讲一些道理。记得一次课程设计，我很"卖力"地画了五种不同风格的草图，拿给杨先生点评。看第一个他说可以，看第二三个，他说"也可以"，并不提具体意见。我一心想听杨先生的表扬和看法却得不到回应，一时感到很失望。杨先生大概从我的表情上看出了这点，就给我讲了一番道理。大意是说，作设计没有一定的规矩，怎么做都能做好，还举了不少例子。当时我对这番话不能完全理解，甚至存下了疑问。直到多年以后，随着阅历的增长，才慢慢理解了杨先生这番"无定式、无成法"的教诲。❶

诚如文中所说，杨先生对程泰宁的影响，随着他的年龄增加而递增。1963 年，程泰宁在建工部建筑科学研究院作为负责人之一编写的《铁路旅客站建筑设计》和同事赵宝馥负责撰写的《博览建筑设计》基本完成时，正巧杨先生来北京出差。程泰宁就通过陪杨先生过来的钟训正先生请杨先生对这两本书提提意见。杨先生听完介绍，照例说了些鼓励夸奖的话，但最后他说：你们按照不同功能，把建筑分为"旅客站建筑""博览建筑"不过是"巧立名目"；要想把建筑设计做好，关键是要抓住建筑的基本原理和建筑设计的基本规律。把原理规律掌握了，什么类型的建筑都能做好。听完这段话，程泰宁受到很大震动。他觉得，杨先生反对的不是这些类型研究本身，而是对于建筑的肢解；他反对的是建筑师仅仅看到建筑功能、类型差异，却不关注建筑本质问题的思维方式。而所谓"法无定式"，是指在不同的外在形态下，要表达的观念应该一致，即内在的精神和气质是相通的。换言之，内涵和气质必须坚持，但形式上要有所创新。

程泰宁记得杨先生常说，建筑师如文人，要对古今中外去多了解、多认识，不能让自己陷于一时的意识圈子，也不能只陷于中国或西方的圈子，要看得远一点。正如陆机所言"精骛八级，心游万仞，观古今于须臾，抚四海于一瞬"，这应该成为他追求的境界。

❶ 程泰宁. 师恩难忘，同窗情深 [M] // 程泰宁. 程泰宁文集. 武汉：华中科技大学出版社，2011.

和杨先生不同，童先生（学问）博大精深而（个性）又洒脱不羁。他敏于思而讷于言，在改图时讲得很少，常常只说一两句评语，就拿一支6B铅笔在你的草图上大笔涂改。改得不满意就用手指当橡皮在图上擦抹。改完了，自己歪着头看一会，大概觉得改得还不错，然后一言不发走开了，留下你思索他的修改意图（自己去悟）。他的这种"风格"有时也会带来一些麻烦，有一次他给一位女同学改图，照旧拿了一支6B铅笔纵横涂抹。可这一次是一张正图。这一来还能按时交图吗？童先生一走，这位女同学便哭了起来。❶

毕业后，程泰宁对童寯先生的文学涵养和文化素养有了进一步认识。童先生是满族人，他写的《江南园林志》是近代最早一部用科学方法论述中国造园理论的专著，包括园林历史沿革、境界，中国诗、文、书画与园林创作的关系等众多内容。他好吟咏，又娴六艺，他的绘画作品使专业美术家也为之赞赏。他对建造环节也很清楚。据说新中国成立前在华盖事务所做建筑师时，有一次到现场监督施工，他看到灰板条做的隔墙质量不好，上去就是一脚——想不返工也不行！

跟随先生们作设计，拉近了师生间的关系。先生们的言传身教、品格风范，改图时的一举一动以及先生之间的关照互动，都成为日后学生们回忆时最富感性色彩的部分。

刘光华先生改图是比较受同学欢迎的。那时他刚从美国回来不久，视野开阔、思想活跃，改图时和同学们的交流也比较轻松，不时还开开玩笑。而且但凡是他改过的图，评图时一定会帮你答辩（杨先生和童先生都不会这么做），最后的得分也会比较高。这也是他颇受同学欢迎的原因之一。❷

尽管先生们的创作思路和教学风格因人而异（这恰好可以让学生从不同侧面去理解建筑），个性也都很鲜明，但大多为人儒雅、谦和，品德修养和

❶ 程泰宁. 师恩难忘，同窗情深 [M] //程泰宁. 程泰宁文集. 武汉：华中科技大学出版社，2011.

❷ 程泰宁. 师恩难忘，同窗情深 [M] //程泰宁. 程泰宁文集. 武汉：华中科技大学出版社，2011.

人格魅力令人如沐春风，言行典范，对学生的影响甚至超出了专业教育范畴。他们志同道合、彼此敬重、相互关照，用垂范、言传和身教，向学生们展示了开阔的格局视野、精湛的专业造诣，让学生可以学到他们身上专注严谨的治学态度以及踏实敬业的品行风范。这些都对程泰宁的日后发展产生了积极而深远的影响。

有一件小事，我至今常常想起。一天系里的布告栏上贴出了一张刘敦桢先生的病假条。抬头写的是"呈·系主任杨"，后面是杨先生的签名："宝。年月日"。这张别开生面的代替课程变更通知的请假条，使人想到更多的东西。我们都知道刘先生的资格很老，曾经担任过原中大工学院院长。但他并没有摆老资格，而是处处强调他对杨先生的尊重，这是很不容易的。

而杨先生对其他教师的尊重就更为同学们所熟知了。有一次是系里的年轻教师画了一张南京航空学院主楼的渲染图。画的过程中杨先生来看过，觉得不错。后来童先生也去看了，他一时兴起，用豪放的笔触加了天空背景。大概是由于绘画风格有点不搭，等到杨先生再去看时，不由得一怔。旁边的老师连忙告诉他天空是童先生加的，他马上改口说童先生的水彩画如何如何好……我当时正在旁边，由于年纪尚轻、更多的是把这当作一件趣事。经过几十年生活的磨练，我不仅感受到了杨先生的高尚品德，同时也完全理解了杨先生这么做对于维护一个集体的团结是多么重要啊！❶

跟着先生们学习建筑设计，没有现成的课本，但助教们会晒一些蓝图作为参考资料发给同学们，程泰宁至今还保留着这些蓝图。在几位助教中，和他接触最多的是钟训正先生。

他比程泰宁高四届，毕业后先分到湖南，一年后，杨廷宝先生颇费周折才把他调回学校作助教，协助杨先生帮学生改图。那时程泰宁已读大三，常和同学蔡镇钰课后向他讨教，他也常到他们班上来（后来钟先生娶了他们班的女同学江三林为妻）。钟先生为人坦诚热情，而且铅笔水彩画特别好——他用的是宽笔画法，得到过梁思成先生的赞许。同学们印象最深的，是有一

❶ 程泰宁. 师恩难忘，同窗情深 // 程泰宁. 程泰宁文集. 武汉: 华中科技大学出版社, 2011.

次张耀曾设计了一个造型上有很多曲线的公交汽车站，尚缺少与之相配的背景，恰好钟先生来了。同学们就围上去说，钟先生，您帮画画配景吧。钟先生说完"好"，就直接挥笔画出了类似传统屋顶的大轮廓。当时同学们都被震撼到了——钟先生画配景居然不用打草稿，我们打草稿也画不出这样的效果啊！

"师傅领进门，修行在个人。"

大学四年，程泰宁除了跟随先生们一点一滴领悟建筑学的真谛，从大二大三开始，他已不满足于课本和课堂上的学习内容。好在南工前身中央大学对外交流较多，图书馆珍藏有一些当时西方的图书、杂志和原版资料。其中有个装满一张张活页的封套，是巴黎美术学院师生一百多年前的建筑设计作品集。这套书很珍贵，一般不外借。程泰宁请老师帮忙才借出来。这本书收集了巴黎美术学院建筑系师生的优秀设计作品，渲染做得很好，属于典型的布扎体系，反映了 19 世纪末 20 世纪初新古典主义建筑特点，涵盖了建筑学基本要求，包括对比例、色彩、尺度和细节的细致规定，如屋顶、墙身和基座的三段式比例，堪称经典。

这套书让程泰宁对西方经典建筑体系有了比较完整的认识。尽管时隔 100 多年，许多人觉得它在形式上已经比较陈旧，但其中包含的建筑设计原则，如比例、对称、尺度等美学基本法则，体现的是一种普适的审美规律，即使设计现代建筑，也值得参考和借鉴。

此后，程泰宁在作设计时都能灵活运用这些美学法则，逐渐沉淀为他设计气质的一部分。许多人说他的作品很耐看，似乎不会过时，就是因为他深谙审美规律及美学法则。他很喜欢的著名建筑师山崎实❶对此也有类似体会，山崎实认为自己从布扎体系中学到的东西，远多于从包豪斯学到的。

程泰宁"悟"出的另一个心得是要做得"不一样"。尽管西方建筑与中国传统建筑值得学习的地方很多，但他不满足于此。他想设计的建筑不是对西方建筑的模仿抄袭，也不是对传统建筑形式的简单移植，如做个大屋顶、

---

❶ 山崎实（1912—1986），出生于美国西雅图，为第二代日裔美国人，美国重要的现代主义、国际主义设计代表人物之一。代表作品：纽约世贸中心双塔、圣路易斯市的兰伯特候机楼、日本神户美国总领事馆、IBM 办公大楼、麦格雷戈纪念社会议中心、雷诺兹五金销售办公楼等。

红柱子，做些斗栱或者把它们稍微变形一下，而是和西方和传统都不一样，是对它们的某种转换。

至于"不一样"究竟是什么样，程泰宁当时也不知道——学校没有教，先生们的研究方向也不在此。他只是模糊觉得，除了建筑形式外，还应对中国文化精神有所体现。例如，与西方建筑不同，中国建筑通常不是以外形取胜，而是通过营造的空间意境去打动人心，一如他在书法、戏剧、文学，特别是中国诗词中体会到的意境之美。这些中国传统文化播下的种子，或许能在他未来的创作生命中发芽、开花，结出硕果。

姑姑就说过，建筑和文学、艺术都很相关。程泰宁发觉自己先前在审美和艺术门类上的沉淀和感悟，虽不系统但也积累了不少，或许可以用在设计上。他自幼对美很敏感，也不缺想象力，在艺术创造上有一定优势，而做建筑设计恰好可以让他体验到新奇、创新、创造的快乐和成就感。

他开始尝试将在诗词中感受到的意境，融入绘画和建筑意象创作中。他把这样的画称为"建筑意境创作"。许多年后有人问他，对他影响最大的中国文化是什么，他毫不犹豫地回答是"诗词"。

到了大四，基于对中国传统文化的喜爱、积淀以及对西方建筑文化的学习，程泰宁对建筑学渐渐开窍了。他产生了编一张表格来对比中西方文化、艺术相互关系的最初想法。他说：

我打算从中世纪开始，以政治、经济发展为背景，把相同年代段的中国的艺术家和西方的艺术家进行一些比较。这些艺术形式包括绘画、音乐和建筑流派等。这样不仅能帮助我们认识中西方文化，梳理其发展脉络，找出一些规律，更重要的是这种思考方式可以让建筑师形成大局观。❶

---

❶ 建筑院士访谈录：程泰宁. 北京：中国建筑工业出版社，2014.

3 阳光下的校园

　　南工建筑系系馆中山院，是一座平顶方正的灰色水泥墙建筑，兴建于1922年，原为中央大学附属中学教学楼。高3层，共有教室18间，供全系两百多师生使用。

　　为方便学生上课、自习和画图，建筑系每班都有固定教室。教室里也总是有人——赶上课程设计，熬通宵是大概率事件。每到这时，常有人先低声哼唱，很快有人加入，逐渐汇成无意识、无伴奏、无指挥的和声，既缓解了熬夜的疲劳，也抒发了对设计成果的陶醉。四年下来，说同学们朝夕相处、情同手足，一点不为过。

　　程泰宁他们班入学时有50人，来自天南地北，差异很大，且"精力旺盛者"居多。遇到高兴的事，大家会追打、嬉闹一番，即使在严肃的课堂，也时有恶作剧发生——有人会把教室门虚掩好，然后把藤编的垃圾篓放到上面，就等着年轻助教推门而入……在各种胡闹里，程泰宁不属于挑头闹事的，但出歪主意的，多半有他。

　　我们这个班当时在系里是比较活跃的，也很有自己的特色。有件事很能体现我们这个班的"精神风貌"：一个冬天的下午上自修课，大概是天气太冷，几个不安分的同学放下了画笔，互相开着玩笑在教室里追逐起来。跟着全班同学都起哄了，教室里乱成一团。正在闹得不可开交的时候，突然教室门被推开了，门外站着闻声而来的杨廷宝先生。平时一贯"微笑待人"的杨先生这时板着脸，扫了大家一眼，很严厉地说了声"不像话"！然后"砰"的一下把门带上走了。面对这突如其来的训斥，教室里顿时静寂下来。不过，也只静寂了两三秒钟，突然不约而同地爆发起更为放肆的笑声。这笑声似乎是想表示我们对这训斥并不在意，甚至是不满……但同学们毕竟是心里有数的，笑了一阵，这种多少带有自嘲意味的笑声似乎也笑不下去了，同学

们一个个施施然地回到了自己的座位，安静画起图来……❶

在这样的集体里想证明自己，对于年纪偏小的程泰宁来说，没点个性、没点成绩、没点人缘可不行。好在程泰宁都不缺，并由此收获了反差极大的两个标签——"小姑娘"和"个人英雄主义"。

"小姑娘"的绰号，与他入学第一天的表现有关系。

那天，学长把他送到宿舍楼下，告诉他寝室在二楼就走了。程泰宁上去后发现窗户下面是篮球场，打球可太方便了。没等他收拾行李，一位认识的同学就拉他去打球。打好球回来换衣服，一开箱他就懵了，泪水竟然流了下来——满箱衣服，该换哪一件？

到南京读大学，是程泰宁第一次离家独立生活。从上海到南京要坐六小时火车，是他第一次单独出行。临行前，祖母和母亲放心不下，一边为他装点厚重的行李，一边千叮咛万嘱咐："有事就去舅舅家，我们在南京有很多亲戚。"他走后，祖母一直不停念叨：怎么办，老大还不会照顾自己呢！父亲送他去火车站回来后，半晌无语，在他床上躺了好一会儿。母亲则担心令人"懊糟"（南京俚语，麻烦、不好伺候）的大儿子，会不会不喜欢她做的衣服……他走后，家里人的操心他不知道，但他入学第一天就哭鼻子，让同学看起来就像个"小姑娘"！

起初，这个绰号只限于在寝室里叫。寒假返校，寝室门上贴着"欢迎姑娘回家"，让全班同学都知道并认同了。大家说，他不仅模样像女孩，就连"娇气"和"文气"也像小姑娘。班里女同学都比他大，都把他当弟弟看，愿意和他开玩笑。

在曲阜孔庙测绘杏坛的脚手架上（最高处）（1954年）

❶ 程泰宁. 师恩难忘，同窗情深 [M] // 程泰宁. 程泰宁文集. 武汉：华中科技大学出版社，2011.

有一次他晚上去女生宿舍通知事情，脖子不小心刮到楼下晾衣服的铁丝上。第二天被细心的女同学发现了，自然而然地对他说："好心疼你啊，你真可怜！"

程泰宁一点儿都不喜欢"小姑娘"这个绰号。这与"镇三山辖五岳踏浪无痕鬼见愁小诸葛程泰宁"相差实在太远！他觉得同学们不了解自己。他要用能力、成绩证明自己的硬汉本色。

也许是因为高中参加过职业篮球联赛，入学不久，程泰宁即被选入校篮球代表二队。除了常打篮球，他还选修了乒乓球课，并很快因"头脑清楚、步法灵活"

出差在济南大明湖（最高处）
（1961 年）

入选校乒乓球一队。后来几年，他又在同学们推选下当过政治课代表和班主席，人缘很不错。班主席主要负责班级文体活动的组织以及班务工作，与班长和团支部书记共同组成"班三角"，是班里主要的学生干部。在同学们眼里，他虽然年纪小，但成绩好、脾气好，做事认真、处事公正，从来不向老师打小报告，属于煦日阳光般的男孩。

同学们喜欢程泰宁，还与他独特的个性和良好的形象气质有关。他独特的"海派时尚"穿搭，总能吸引到同学们的眼球。

在生活中，程泰宁对吃要求不高，能吃饱就行，对穿却颇有讲究。他不喜欢穿列宁装、中山装、西服，愿意穿 T 恤、夹克衫、两用衫、运动衫或毛线衣，因为休闲装穿起来更自然、舒适，而且不容易和别人撞衫——他最无法忍受的就是"千人一面"。他连别校徽的位置也和别人不一样，他别在胸口中间！细心的同学发现了，笑着说他，他也笑着回答："我就这样。"

后来在北京参加工作，他常穿一身白色。有一次去表姐单位，除了一件天蓝色的 T 恤毛巾衫外，他从头到脚都是白色，白帽、白短裤、小白鞋，以至于表姐的同事以为他是华侨。这还不算，由于看不惯满街的蓝、灰、绿，他买来染料，硬是将一件蓝色衣服染成黑色。

独特的个性，还暗藏在程泰宁的行为中。与同学合影，他总喜欢一个人

大学毕业时在灵谷深松碑前与同学合影（最高处）（1956年）

大学毕业40年后在灵谷深松碑前与同学合影（最高处）（1996年）

爬到高处去。大二去曲阜孔庙测绘实习时，他爬到了脚手架的最高处；在灵谷寺前合影，只有他爬到石像上去了。

　　与同学们打交道多了，朋友也多了。在程泰宁身边，总有些对他很好的同学。除了同寝室的室友以及学习伙伴蔡镇钰和郑光复，徐炳章跟他关系最铁，几乎形影不离，而上海姑娘张敏娟则视他为男闺蜜。以至于蔡镇钰曾半开玩笑地批评他，说他在搞斯大林式的小型个人崇拜。

　　徐炳章，山东人，当时南京高校跳高纪录保持者，校篮球队一队主力，因长得高被称为"大个"。程泰宁在二队，两人常在一起打篮球。徐炳章什么事都依着程泰宁，像个宠爱弟弟的大哥哥。暑假里，程泰宁邀他一起回上海家里玩，把他介绍给全家人认识。后来徐炳章在入学体检时复查出视力问题不适合学建筑，他想转系没转成，由于情绪波动导致成绩受影响降了一级。不过同学们感情好，仍把他当作班级一员，有什么活动都叫上他。

　　女同学张敏娟比程泰宁大两岁，圆圆的脸蛋，大大的眼睛，性格开朗，个性活泼，常喜欢与他开玩笑。作为回敬，他叫她"大阿福"。张敏娟有好吃的，会想着留给他。他们一起参加过一个《谁要嫁给他》的表演唱（类似音乐剧）。剧情在女生小合唱中推进，先后有五六个男生出来，扮演醉鬼、流浪汉等。女孩的妈妈由男同学顾馥保反串扮演，十分有趣。程泰宁是最后一个出场的，饰演女孩们中意的那个男孩，但最终女孩也没嫁成，因为歌词最后一句是：可是他不爱我呀！ ❶

大学生活（课间休息）
自左到右：程泰宁、徐炳章、苏典、叶谋兆、倪学成

和张敏娟同寝室的徐东平，也是一位上海姑娘，容貌清秀，气质淡雅。她与张敏娟关系很好，但性格比较"高冷、傲娇"。程泰宁记得入学时全班只有她一个人有照相机，她还把自行车从上海带到南京来。她性格内向独立，做事严谨自律，成绩不错，是第二批留苏名单里全班唯一人选（后来第二批没有成行）。她喜欢看文艺小说，做过校刊通讯员，由于话不多，很少参加同学间的嬉笑打闹。看大家疯过头了，她最多也就笑笑。人高马大的男同学也不敢惹她，喜欢她的男同学不敢直接表白，还要通过程泰宁转张敏娟传递。

渐渐地，程泰宁与徐东平有了些直接接触。原来，两人在上海家离得很近，走路也就十多分钟。徐家住的是花园洋房。在她家那个不算小的花园里，程泰宁后来在寒暑假里组织上海同学聚会。

徐东平告诉程泰宁，她家祖籍浙江江山，但她出生在杭州，在七兄妹中她排行第三，兄弟姐妹全都有。她的父亲徐良董是生物制药专家，一生经历丰富，学者生涯不乏传奇色彩。平日里不多言的徐东平与程泰宁很有话谈，

❶ 2016 年 9 月，张敏娟在南京家中接受了笔者的访谈。

交谈中程泰宁得知，徐东平的父亲1922年毕业于北京医学专门学校（现北京大学医学院），在厦门集美医院、浙江吴兴医院当过内科医师，在国民革命军航空一队当过少校医官，还在上海市生物制品研究所任过主任技师、鉴定科科长、病毒科科长，专攻生物药品和

在舞蹈表演后摄
后排左起：滕杏元、丁楚仁、蔡镇钰、郑光复、程泰宁
前排左起：江三林、胡懋行、张敏娟、张慧祥

疫苗研制。他在抗战胜利后创办了文达药厂，后由国家统一征用供中国人民志愿军使用。徐氏生物制品稳定性试验研究成果，被卫生部作为标定中国生物制品有效期的依据。最令程泰宁吃惊的，是他曾拿自己和全家人做过活体试验。算一下，那时徐东平也就四岁左右。

徐良董很重视教育，但由于太忙，只能把徐东平的姐姐、哥哥和她一起送到上海最好的寄宿学校——上海位育小学 ❶ 去读书，只有周末才能一起被接回家。

"怪不得你性格这么独立！"程泰宁说。

徐东平初中是在杭州弘道女中读的。这是杭州当时很著名的教会学校，培养出的学生素质比较好。她到杭州读书，是因为父亲当时因工作原因一度想把家搬到杭州。初中毕业，她在浙江省女子中学读了一年高中回到上海。参加高考时，父亲给她填报的第一、第二志愿，是医学、药学专业；大概觉得南工建筑系也很有名，又把它添加到第三志愿。

都是第三志愿，都是被动的选择！不知道是否冥冥中自有注定，徐东平

---

❶ 上海位育小学，创办于 1932 年，是由穆藕初（民国时期著名的棉花专家，上海工商界名流）联合十余位校董创办的一所著名华商私立学校。

后来成为程泰宁的妻子。有不少人曾好奇地问程泰宁，他们之间到底是谁更主动？他说，好像谁也没追谁，很自然就在一起了。他记得那时他很喜欢看历史书，有一阵对太平天国的历史很感兴趣，还借了两本有关捻军的书。徐东平觉得特别好奇，搞不懂他为什么会对这些感兴趣。也许正是由于成长环境的不同和性格的差异，让两人既能互补又觉得彼此有吸引力吧。

4 愿得此身长报国

一个人的志向，与兴趣和特长有关，也离不开他生活的时代。

程泰宁在南工读书时，正值世界建筑发展的重要时期：西方现代主义已成为世界建筑的主流并在相当长的时间里牢牢掌握着建筑学的话语权。他们与古埃及、古希腊与古罗马时期的古代建筑以及拜占庭建筑、中世纪建筑、文艺复兴等中古时期的建筑❶彻底决裂，提出"建筑要摆脱传统形式束缚，大胆创造适应于工业化社会条件与要求的崭新建筑"的思想主张，并设计建造了大量具有新风格的建筑。

中国建筑的发展则是另一番气象。在讲授《中国建筑史》的刘敦桢先生如数家珍般的讲述下，程泰宁对包括长城、赵州桥、应县木塔、山西五台山南禅寺和明清故宫的石木建筑有了系统认识和了解，也对属于墨家的建筑工匠在历史上著述无多感到遗憾。事实上，中国古代建筑史确实是一部缺乏"姓名"的历史——担任房屋设计的匠人、工师，因难登大雅之堂而未能载入史册。有关建筑仅有的几本书，如《营造法式》《园冶》和《闲情偶寄》等，讲的也多是建造技法、园林设计。

到了近代，中国建筑远远落后的局面，激励了一批怀揣读书救国、实业救国理想的青年才俊。他们负笈海外，刻苦研习西方古典主义、布扎体系和现代主义建筑，几年后带着另一种文化的建筑理念和技术，从美国、英国、法国、日本归来，成为中国的"第一代建筑师"。

至此，中国现代建筑发展的大幕才徐徐拉开。一些中国现代建筑史上的大事，如第一个研究中国古代建筑的学术机构营造学社❷的成立，国内第一个建筑学科苏州工业专门学校建筑科的设立开办，以及包括中央医院、中央体

---

❶ 刘先觉，汪晓茜. 外国建筑简史. 第二版 [M]. 北京：中国建筑工业出版社，2018.

❷ 中国营造学社（1930-1945），是由私人出资成立的我国第一个研究中国古代建筑的学术机构，成立于 1930 年 2 月，社长朱启钤，内设法式部（梁思成为主任）和文献部（刘敦桢为主任）。

育场、上海市百一店、外交部大楼和大上海大戏院在内的第一批中国现代建筑的设计建成，都是这一代建筑师在二三十年里的成就，而且这些繁重的工作，都是在战乱和动荡中，克服疾病和恶劣的生活工作条件下完成的。

老师不仅在学术上对同学循循善诱，而且十分注重对我们思想品德和敬业精神的培养。记得二年级去山东曲阜学习，尽管时间安排很紧，但同学们都要求顺道去泰山玩。也许是助教们（潘谷西先生等）感到无法说服学生，便把刘敦桢先生搬了出来。刘先生专门给同学们谈了一次话。他并没有批评我们，而是谈了很多他年轻时作古建筑调查的艰辛。然后说到这次实习时间安排的困难，要求同学们实习完毕后能立即返回学校。刘先生当时身体已不太好，讲话时气接不上来，讲几句就要挺挺胸，深深地吸一口气才能继续讲下去。同学们听完了刘先生这番诚恳得让人心动的谈话，原本热热闹闹的议论一下子偃旗息鼓了。从中我体会到了一种人格的力量，也感受到了老师谆谆教诲我们的苦心。❶

第一代建筑师的家国情怀，让程泰宁既敬重又感佩，他觉得中国现代建筑的火种，就是这些先生用生命点燃的；中国现代建筑的火苗，也是他们用羸弱的身躯守护的！中国建筑业之后能够"火"起来，无论如何都不该忘记这些伟大的先驱者！

与他们相比，程泰宁觉得他读书和生活的时代是多么幸运！新中国政治清明、社会稳定、风气淳朴，虽然物质生活还不富裕（在学校主要吃杂粮饭），但人与人之间充满了纯真、善意、温情和美好。特别在抗美援朝保家卫国取得胜利后，大规模经济建设生机勃勃，人民对党和国家的热爱以及积极向上的人生态度随处可见。那时的文学作品，如魏巍的《谁是最可爱的人》以及方志敏在狱中写的《可爱的中国》，里面的爱国文字，总是让程泰宁激动不已。

"一个青年学生的爱国，真有如一个青年姑娘初恋时那样的真纯入迷。"这是《可爱的中国》里的一句话。程泰宁觉得，这也是他成长的年代中年轻

❶ 程泰宁. 师恩难忘，同窗情深 [M] // 程泰宁. 程泰宁文集. 武汉: 华中科技大学出版社, 2011.

人爱国、爱党、爱工作、爱专业的心灵写照！作为新中国培养的新一代建筑师，他意识到要把"绝不碌碌无为过一生"的个人英雄梦，融入"学好本领建设祖国、振兴中国现代建筑"的宏伟理想中，他要将建筑学作为自己一生的事业。

找到了人生方向，程泰宁学习更刻苦、更自觉。事实上，经过两三年的绘画训练和"熏与悟"，他在三年级后的主课成绩基本都是五分。他记得教钢筋混凝土的丁大钧老师很看好他，在教下一班时，还让学生来找他答疑。

他的设计能力也有了明显进步。从他的留系作业可以看出，他在构图、色彩、光影、轴线、尺度上的基本训练很扎实。这些设计大多采用的是中轴对称式，立面遵循古典主义三段式的构图秩序，既有立面上带有中国传统屋顶和三个入口门廊的教授宿舍楼，也有大门采用中国式四柱牌坊的长途汽车站以及仿古建筑风格的书亭，基本属于布扎体系。

可是程泰宁对自己不满意，他知道他的设计能力还不是班里最强的。以同学张耀曾为例，他做的课程设计总是思路新颖、表达生动。他设计的汽车站，带有卷棚屋顶的餐厅和两根独立外柱，洋溢着不受拘束的勃勃生气和设计才华，"不一样"的程度，已经远超一般二三年级同学的水平，以至于难得表扬人的童寯先生也曾经明贬实褒地让他"别太放肆了"。

大三下学期，班里分到两个留苏预备生的名额。这是新中国选拔公派留学生去学习苏联建设经验和先进技术。拿到名额的同学，只要通过考试就可以去苏联留学。这是个好机会，不少同学都暗自憧憬。几个平日里和程泰宁要好的同学悄悄和他说，你成绩好，两个名额里肯定有你一个！

名单公布了，班里推荐的是张耀曾和蔡镇钰。

终究还是差了一点！程泰宁心里难免失落。不过，面对替他打抱不平、让他去系里再争取一下的同学，他还是装出一副若无其事的样子，连声说："没事、没事。"他在心里对自己说，人生的意义在于为理想不断奋斗！要相信自己，做好自己才是最重要的！

也许是憋着一股劲，大三那年，程泰宁以全班唯一优秀生的成绩，一跃成为名副其实的佼佼者。

大四一开学，程泰宁给自己定下两个目标——提高设计能力，当上特等生。那时学校的规定是，一半以上功课成绩达到五分可以成为优秀生，所有课程成绩五分可成为特等生。为此，他几乎天天"长"在教室里，就连毕业前最后一次在大礼堂举办的元旦晚会都没去。

那天晚上，校园里张灯结彩，大礼堂人山人海，同学们都去看晚会了。偌大的教室一片漆黑，只有角落里程泰宁头上的那盏灯还亮着。远处传来的欢歌笑语，与教室里的冷冷清清形成极大反差。那天很冷，他正在画的单色渲染的巴洛克风格大门水彩画上（下图）都结了冰屑。那天似乎一点也不冷，因为他内心涌动着的激情，让他心潮澎湃，他正试图把两年多学到的建筑知识和技法都浓缩到建筑意境的创作中去。

大四第一学期期末考试成绩出来了，一向优秀的工程结构（钢结构）课，居然只得了四分！

程泰宁毫无心理准备，完全接受不了——难道做特等生的目标就这样落空了？说不上是不忿还是自责，他一下冲出教室。这可把同学们吓坏了，赶紧喊他的好朋友徐炳章去追他。

程泰宁一路狂奔，一口气冲到新街口。徐炳章就在后面默默跟着，一言不发。返校途中，情绪冷静下来的程泰宁负气地问徐炳章："你是我最好的朋友，为什么一句话都不劝我？"

徐炳章说："你一次考不了五分就这样，让我和你讲什么？怎么讲？"

程泰宁这才想起徐炳章就是因为身体不好影响了考试成绩而降了一级，他的火气顿时消了一大半，反倒觉得有点过意不去。

程泰宁对成绩如此看重，不仅让好朋友难以理解，也引发了一些议论。班上有位同学因事和他起争执，当众反驳他说，你那么争强好胜，是以个人英雄主义反个人英雄主义！

个人英雄主义？头一次听到这个词，程泰宁不太懂是什么意思。第二次听到这个批评，是从班级团支部书记郑光复的信里。

郑光复比程泰宁大三岁，性格热情、率直。在刚入学的新生联欢会上，他朗诵

习作（1956 年元旦前夕）

苏联诗人马雅可夫斯基的长诗，虽然普通话带点川音，但音调铿锵、激情四溢，朗诵到高潮处已眼含热泪，令程泰宁印象深刻。在后来的四年相处中，郑光复也一直如老大哥般在学习和生活上关心程泰宁，有时甚至出来保护他，也会对他进行坦诚直率的批评。大三暑假时，郑光复没有回家，从学校给回到上海家里的程泰宁写来一封长信。在信里，他说程泰宁在学习上用力过猛，表现出来的争强好胜，就是个人英雄主义。❶

中央新闻电影制片厂第 46 期新闻简报《试行国家考试》画面（1956 年）

类似的提醒，还来自程泰宁的好朋友吴振威，他当时在同济大学土木系读书。程泰宁的毕业实习是在上海民用建筑设计院完成的，一起实习的还有同济大学建筑系同届的学生。实习结束回来不久，吴振威写来一封很长的信。他在信中问程泰宁，为什么要在同济大学接送实习生的校车上，当着同车的同济同学，议论同济建筑系老师？程泰宁很奇怪，问他怎么会知道。吴振威说："怎么知道的并不重要。重要的是你要谦虚谨慎，注意自己的言行，不要到处逞英雄！"这件事让程泰宁开始思考争强好胜的两面性。他在多年后的创作经历自述中曾写过：我出身不好而又总是"顽强地表现自己"。

当程泰宁拿到第二枚（依然是全班唯一）优秀生奖章时，毕业季如期而至。那年，教育部对大学毕业生试行"国家考试"，南工建筑系是试点院系之一。所谓国家考试，是指学生在毕业设计完成后，将设计成果交到由学校老师和校外专家组成的考试委员会，再进行面对面的方案介绍和课题答辩。

程泰宁的毕业设计项目是一所疗养院。答辩时，中央新闻纪录电影制片厂到访拍摄了一条《新闻简报》。在 1956 年第 46 期的《试行国家考试》新闻成片里，可以看到有关程泰宁的两组镜头：一组是毕业答辩时他在介绍自

❶ 程泰宁. 悼光复［M］// 程泰宁. 程泰宁文集. 武汉：华中科技大学出版社，2011.

己的设计方案（前页图），另一组是他上台领取毕业证书❶。宝贵的历史影像，不仅让年仅 20 周岁的程泰宁早早出现在大屏幕上，也记录下了一个青年学子的踌躇满志与意气风发。

程泰宁的毕业设计最后得了五分。这为他的大学学业画上了圆满的句号。毕业分配前，他和徐东平明确了恋爱关系，由学校照顾一起分配到位于哈尔滨的中国科学院土建研究所，旋即接到通知，由于国家机构合并，他们被改派到北京的国家建委中国建筑科学院筹建处。

想到通过四年努力，终于学有所成、学有所用，而且所学所用即将成为一生的事业，程泰宁就觉得世界和未来都特别美好。此时的他，不再沉醉于虚幻的武侠世界，因为眼前的社会就是清明世界、朗朗乾坤。他也不再为虚构的江湖大侠感动，因为中国人民志愿军就是现实世界的英雄。还有同样出身于旧家庭却自愿为了崇高理想而奋斗不已的周恩来、陈毅等开国元勋。他至今能背诵陈毅在反"围剿"战斗中，因受伤被困围在梅岭时写下的《梅岭三章》：

大学毕业全班在南京工学院大礼堂前合影（1956 年）

❶ 该片为 1956 年第 46 期《新闻简报》第 3 小节。该资料已从中央新闻纪录电影制片厂购入归档。

断头今日意如何？创业艰难百战多。
此去泉台招旧部，旌旗十万斩阎罗。

南国烽烟正十年，此头须向国门悬。
后死诸君多努力，捷报飞来当纸钱。

投身革命即为家，血雨腥风应有涯。
取义成仁今日事，人间遍种自由花。

视死如归的豪情气概，溢于诗中，何等令人感佩！此外，程泰宁在大学期间还阅读了《青年近卫军》《牛虻》《红与黑》等西方文学著作，书中主人公为理想奋斗终生的意志和精神也在激励着他，让他相信这世界上真真实实地存在这样的人。他们有信仰，愿意为了社会进步和人民幸福不惜牺牲一切。他觉得自己也应当为这个世界的美好尽一份力，才不枉生而为人的责任。

这就是时代和英雄的感召力。

如果说一个人的性格主要形成于少年时期，那么他的世界观、人生观、价值观则成型于青年时期。在即将告别母校时，程泰宁已将理想、志向都锚定到建筑学事业上，他身上曾有的"个人英雄主义"的小火苗，已逐渐化显为要为国争光、为国效力的热情。带着满心憧憬与浑身干劲，程泰宁与徐东平登上了北去的列车。

第三章
不负青春
（1956—1964）

长长的筒子楼，像一条空中胡同，串起每层十几户人家。青年时期的陋室，艰苦岁月的苦读，加深了程泰宁的建筑学养。参加重大工程、重要竞赛以及国家级科研项目的经历，让他接受了高起点与高强度的业务锻炼。视界与格局就是在"学"与"做"中打开的。

1 当头棒喝

火车鸣着汽笛驶进了北京正阳门火车站。这是 1956 年的深秋。程泰宁与徐东平拎着行李下了火车。

公交车沿着长安街向西行驶。一路望去，天安门广场的五星红旗格外鲜艳，红墙琉璃瓦的古都宫殿建筑，一如刘敦桢先生在课堂上描绘的那般辉煌壮丽，令他们目不暇接。

在靠近三里河的月坛南街 38 号，一片宏大气派起伏有序的现代办公楼群分外醒目。楼群由一幢主楼和东西两幢配楼组成，采用了现代材料和结构，建筑风格洗练、凝重，却很有民族形式感。主楼建有高大的重檐歇山大屋顶，两幢配楼也各有一个重檐歇山大屋顶和两个重檐攒尖大屋顶，它们与一路上看到的传统古建并不违和。

这就是"四部一会"大楼。作为首批政府办公楼群，如今已入选为中国 20 世纪建筑遗产。担纲设计的是著名第二代建筑师张开济。所称"四部"，是指第一机械工业部、第二机械工业部、重工业部和财政部，"一会"则是国家计划委员会。后来在东配楼里又增加了国家建设委员会（国家建委）。程泰宁的单位，中国建筑科学院筹建处，大家都叫它建科院，隶属于国家建委。这是参照苏联模式成立的新单位，以建筑学为主要研究对象，属于国家最高层次的研究机构。

建科院当时只有百余人规模，由原中国科学院土建研究所建筑学专业人员与新招的建筑学毕业生组成。不要小看这些年轻学生，个个都是从清华大学和南京工学院筛选出来的优秀毕业生，其中不少人后来成了院士。领导他们的则是些行政级别很高的非专业老干部。程泰宁所在的公共建筑组的组长张文全，就是一位 12 级老干部（后担任国家地震局副局长）。

这样的人员组成，与单位的名头和层次都不太匹配，让程泰宁感到一丝意外。开会时，老干部人人标配一件绿色军大衣，给他留下了深刻记忆。

上班之初，没有具体研究工作，程泰宁就自己安排时间。除了翻阅专业书和技术资料，他还把在书店买到的俄文原版《住宅建筑》拿到单位翻译，打算摘些内容向《建筑情报》杂志投稿。每逢周四上午，他组织同样年轻的同事们一起外出写生，周日他自己也会去画画。那时他经常戴一顶白色帽子，被组长张文全先生亲切地称为"小白帽"。

在北京玉渊潭写生（1962年）

1957年，中国建筑学会举办首次全国住宅设计竞赛。程泰宁踊跃参加，他做了个辨识度很高的创意方案——星星之火，可以燎原。业余时间，他看文艺书籍，学游泳，学吉他，打乒乓球，像是有用不完的精力。由于表现活跃，业务能力强，他很快被推选为建科院团支部宣传委员，这个团支部有近百名团员。

1957年春天，中共中央开展整风运动，建科院团支部积极响应。担任团支部书记的是毕业于清华大学的党员唐其恕。她比程泰宁高一届，开朗直率，思路活跃，口才也好。在她倡议下，团支部搞了个自由论坛并拟定了一些题目，如"搞科学，没有科学家行不行？""到底是先盖庙，还是先请神？"

在团支部会上，团员们畅所欲言。这些发言经程泰宁整理后，陆续发表在楼道内的黑板报上。

1957年底，整风运动转为反右派斗争。唐其恕首当其冲，被《人民日报》点名批评，后被划为"极右"下放北大荒。作为宣传委员的程泰宁，在团支部会上也受到点名批评：程泰宁，你不要觉得自己没问题！

是啊，黑板报都是他写的，他怎么可能没问题！

在后期给人员定性时，组长张文全先生有心保护程泰宁，因为在他眼里，程泰宁就是一个单纯、勤奋、喜欢钻研业务、思想活跃的"小白帽"。他提醒程泰宁说"态度很关键"。程泰宁写了份思想认识，被定为"中右"计入档案。

"如果没有组长保护，我很可能被打成'右派'。"每次提到这位冒着政治风险保护他的老干部，程泰宁都充满感恩。

随之而来的是下放锻炼，哪怕程泰宁在体检时已经查出患有浸润性肺结核且正在活动期。留在北京的徐东平，对他的境遇非常担忧，听说广东江门气候湿热、蚊子特别多，就给程泰宁准备了蚊帐和一些生活日用品，叮嘱他要注意身体，学会照顾自己。

与程泰宁同期下放的人员分为两批，共一百多人，全部来自国家建委系统。下放地点广东江门糖厂（1958 年 7 月，周恩来总理来厂视察后亲笔题名），是国家投资的"一五"计划中 156 个重点建设项目之一，1957 年由波兰负责援建。下放队伍到达时，糖厂正在建设中。程泰宁被分到瓦工组挑砖，因为体弱，他最多只能比女同事多挑一两块。晚上，他们和工人一样住在芦席棚里。蚊帐外的蚊子如同轰炸机一般轰鸣。这样的劳动和生活条件，很容易引发肺结核发病并造成传染，领导在一番考虑后决定把他单独调到机关技术科。

调到机关后，他的工作是在工程师指导下画施工工艺卡（施工场地布置图）。在陌生的新环境里，人们只知道他有肺结核病。在食堂参加劳动，他戴着口罩，在人群里很扎眼，没人敢和他坐在一起吃饭。后来人们还不放心，索性让他独自一人搬到为波兰专家准备的毛坯房里。房间里墙壁都没粉刷，除了床空无一物。

程泰宁第一次尝到了被嫌弃和被抛弃的滋味，只有在收到母亲寄来的衣服包裹时，才能体会到"慈母手中线，游子身上衣"的温暖。父亲在来信中要他注意身体，说"你以一身系全家之安危"，让他惊讶又震动，原来自己身上背负着家人这么厚重的寄望和嘱托。

不过，最让程泰宁难过的，还是离开了心爱的专业。他做梦也没想到，刚出校门，还没来得及一展抱负，就稀里糊涂下放了。从徐东平的来信中，他获知国家建委在他走后不久就撤销了，建科院整体并到建工部建筑科学研究院（以下简称"建研院"），她被分到工业与民用建筑室。尽管大家都开玩笑说，他们从中国科学院到建委直属的建科院、再到建工部下属的建研院，是连降三级，但工作比之前饱满了许多。

徐东平随信寄来一本《全国住宅设计竞赛获奖方案选》，程泰宁的参赛方案因"标记"明显被作废。方案落选又无法作设计，让他感到孤独、迷惘。他情绪低落，不知该如何排遣，常常在晚饭后爬上四十多米高主厂房的脚手架最高处，将自己小小的身影投入到茫茫暮色中。下面的工人师傅喊他下来，说太危险了，他却置若罔闻。

"那个脚手架是竹子搭成的，很简陋。"程泰宁回忆说，"我就在脚手架挑在外边的木板上坐下，两条腿空空地挂在下面。人家以为我要看风景，其实我什么也没看到。"

刚满22周岁的程泰宁似乎想用这种无意识的危险动作"对冲"

下放广东江门糖厂工地与朋友们合影
后排左一：程泰宁，左四：黄定源
前排左二：戴公葆

他心中的苦闷。他不知未来会怎样，但觉得不该浪费时间。他找出带来的俄语专业词典，有空就拿出来翻翻。糖厂位于西江边上，对岸就是潮连岛。休息天，他带上画夹去西江边画画。有时画累了，就到附近的茶馆坐一会儿，边休息边看书。

西江是中国第四大河流珠江的最大干流，流经江门的这一段，是国内大江河中水质最好的。江面宽阔，江水青碧，偶有几条小船飘过，给婉约清丽又很幽静的山水画面增加了些许生动。

1958年春节，队里放了几天假。大年初一，程泰宁又独自跑到西江边写生。美丽的南国风光让他心中的阴霾渐渐消散了些。无奈天公不作美，忽然下起小雨。他只好躲到桥洞里接着画。然而，淅沥的冬雨和四顾无人的环境，重又勾起他的茫然和孤独，刚刚散去的阴霾迅速回归。回到宿舍，他在日记里写下了"凄风苦雨辞旧岁，徘徊无语迎新春"这样的句子。

1958年春天，反右派斗争余波未平，又组织向党交心。在这次活动中，程泰宁对自己过去所思所想一共写下了404条：有他对单位一些党员业务能力的质疑，也有他在鸣放期间的言行，还有对诸如"杨柳岸晓风残月"所描绘的古诗词意境的向往、对西方资产阶级文艺作品的欣赏等。他一条条写下来，似乎要与那个具有"布尔乔亚"（资产阶级）情调的自己彻底告别。

一起下放的同事邵华郁对他的行为不理解，好心提醒他："你写这些干嘛，你知道后果吗?"

程泰宁却觉得他没什么要对党隐瞒的，既然"错"了，就应该向党说老实话。

不出同事所料，程泰宁很快就在工地受到全机关的批判。施工单位的党委书记亲自参会，在总结时对他严厉地说:"像你这样的人，哪里是'右派'边缘，明明就是'右派'!"

程泰宁脸上火辣辣的。与之前在工地上被不点名批评"不安心锻炼，画画、读俄语、喝茶，搞资产阶级情调，缺乏下放应有的样子，思想不行"相比，这个结论显然严重得多。他没想到，"坦白"并没有带来"从宽"。

1958年，为庆祝新中国成立十周年，国家准备建设包括万人大礼堂在内的一批重大建筑工程，急需大量建筑设计人才。8月，建研院领导决定将下放江门的人员全部召回。

离开江门时，程泰宁的心情很复杂，既有重返北京的欣喜，也有被批"就是右派"的沉重。

2 大工程大会战

1958 年 9 月 6 日，北京市召集北京建筑工作者万人会议，在会上作了启动国庆工程的总动员。除了在京的 34 家设计单位，上海、南京、广州等地的 30 多位建筑专家也受邀赴京参加国庆工程的建筑方案创作。此外，在京的学者教授、工人群众和广大市民也纷纷献计献策。各项工程累计收到 400 个方案，其中仅人民大会堂项目就收到 84 个平面方案和 189 个立面方案；面积相当于五个巴黎协和广场、四个半莫斯科红场或四十个威尼斯圣马可广场的天安门广场，也收到了许多规划方案。

从广东江门返京后，程泰宁和原建科院的同事一起调到建工部建研院。建研院下设城乡规划室、工业与民用建筑室、建筑理论与历史室等 12 个研究室（所），因整合了许多科研单位而猛增至两千人，技术实力大大增强，跻身为首都科研设计大院行列，与北京市建筑设计院、建工部北京工业建筑设计院和清华大学一起，被确定为承担国庆重大建筑工程的四家主要设计院。不同的是，建研院虽然人才济济，但大多是科研人员，能动手做建筑方案的人并不多。程泰宁由此获得了极为宝贵的锻炼机会，其间参加了人民大会堂、国家歌剧院、国家体育场（后两个项目都只做了一轮设计就下马）三个项目的方案设计，还作为建筑组秘书参与了人民大会堂的验收工作。

国家体育场项目是按 30 万人规模设计的，不少建筑名家都参加了方案竞赛。由于规模太超前（北京奥运会主会场"鸟巢"的规模为 9 万人），方案只做了一轮就宣告下马。不过，紧张周期下高强度的工作压力，让程泰宁得到了极大锻炼。热火朝天的大会战气氛，让"给点阳光就灿烂"的他，很快将自己从江门带回的不快情绪一扫而光，他又激情澎湃了。

记得做国家体育场方案时，一天下午快下班，王华彬总工程师告诉我，第二天要开方案讨论会，我们的方案还缺少总图和鸟瞰图，要赶紧补上。当时我根本没有想这样的工作量能不能在一夜之间完成，就一口答应下来。经过一个通宵，从总体布置的考虑、草稿的推敲，直到整个鸟瞰图的绘制居然完成了。当我画完最后一笔，窗外的树木和建筑物也在晨曦中展现出它们朦胧的轮廓，我的心情也和周围的世界一样，宁静而又充满活力。❶

　　通过方案交流会，程泰宁有机会看到了其他参赛方案。其中戴念慈先生❷的方案令他眼前一亮。戴总采用的是建筑结合结构的做法，建筑的力度感很强，尺度也把握得很好。程泰宁看后大受启发——原来，体育场建筑这样做可能更好！

　　方案完成后，程泰宁又和建研院几位同事一起，结合大型运动场设计经验，对观众视觉质量进行研究。由他负责研究"深度视觉"，目的是确定运动场第一排座椅的高度。这已超出建筑学范畴，但他毫不打怵。他想到了寻求资源去解决困难。他先到天津大学请教沈天行先生，后又找到中国科学院心理研究所。在一个四合院里，两位中年专家李家治和荆其诚没有因为他是个毕业不久的年轻人而怠慢，他们认真接待了他并提供了计算公式。他经过反复计算和试验后，最终确定了座椅高度值。此后，他又与同事合作完成了《大型运动场观众视觉质量的研究》一文，发表在 1959 年第 1 期《建筑学报》

国家体育场方案　手绘（西立面图）　1958 年

---

❶ 创作经历自述［M］// 当代中国建筑师程泰宁. 北京：中国建筑工业出版社，1997.

❷ 戴念慈（1920—1991），江苏省无锡市人，建筑学家，建筑设计大师，1991 年当选中国科学院学部委员。代表作品：中国美术馆、北京饭店西楼、斯里兰卡国际会议大厦、山东曲阜阙里宾舍等。

上。这也是他在工作后发表的第一篇学术论文。那年，他 23 岁。

在向专家请教时，程泰宁还解决了此前一直困惑他的一个问题：过去画透视图，如果遵循从灭点透视的方法，画出的门往往很小，但人眼看到的门却高得多，而建筑摄影拍出的照片往往透视变形大，既不好看也与人眼所见到的不同，这是为什么？专家告诉程泰宁，这叫"知觉常性"，即人对物体大小有种恒常概念，与画图时的透视变化不同。人能看到东西的整体，有强烈的空间感，而照片是拍不出这个效果的。

程泰宁想，如果运用技术手段进行调整修正，应该可以将其还原到接近人们视觉中的样子。后来，他在建筑建模和建筑摄影中，经常使用这个不为人知的"秘密武器"，堪称"P 图"的资深前辈。

30 万人国家体育场项目（迄今尚无的规模）的创作实践与后续的研究工作，帮助程泰宁建立起做完设计就及时思考和总结的工作习惯，堪称是实践与理论齐头并进的两条腿走路。这个工作习惯，让他日后收获满满。

在国庆工程中，人民大会堂作为十大建筑之首，与中国革命和中国历史博物馆分列在天安门广场西东两侧，恰好符合《周礼·考工记》所述"左祖右社"的传统布局，而位于广场中央，北京中轴线上的则是人民英雄纪念碑。这种继承中国历史文化传统又有所创新的总体布局，给程泰宁印象深刻。

在设计过程中，周恩来总理及其他中央领导提出了许多宝贵意见，而建研院、北京工业院和清华大学则根据这些意见提供比选方案供北京市建筑设计院参考。程泰宁在王华彬总工程师带领下参加了这项工作。王总参加讨论会把意见传达给程泰宁，由程泰宁来完成绘图。

工程竣工前，成立了验收委员会。建筑验收组的组长是建研院院长汪之力先生，副组长是杨廷宝先生和人民大会堂项目的总负责人张镈先生❶，组员包括梁思成、林克明、鲍鼎、王华彬、金瓯卜等一众业界大家。

为了总结人民大会堂的设计经验，也为了培养年轻人才，汪院长安排程

---

❶ 张镈（1911—1999），祖籍山东，1934 年毕业于中央大学建筑系，在北平、天津、南京、重庆、广州等地和香港基泰工程司从事建筑设计工作。1951 年 3 月从香港回京，任北京市建筑设计研究院总建筑师。代表作品：北京人民大会堂、北京饭店新楼、民族饭店、友谊饭店、民族文化宫等北京大型重要公共建筑。

泰宁加入验收组。北京院不知汪院长的用意，看着程泰宁年纪轻，打算安排他做些杂务。汪院长得知后不高兴了，他当着程泰宁的面对张镈先生说："我派他来不是干杂事的，如果让他做这些，我马上让他去桂林出差作设计！"

这下，大家都不敢小瞧这个年轻人了。他成为验收组秘书，每天上午陪着先生们到工地现场，在功能复杂的"五脏六腑"中检查问题。下午回到新侨饭店开会讨论，由他负责记录，晚上将整理好的内容请杨廷宝先生审定并签字，然后上报验收委员会逐条整改。

验收工作持续了七八天，让程泰宁长了不少见识。这么庞大复杂的工程，一年全部建造完成，堪称奇迹。先生们的交流也让他收获颇多。

有一次，先生们来到人民大会堂宴会厅。这里的室内设计是参照西洋古典法式建造的。杨先生发现转角处的两个壁柱间的连接部分做法不到位，就转身对旁边的梁思成说："思成，我考考你，西方柱式的转角怎么做？"梁先生回答完，杨先生微笑着做了补充。一问一答之间，两位大家给程泰宁留下了难忘的记忆。

参加十大工程以及与建筑前辈一起工作的经历，让程泰宁颇有"会当凌绝顶，一览众山小"的感觉。他眼界开阔了，宏观思考和系统思考的能力得到了加强和锻炼。他甚至觉得，只要努力，没有什么大工程是他做不了的——工程越大、工作越多、问题越复杂，他就越来劲！

3 视界与格局

建筑设计没有标准答案，但可以有竞争和比选。这就是建筑方案竞赛的由来。

对于建筑师来说，参加设计竞赛是他们的必经之路。许多世界建筑大师，都是国际竞赛的活跃者和佼佼者，因为足够公平的竞争机制，可以激发建筑师的设计创新潜能。这也是程泰宁对设计竞赛始终非常看重的缘由。

1960 年 3 月，铁道部和中国铁道学会举办了南京长江大桥桥头建筑的全国设计竞赛。

南京长江大桥是我国在长江上自行设计和建造的第一座双层铁路、公路两用桥，其桥头建筑的重要性不言而喻。国内主要高校和大设计院全都报名参赛，共有 17 家单位。作为项目所在地的东道主，程泰宁的母校南京工学院更是志在必得。不仅派出了以刘敦桢先生为主帅、由童寯先生和钟训正先生动笔参加的全系师生参赛阵容，还从 300 多个方案中筛选出 38 个选送方案和 6 个推荐方案。而建研院以程泰宁为主的设计小组只有两三个人，几乎不值一提。

第一轮方案评选在南京进行，评委包括鲍鼎、吴景祥、戴念慈、张镈、方山寿、杨廷宝、刘敦桢等众多建筑名家。经过评审，专家们在参赛的 17 个单位提交的 58 个方案中选出 3 个方案，南工占两个，程泰宁占据一席。他的设计方案，大堡上有红旗、小堡上有工农兵群雕，带有折中主义风格（对历史上各种建筑风格的自由组合）。

这是程泰宁第一次在全国竞赛中入围前三，也是对他的方案设计能力的第一次见证。

经过在北京的公开征求意见和再一轮评选，由中央领导审定最后决定，将程泰宁的方案与钟训正先生的方案综合作为实施方案。此后，他先后两次返回南工，与钟先生等人当场确定了最后的综合方案。这个项目的后续设计是由钟先生完成的，程泰宁没再参与。事实上，钟先生最后的设计精致到

南京长江大桥桥头堡方案　手绘（1960 年 中国·江苏·南京）

位，比综合方案又有了提升，充分显现了他深厚的基本功，让程泰宁一直很佩服。通过这段时间的合作，两人建立了一生的友谊。

在此后几十年的岁月中，在任何环境下，他们一直互相支持、彼此关心。他们会交流设计，特别是绘画上的心得。钟先生铅笔画的阔笔表达手法，影响了程泰宁。后来钟先生的画风变成了更为细致的细笔描绘。问及原委，钟先生说他是听从了杨廷宝先生的意见。不过，程泰宁经过思考没有改变阔笔画风，但他对如何用阔笔更细致地表达建筑变得更关注。

1963 年，中国建筑学会首次组织古巴吉隆滩胜利纪念碑国际竞赛。这次竞赛是古巴政府为纪念其卫国战争胜利而向全世界征集的纪念碑设计方案，也是新中国成立后我国第一次参加的国际竞赛。建筑界内人人摩拳擦掌，跃跃欲试。

建研院派出的参赛阵容，还是由王华彬先生牵头的顾启源、孙骁声、程泰宁、蔡体方并以程泰宁为主创的四人创作小组。

这是程泰宁和王总一起做过的第四个项目。之前在国家体育场为程泰宁布置加班任务的，是他；转述人民大会堂修改建议方案的，是他；领他回南工参加南京长江大桥桥头建筑修改方案的，也是他。王总年长程泰宁近三十岁，是建研院的总工程师，早年在美国宾大留学时和杨廷宝先生是同学，属于程泰宁的师长辈。王总以理论研究见长，曾在院里开设过有关西方绘画的系列课。在程泰宁的印象中，王总很注重仪表，去南工参加方案交流会时，头戴白礼帽，身着一身白色西服套装，典型的20世纪三四十年代知识分子模样。

接到任务后，程泰宁很兴奋，因为这次竞赛可以突破当时"民族的""社会主义新风格"的条条框框，能让他尝试运用之前吸收的西方现代建筑创作手法。经过反复考虑，他放弃了火炬、号角或旗帜等常用意象，采用了圆、三角和梯形的几何组合，选择了"V"字造型的抽象建筑语言：纪念碑的V形平面、大台阶的V形石阶、柱廊的柱，都在重复着同一个主题：胜利。这个利用西方构成手法、以三角锥体作为碑体的建筑造型，看上去简洁明快、富有力度，在使人感到振奋、欢愉的同时也极具标志性。

方案确定后，程泰宁又包揽了从整个空间序列到单体纪念碑设计的所有草图和效果图，可以说这个方案就是他主创的。不过，根据当时参赛人员必须是建筑师的规定，他这个技术员不能署名。王总怕他有意见，他却说："我还这么年轻，以后机会多着呢！"王总最后还是帮他争取到了署名权。

为了保证设计水准，

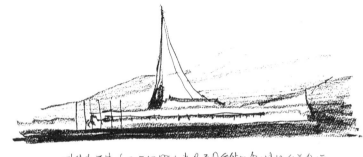

古巴吉隆滩胜利纪念碑国际设计竞赛方案（1962 年古巴·吉隆滩）

中国建筑学会在国内预先进行了两轮竞赛，准备在收到的 70 余份方案中选送 20 个方案代表中国参赛。

第一轮评选结果出来，王总高兴地告诉程泰宁，他们的方案得票数排名第一。

"真的？"程泰宁喜不自胜。

"不过，评选时专家说这个广场少个入口。你把图纸改一下，开个口子出来吧。"

"啊？"程泰宁愣了一下，随即反驳道："这样改不好吧？这个方案的特点就是极简的几何形体，追求空间构成的整体性，开口会破坏这些特点的！"

看出程泰宁不想改方案，王总只好说："你再想想看，不过我建议你还是改一下为好。"

过了两天，王总来看方案，发现程泰宁没有改。他没说什么，走了。过了一会儿，工民建室的主任吴洛山先生（一位 13 级的老干部）把程泰宁喊到办公室，问："王总让你改图，你没改。为什么？"

"我觉得那样改效果不好。"程泰宁说。

"我不懂专业，但王总是院里的总工，他的意见，你还是要听的！"吴主任语气虽不严厉，但态度却像下命令。

程泰宁只好不情愿地改方案。修改后的方案得到了王总认可。但在第二轮评比中，这个方案的得票数从第一名变为第二名。这个结果让程泰宁感到很委屈，无论这个结果是不是修改造成的，都是他本来就不想改的。后来，在出版自己的设计作品集时，他刊用的都是没有送出国的第一轮的方案。

这次竞赛最后获得一等奖的是波兰建筑师，他设计的方案是，在海中，几个船形体块插在水里，岸上什么建筑都没有。程泰宁看后挺服气。尽管他在创作中借鉴了西方的构成手法，完成的方案比较新颖、视觉冲击力很强，而且在国内也已数"一"数"二"，但还是仅仅停留在建筑形式和空间上。而对方的创作，则把博物馆放在地下，岸上只保留一片滩涂。这种对事件甚至意义的抽象表达，一下子打开了程泰宁的思维方式，与他一直思考的建筑意境创作产生了呼应。

这就是参加竞赛的意义。平台越高，同台竞技的对手越强，收获也就越大。通过这样的竞赛，程泰宁打开了视界和格局，发现了差距和不同，从而激励了他要快速赶超上去的决心。

参加竞赛是打开视界和格局的一种方式，参与国家规划和课题研究，是另外一条路径。

1961 年，建研院与北京市建筑设计研究院、清华大学、北京建筑工程学院（今北京建筑大学）以北京水碓子小区为试点，联合开展对装配式住宅的研究。装配式住宅，是

参加中央国家机关乒乓球锦标赛，作为建工部代表队队员在集训中（1958 年，北京）

针对当时国内住宅紧缺而出现的一种工业化住宅形式，目的是用最快、最省的建设方式，解决人民居住条件恶劣的现状和难题。当时还住在筒子楼里的程泰宁，在这项研究中负责的是建筑艺术部分。

为了便于分析与研究，他画了很多铅笔草图，挂出来供大家讨论。这个项目的审查主管是张镈先生。他来看图时特别认真。这是自人民大会堂验收后张镈先生第二次注意到程泰宁。不久后两人在公共汽车上偶遇，也是张镈先生主动打的招呼。一番交流下来，两人很谈得来，算是正式认识了。他们都没想到，二十多年后在黄龙饭店评审的关键时刻，正是张镈先生给了程泰宁最强有力的技术支持，让他顺利地拿下了方案。

装配式住宅研究结束后，程泰宁在《建筑学报》上发表了《装配式住宅艺术处理的探讨》。在文章中，针对当时一些大板装配式住宅，被北京老百姓评为"粗眉大眼"的问题，他提出了"尺度""细节"和"构造美学"等专业观点。

1962 年，刚刚 26 岁的程泰宁参加了国家科学规划委员会组织的《1963 年至 1972 年科学技术规划纲要》（简称《十年规划》）的编写工作，与北京市建筑设计研究院总建筑师华揽洪先生❶，共同作为建筑工程公共建筑部分

---

❶ 华揽洪（1912—2012），生于建筑世家，其父华南圭是早期留法的中国著名建筑师。1951 年回国后，担任北京市都市计划委员会第二总建筑师，北京市建筑设计研究院总建筑师。代表作品：北京儿童医院。

的规划负责人。这是中国科学技术发展的第二个长远规划。参与规划编写的经历，让程泰宁对国家的宏观科技发展战略，特别是建筑学的发展方向与任务，有了清晰的了解和认识，也让他在日后的科研工作具备了纵观全局的眼光和格局。

这一年，由建研院与铁路专业设计院作为主编单位的铁路与客站建筑设计研究正式立项，参加单位包括各地方铁路局、设计院，以及南工、天津大学、重庆建筑工程学院和唐山铁道学院四所高校，一共有 20 多家。

程泰宁是在中途接替一位同事的工作加入的。此前，他对这个课题的内容完全不了解，却被告知要在入组一周后提出研究提纲与四所高校讨论，其中包括他的老师张致中先生。

怎么办？

硬着头皮上吧！接下来一周，程泰宁夜以继日突击补课，把之前的调查报告和资料全看了一遍，终于在出发前赶上工作节奏，顺利写出了编写大纲，完成了与几个主要编写单位的沟通工作。不知道的人，还以为他本来就是这个课题组的。

在后续工作中，程泰宁很快进入角色。作为主编单位三个负责人之一，除了组织协调 20 多家参编单位协同工作，他还承担了两章内容的编写和全书绘图质量的把关。为了提高书的质量，编写组调查了国内多个铁路旅客

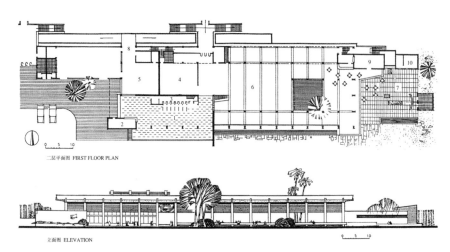

二层平面图 FIRST FLOOR PLAN

立面图 ELEVATION

　华南地区 1000 人铁路旅客站方案（自绘　1963 年）

站，查阅了当时能找到的外文杂志和书籍。

程泰宁外语不好，翻译工作主要由另外两位负责人完成。一位是来自建研院刚从美国回来的顾启源，另一位是来自铁路专业设计院的徐克纯。徐克纯毕业于上海圣约翰大学，外语好，工作特别认真。有些外文书籍上的建筑平剖面图很小也很模糊，他就拿着放大镜一点一点地辨认再画出来。这本书在国外资料的积累上花费了他大量心血。

这个项目做了三年。程泰宁最大的收获是翻看了许多国外资料。这让他对铁路客站设计有了全新的认识和思考，包括广场、站房、站场的铁路客站，应该是一个有机的整体，涉及流线组织、站房建筑形象、城市设计和商业运营等诸多方面，需要作为综合交通枢纽来系统考虑。如果割裂开来，就会带来相应问题。这方面国内是有过教训的。其间，程泰宁还与徐克纯合作完成了华南地区1000人铁路旅客站等多个设计方案。

1964年，研究成果汇成了"审鉴稿"（下图）。正准备开鉴定会时，全国开展"设计革命化"运动，送审的过程一波三折。由于包含大量国外铁路客站设计案例和资料，"审鉴稿"被批为"大、洋、全"而搁置在一边。直到1974年，才由铁三院负责修改整理出版。原来程泰宁写的章节被录入第

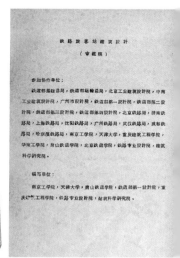

铁路与客站建筑设计审鉴稿（1964年）

二章和第四章，最终出版成果中虽然没有他的署名，但大家都知道他做过的工作。"文化大革命"后，铁路专业设计院领导周其文两次持公函到临汾商调他回京工作却都未果。后来铁道部的学术研究和项目评审会都邀请他参加，为他日后承接杭州铁路新客站和相关科研工作埋下了伏笔。

4 筒子楼里的"小灶"

与父亲在北京合影（1958 年）

从 1959 到 1961 年，国家经历了三年困难时期。程泰宁在北京虽不至于挨饿，但肚里确实一点油水也没有。1961 年春节，他和徐东平没回上海，一位已婚同事邀请他们和另一位单身同事一起去他家过年。

他们带上单位发的面粉准备包饺子。同事们都知道他不会买菜，就让他先回家把蜂窝煤炉子打开。这任务挺简单。程泰宁到同事家后打开炉子，看到最上面有块黑煤，就把它取了出来，然后找本书看起来。等到大家买菜回来，才发现炉子里的火都快灭了。

"你怎么能把上面那块煤拿下来呢！有这块煤压着，火上不来，下面才能慢慢烧啊！"同事们一边数落他缺乏生活常识，一边取笑他毫无生活能力，只会画图！

萝卜馅的饺子包好了，五个人一扫而光，最后都撑得躺倒在床上一动也不能动。这顿饭，后来成为五个人的共同记忆，只不过大家记住的是——程泰宁缺乏基本的生活常识，不时拿来取笑他一番，而他记住的则是那天实在吃得太撑了！

程泰宁关于饥饿的记忆，似乎都与"吃得太撑"有关。那时，他的父亲程子敏已调入上海民革担任专职副秘书长、市政协学习办公室主任。父亲来北京出差，带了些上海小吃，他也吃撑了。

父亲回上海之前，非要拉他到王府井照相馆拍照留念，还再三叮嘱他们要爱惜身体。那时程泰宁与徐东平尚未完婚，父亲又嘱咐儿子早点成家。

1961 年的最后一天，程泰宁与徐东平在北京西城区办理了结婚登记，

1962—1964 年 全国基础建设项目基本下马，除科研项目及少量国际（内）竞赛外，业余时间都用于读书及绘画。收集报刊剪报 15 本，并分成"下笔之道""文学创作""历史""美与自然"等类。每周日要求完成一幅画，一部分当时的绘画作品保留至今

灯下辑画（1962 年）

　　然后回上海。家里为两人各做了一件咖啡色棉袄，又用两家积攒下的二十多张饭票，在泰康路政协俱乐部吃了顿团圆饭就算是婚宴。

　　婚后，他们搬到了棉花胡同的筒子楼。所谓筒子楼，是 20 世纪五六十年代颇具中国特色的一种住宅样式，由集体宿舍楼改造而成，没有独立的厨卫设施。长长的筒子楼，就像一条空中胡同，串起了每层十几户人家，家家门口一个简易蜂窝煤炉灶。走廊黑黢黢的，弥漫着各家饭菜的混合气味，似乎在讲述他们有滋有味的生活。

　　这段日子，单位设计任务很少，正常的科研工作已不再需要加班。这恰好给了程泰宁自我充电的机会。晚上家里很安静，是他"开小灶"的黄金时间。除了建筑理论，他广泛涉猎了有关文艺、美学、音乐和绘画发展历史和评论的书籍。刘勰的《文心雕龙》和丹纳的《艺术哲学》更是被他反复精读。

　　他边看书边做摘录卡，有时直接把报纸和期刊上的精彩内容剪下来贴到不同内容的本子上，涉及历史、建筑、文艺评论等，最多的还是画作和摄影作品。这样的剪报有十几本。他把这些资料分成《灯下辑画》《下笔之道》《自然之美》《绘画》《音乐》《文学》等多个门类，以便阅读思考，还写下了一万多字的阅读笔记。

　　绘画，也是程泰宁从未忘记的"作业"。每到周末，当别人为打牙祭而忙碌时，他就背起画夹或带上笔记本去外面写生。一天下来，如果没有画好一幅画，他会感觉很懊恼。

　　钓鱼台、玉渊潭和紫竹院，都是他常去写生的地方。当时玉渊潭还是一大片湿地，没有铺路也没有围墙，只有许多白桦和一些叫不出名字的树种。

与南方的小桥流水不同，北京的自然风景粗犷、豪迈，别有一番野趣和格调。人行其间，感觉像是走在苏联的油画里。

三里河附近有个清真寺，是程泰宁为临摹古建常去的地方。著名水彩画家关广志先生也曾以此地取景作画。这个清真寺采用殿堂式，由寺门、外院、照壁、

与妹妹、两个弟弟和小姑妈合影　年轻时

大殿、南北讲堂等建筑组成，属于典型的传统建筑，距今已有四百多年历史。寺门的石门额上书"清真礼拜永寿寺"，据说为乾隆皇帝所题。为了临摹古建，他还去过北海边的团城。几年下来，中国传统建筑的比例、尺度和细节，都已印刻在他的脑中，不用看也能画得很准确。

由于铅笔画不好保存，这期间程泰宁逐渐改以水彩画为主，绘画方式也从写生转向了凭印象和想象作画。

有一次，他在阜成门外等车，无意中瞥见蓝色和红色的无轨电车从斑驳的城墙里缓缓驶出，很有画面感。回家后，他凭着印象画下了《北京阜成门》（水彩画，1963 年）和《光与色的交响》（水彩画，1963 年）。类似的印象画作还包括《静静的西江》（水彩画，1962 年）和《野渡》（水彩画，1962 年）。而《庭院深深》（铅笔画，1964 年）和《西风残照》（铅笔淡彩，1964 年）则完全属于想象画。第一幅是他在脑海中营造的一种建筑意境，第二幅画中的凯旋门在黄昏中色调灰暗、残壁断垣，显得苍凉而没落。这些他想做的"建筑意境创作"系列，重点想表达的是"意境"。这种冥想式的绘画方式，对体验、捕捉和呈现某种意境很有帮助。

"如果说要有哪些训练是建筑师应该常年坚持的，那就是阅读和绘画。"这是程泰宁后来常说的一句话。为了提高绘画水平，增加交流机会，他在单位里组织了十来人的绘画兴趣小组，看画展、办展览，还请了中央美术学院著名版画艺术家李桦教授来点评。

"你来了。"说话的是建研院的图书馆管理员。她微笑着递给程泰宁一个

小板凳，"快进去吧，馆里又来了些新书。"

"是吗！"程泰宁接过板凳，弯腰致谢后匆匆走了进去。

"估计又要待上一天了。"管理员自言自语道。

建研院的图书馆，是程泰宁补充精神食粮的另一个"食堂"。这里的建筑藏书堪称全国之最，不仅有许多珍贵的古籍珍本善本，还可以看到当时难得一见的国外最新的原版书籍和期刊，如《Architectural Record》《Architectural Review》和《Pencil Point》等，许多外文期刊连清华大学都没有。

丰富的藏书，令对知识如饥似渴的程泰宁大快朵颐、狼吞虎咽。从传统建筑到现代建筑，从东方建筑到西方建筑，广读博览让他大开眼界。不过，最吸引他的还是当时流行的现代建筑。那时，他比较喜欢的西方建筑师包括美国建筑大师弗兰克·劳埃德·赖特、巴西建筑大师奥斯卡·尼迈耶❶和山崎实，因为他们的设计风格既现代又细致、典雅。而对于密斯和柯布西耶比较粗野主义的建筑风格则不大欣赏。直到柯布西耶的朗香教堂设计出来后，程泰宁对他的认识才有了极大反转——原来建筑在典雅以外，还可以蕴藏那么强烈的激情与力量！

为了增加学养，程泰宁的阅读是随时随地的。有一次出差夜里坐火车，上车前他买到了《罗丹艺术论》。这是一本以对话形式记录罗丹雕塑创作和艺术思想的小册子，对建筑创作很有益。买书时他就在想，这下晚上可有事干了。果然，一上车他就爬到上铺打开书，凭着"不睡神功"，居然一口气把书全部看完了。下车时，他揉揉酸涩的眼睛，恋恋不舍地拍了拍床铺。想到自己一夜未睡，感觉有点对不起它。

就这样，对国内外建筑理论和期刊文献的博览，以及对包括文艺、美学、中外画论、文论和东西方哲学等领域的思考，让程泰宁在技能、思维、视野和格局上都得到了提升和拓展。

那时的他，虽然对西方建筑师和各个流派有不同偏好，但并不排斥任何

---

❶ 奥斯卡·尼迈耶（1907—2012），巴西建筑师，1988 年普利兹克建筑奖得主。拉丁美洲现代主义建筑的倡导者，被誉为"建筑界的毕加索"。代表作品：联合国总部大楼、巴西议会大厦、奥斯卡·尼迈耶国际文化中心等。

1962—1963 年 部分画作

流派。他知道，任何流派都产生于特定的历史时期，然后发展、兴盛，再被后来的流派所取代。没有哪家学说、哪个流派可以长盛不衰，后来的流派也不一定比之前的更完美。事实上，包括建筑在内的任何艺术，都是在这样"否定""否定之否定"中向前发展的。作为建筑师，不能为一时的流派所局限，需要经过了解、分析和比较，才能兼收并蓄，从而寻找到适合自己的发展道路。

于北京长城（1959年）

随着创作体验和思考的发酵，看似漫无目的的博采众长，逐渐呈现在程泰宁的创作实践中，融入他的建筑思考中，形成独到的见解和立场，这就是后来被称为"泰宁尺度"的宏大坐标系的萌芽。

从1958年到1964年的六年，是程泰宁的工作起步期，也是他在专业上迅速成长的重要时期。参加重大工程、重要竞赛以及国家级科研项目的经历，让他接受了高起点与高强度的业务锻炼。在克服困难中，他学会了创造性解决问题和进一步打开视界与格局；在自主进修的三年"平静"中，他通过系统学习和深入思考，为日后的创作实践和学术成熟奠定了基础。

可以说，与大学毕业时相比，他已然迈上一个全新的台阶。

对于这个台阶的高度，他充满自信。

5 人生难得几回搏

"你又没睡吧？"早上醒来，徐东平一眼就看到了桌上的方案草图，昨晚睡觉前还没有呢。

"睡不着啊。"程泰宁闭着眼睛，含糊地应了一句。

"你这样可不行。每次连熬几个通宵，你都睡不好。现在不用熬通宵，你怎么还睡不着了！你能不能晚上别想工作了！"

"我也不想这样啊！可闭上眼睛脑子里都是图纸。有思路了，总不能不画下来吧！"

"那身体怎么办啊？"

"没事的，我还年轻，少睡点觉不要紧的。累极了，总会睡着的。再说，这样我还能比别人多出许多时间呢！"

徐东平叹了口气，起身准备早餐。

失眠，是用脑过度的症状。经常性的睡眠不足，不仅会让人在日间容易疲倦，需要打起十二分精神才能维持正常人的精力水平，而且长期超负荷运转，很容易形成神经记忆，导致长期睡眠不好、失眠，甚至要借助药物才能入睡。这就是程泰宁在年轻时落下的病根。

那几年，生活单纯而美好，对于工作学习充满了激情。当时对我们一些年轻人来说，似乎不存在业余时间和节假日的概念，遇到设计任务紧张的时候，通宵加班是经常的、理所当然的事情。有时还需要连续几天通宵加班，半夜三四点钟是最困乏的时候，有时困得连画笔都捏不住掉在了地上，但只要稍稍活动一下马上又清醒过来继续下去，直到工作完成。❶

就这样，失眠的毛病一直伴随着程泰宁，而他却将其视为一个普通的困难。

---

❶ 创作经历自述 [M] // 当代中国建筑师程泰宁. 北京：中国建筑工业出版社，1997.

为了磨炼意志，他把所有的困难都当作考验，他甚至与"不可能"交上了朋友。

一夜之间补充30万人体育场的鸟瞰和总平面图？可能吗？不可能！他做到了！

一周之内补上铁路客站的研究内容、拿出编写提纲与四所高校沟通，可能吗？不可能！他做到了。

白天上班，晚上连续通宵加班（只在早饭前小憩半小时），可能吗？不可能！他也做到了。

程泰宁不仅在工作中和自己较劲，还经常"殃及"无辜。在做古巴吉隆滩胜利纪念碑投标时，负责总图绘制的是同事蔡体方。交标前两天，程泰宁忽然提出要修改总图。此时交标日期已近，总图已接近完成，对工作非常认真的蔡体方彻底怒了。他冲着程泰宁发火道："你究竟是怎么回事？"

面对同事的一脸怒容，程泰宁的第一反应居然是笑了。时至今日，他也不知道当时自己为何会笑，也许是同事对工作的认真让他觉得很可爱，也许是他觉得自己到交图前还要改图有点不好意思。后来蔡体方还是按照他的要求修改了总图。此后，他们就从同事变成了好朋友。

在一次次与自己的较劲中，在一个个困难被克服后，程泰宁惊诧地发现人的意志之强、潜力之大；随着两次在全国竞赛中的出色表现，他变得愈发自信，对下一次拼搏充满期待！

"人生难得几回搏，此时不搏更待何时！"这是为中国乒乓球赢得首枚世界金牌的容国团说过的话，为了让中国建筑能跻身世界强国行列，程泰宁决心要以容国团为榜样，不畏困难、努力拼搏，用自己的专业技能在世界建筑的赛场上，为中国队"夺冠"！

由于工作表现突出，1959年、1960年，程泰宁连续五次被评为建研院先进工作者，连续三次评为建工部"红旗青年"。1960年，他还受到共青团中央国家机关委员会表彰。这些荣誉让他在两千多人的建研院里开始小有名气。1961年共青团中央为了纪念五四运动四十周年，设立了"五四奖章"。他作为候选人之一离获奖仅仅一步之遥。在大家印象中，他爱钻研，专业能力突出，干工作可以"不要命"，不选他选谁！不过，由于之前在反右派斗争中的表现，他最终还是落选了。

第四章

穿越风雨

（1964—1971）

这是一个必然要接受考验的时期，似乎一切都是"史无前例"的。风暴席卷了每个角落。程泰宁经历了尴尬与困惑，他守住了底线思维，也更加坚定了前行的方向。

1 山雨欲来

1964 年，全国许多科研设计单位收到了"下楼出院"号令，建研院也不例外。

下楼出院是对"设计革命化"号召的行动落实，大意是说设计不能脱离政治、脱离实际、脱离群众，技术人员不能坐在办公室里，要去现场作设计搞研究，从而革掉"秦砖汉瓦""肥梁胖柱""深基重盖"的命。一句话，"工人是设计的主人，技术人员当参谋。"

很快，徐东平下到山东公社作规划，一去几个月。程泰宁没下去，是因为铁路旅客站建筑设计课题尚未结束。待到审鉴稿完成时，已经是 1965 年，"四清"运动开始了。

后来才知道，建研院当时已准备撤销几个科室，其中包括由梁思成和刘敦桢担任正副主任的建筑历史与理论研究室，以及程泰宁所在的工民建室。作为缓兵之计，这些即将被裁员的专业人员，先统统放下去搞"四清"。

建工部"四清"工作团由二百多人组成，带队的是一位副部长。工民建室是其中一个分团，分团长由室主任吴洛山担任。"四清"对接单位是承建兰州西固炼油厂的部属建筑公司。

到了工地，程泰宁被分到架子工组，工作是搭建脚手架。那时，搭脚手架完全靠人工。工人要在高空用 8 号铅丝或粗绳索捆绑木杆搭建起木架，然后铺上马道，供工人操作和推混凝土小车使用。高空作业有一定的危险性，对工人的体力体质都有要求，所以工人通常 60 岁退休，而架子工必须 55 岁退休。程泰宁和组里工人同吃、同住、同劳动，相处融洽。有位师傅告诉他，多年来干部参加劳动，从来没有人到架子工组，你是第一个。

程泰宁在架子工组劳动了一段时间，接到了"外调"任务。

外调，即外出人事调查，是对被调查人的家庭出身、政治成分以及历史问题的审查，属于政治任务，关乎被调查人的政治命运，也是对调查人的信任和考验。

程泰宁的家庭出身是"旧官吏"，接近"黑五类"，他又沾过"右派"

边缘，按理说不该派他去做外调。但他追求进步，工作表现不错，又在工作上连获表彰，赢得了组织和大多数同事的信任。

程泰宁调查的三个工人，一人属于经济犯罪，已关押在山东菏泽监狱，他只要赶过去让对方补充交代就能完成任务。另外两位工人则属于政治审查：一人被怀疑是地主，另一人被怀疑参加过"忠义救国军"，杀害过新四军干部。

程泰宁去到被怀疑是地主的工人所在的公社，查无所获后又下到村里。他把不同年龄段的乡亲召集到一起了解情况。开始大家群情激愤，纷纷控诉说这个工人为人不好，经常欺负邻里乡亲，怎么会不是地主呢！程泰宁追问了一句，他当时多大？乡亲们愣了一下，说大概十三四岁。按照政策未成年人不能划分成分，程泰宁随即有了判断。另一位工人家住在上海崇明岛。为了找材料、找人证，他大冬天在一个四面透风的招待所住了很长时间，条件十分艰苦。调查结论是此人做过红白喜事的吹鼓手，但没有参加过"忠义救国军"，被杀害的新四军干部与他无关。

调查澄清了事实，两位工人都可以幸免于难，但这意味着在写报告时要否定先前的初步结论，这就有涉及立场问题的政治风险。好在团长吴洛山对程泰宁的工作很认可。他告诉程泰宁：你的工作完成得很好，组织是信任你的，但你父亲有个历史问题没有搞清楚，你的入党申请恐怕无法批准。程泰宁无言以对，他不相信父亲会有那样的历史问题。

1966年4月，"四清"运动结束，工民建室宣布撤销。全室一百多人，除了调离北京的，恰好留下了"61个阶级兄弟"，被一起分到建工部标准设计研究所。

标准所的主要工作是编制建筑行业规范和标准图集，下设研究室、建筑室、结构室、供应室和管理室。办公地点位于现北京三里河9号建设部大院内。三层的办公楼不大，算上新来的61人也不过180人左右，相当于建研院一个所的规模。不过，标准所行政级别不低，属于副局级单位，所长由建工部设计局副局长王挺兼任。他思路清晰，讲话很有逻辑性，感染力强，虽然不常来所里办公，但给程泰宁留下了颇深的印象。

初到标准所，所里正在研究为中南海定制战备时的活动房屋。做了不到一个月，还没等程泰宁对标准所的业务有所了解，席卷全国的"文化大革命"开始了。

2 人性的考验

　　这是一个必然要接受考验的时期，似乎一切都是"史无前例"的。尽管与外面相比，标准所的运动相对平稳——这与所里人员不多且大多是专业技术人员有关，他们比较理性，有些出身不好年龄偏大的人行事也比较谨慎，但是，处在大风暴中心的北京，标准所不可能不受到大环境的影响。

　　在此期间，程泰宁的经历尤为特殊，正如他所说"据我所知，几乎没人有过像我这样的遭遇"：

　　从 1966 年 7 月到 1967 年元旦，他被群众推选为文化革命委员会委员；

　　从 1967 年元旦到 1967 年 10 月，他又被群众推选为"造反派二号勤务员"主持工作；

　　从 1967 年 10 月到年底，他再次被建工部军管会任命为大联合委员会"一把手"。

　　也就是说，在"文化大革命"最初的一年半里，他始终处于风口浪尖。可是，家庭出身不好、没有政治野心也没有政治斗争经验的他，怎么会几次冲到这些位置呢？如此特殊的经历，如此敏感的话题，有必要在自己的传记里写下来吗？

　　面对许多善意的提醒和规劝，程泰宁不想躲躲闪闪、吞吞吐吐，他选择实话实说。这就是他的性格。他说，历史是不能忘记的，何况这段经历对他的人生走向影响很大。如果不写，他后期的人生选择就失去了逻辑，让人难以理解。他不想这样做。

　　"文化大革命"之初，报纸上出现了"横扫一切牛鬼蛇神"的字样。这让出身不好的程泰宁有些担心。报纸还说，斗争的目标是少数"走资本主义道路的当权派"，"文化大革命"就是要摧毁由他们掌权的"资产阶级司令部"。他有些困惑，难道说新中国成立十七年的成就都要被全盘否定吗？

　　"怀疑一切"让各单位新成立的文化革命委员会取代了单位原有的领导

班子。标准所也不例外。运动一开始，所一级领导就因各种问题全部"靠边"。上级机关指派了一位中层干部担任文化革命委员会主任。其他成员要群众推选，五个业务室各选一个。推选谁当委员事先都由主任内定，研究室内定的是一位素质和人缘颇好的党员。不曾想，公开选举时，以"61个阶级兄弟"为主的研究室居然把程泰宁这个非内定人员选了出来。这个结果出乎主任的意料，也让程泰宁非常意外。他没想到，以他的出身，也能成为这场"革命"的"依靠对象"？

群众运动的选举不能无效。程泰宁就这样进了文化革命委员会。起初，主任没给他布置具体工作，他的任务就是开会。不过，每次开会时，主任和有的委员慷慨陈词地谈论干部和群众的种种问题，如某所长是"假党员"，某主任是"叛徒"，他却不知该说什么。他刚到标准所，不了解情况，何况他对自己的出身有自知之明。

因为很少发言，后来有些会议主任干脆就不让程泰宁参加了。他想，既然不知该说什么，不参加开会倒可以避免尴尬。

但是，躲是躲不过去的。批完了标准所的领导干部，就轮到群众了。主任把研究室几个人的"黑材料"交给程泰宁，让他组织揭发批判。

程泰宁为难了。因为这些材料涉及的都是他熟悉的同事，他们的情况他都比较了解。其中一位出身很好刚刚从苏联留学回来的年轻人，会有什么"反党"问题呢？他把这个意见直接对主任说，能不能不包括他？主任勉强同意了，但从主任不悦的脸色中，他知道对其他人不能这样明保。根据平日对主任的观察和了解，对于有"问题"的人，如果态度服帖，大抵境遇不会很差，反之则在劫难逃。于是，他悄悄对其中一位平时性格比较张扬的同事说，你最好找主任沟通一下，汇报汇报思想。果然这一招很有效，主任对程泰宁说："批他的事先放一放吧。"

程泰宁推三阻四，让主任对研究室"革命"很不满意，常说他"不积极、不配合"。他之所以这样做，是因为他经历过"反右"和"四清"，知道一个人的政治生命对他的前途和事业的重大影响。

1967年1月，全国各地掀起了"一月革命"风暴。风暴刮到标准所，一位刚毕业的大学生主导了夺权行动。

文化革命委员会被夺权后，主任"靠边"了，由程泰宁保管的单位公章也被夺走了。造反派随即成立了标准所的新领导机构——勤务组。除了领头造反的"一号勤务员",其他勤务员要群众推选。

程泰宁又被选上了,还被推选为"二号勤务员",分工负责主持所内运动和业务工作开展。从他手里夺走的公章,转眼又回到他手上。

这个结果有点荒唐。究其缘由,与程泰宁先前的工作表现和为人有关。就这样,没有造反经历的他身不由己地被推到了漩涡中心。

在那个年代,即使一些非常有名的学者和文人也讲过偏激的话,也会在批判别人时发言附和再私下里关心被批判的人。在这样的环境下,善良、正直无疑非常可贵。从这个角度说,"文化大革命"是对人性的严峻考验并不为过。

程泰宁能经得住考验吗?

这就涉及客观评价的问题。如果按照"高标准、严要求"去要求,他就应该像张志新、遇罗克那样旗帜鲜明,不能随波逐流。可是,他当时确实没有这个觉悟。

作为主持工作的二号勤务员,他说过错话,主持过批判会,也做过错事。例如,没有及时阻止他本可以阻止的对个别学术权威的抄家行动,虽然只有一次。

不同的是,他心里始终有个认识:不能整人,对人的批判定性一定要慎重,不能随意上纲上线,更不能无中生有、造谣中伤,然后"踏上一只脚,让他永世不得翻身"。对于一些靠边站的老干部,他是心怀尊敬的,因为他们都是从艰苦革命斗争中走过来的,看到他们被揪斗、游行,他心里不无反感。

这样的思想认识,让程泰宁做出了许多不同寻常的选择,也让标准所的"文化大革命"在他主持下一直不温不火。

在此期间,有位被批判后靠边站的12级老干部副所长患病住院无人照顾,程泰宁动员大家轮流守夜陪护,他自己也去陪护了一整夜。接小便、倒便盆的活,此前他从没做过,但他认为这是应该要做的。他觉得,"抓革命"不能破坏人与人之间基本的情感,何况这位副所长还是没有定性的老干部。

还有更棘手的问题。一次全所开大会,突然有人提出,隔壁北京工业院已经完成了人事档案保管权的移交,标准所今天也必须"交钥匙"!

人事档案在当年事关每个人的政治生命和政治前途。因此，保管档案的人事干部王玉琴不同意移交，但附和"交钥匙"的声音越来越多。眼看局面无法控制，程泰宁当即决定大会暂停并承诺此事由他解决。

会后，他找王玉琴谈话，但正直、泼辣的她不同意。她说，钥匙是组织交给她的。程泰宁说，今天的局面你也看到了，如果你把钥匙交给造反派的两名党员，一个是她的下属，另一个是复员军人，由他们和你共同保管不是更稳妥么。她想了一会儿，同意了。

程泰宁让他们三人一起把所有的人事档案柜全部贴上封条，谁都不能动。这样的处理方式挺符合他的行事风格，因为他觉得这样就将那些无法弄清的"是是非非"锁住了。

但是，他想得还是太简单了。轰轰烈烈的"革命"态势，远不是他能把控的。随着时间的推移，他越来越感到内心矛盾与良心不安。

有一次，程泰宁去建工部参加全国设计系统对"走资派"和"当权派"的批斗会，许多外地的设计大院都来了。批斗过程中，有人冲上去对王挺推推搡搡。当时他就坐在第一排，正好面对着王挺，王挺似乎求助的眼神让他如坐针毡。在那样的情势下，他自知无法上前劝阻，只能悄悄提醒这个单位的造反派负责人："他有心脏病，你们要注意。"不知是不是出于他的提醒，后来再没有出现更过激的行为。

3 尴尬与困惑

1968 年初，根据中央指示，解放军入驻建工部成立了军管会。经过一番调查了解，军管会指派程泰宁出任标准所大联合委员会一把手。然而，此时的程泰宁已对自己做了近两年的工作心生动摇。

为何眼中所见、手中所为，会让他越来越感到尴尬与困惑？

究竟什么是自己该做的，什么是不该做的？

这些百思不得其解的问题，让他的思想开始发生转变，这种转变不可能不体现在行动中。

这时，军管会提出要对造反派"一号勤务员"进行清算、批斗。

程泰宁没有执行。一方面，他觉得这个年轻人不过就是个刚毕业的学生，哪里就是"反革命分子"了？另一方面，那时他对大批判已心有抵触并开始萌生退意。

大联合没有解决国家的动荡不安，党中央又作出成立"三结合"临时权力机构的决定。很多人猜程泰宁会再进革委会，但他知道，以他的家庭出身和在运动中的表现，军管会不可能让他进入一级政权组织。为了标准所的工作，他想举荐王挺重新出山。他和一位党员退伍军人找到王挺家，说明来意后，王挺很感动，但说他打算回建设部工作。程泰宁没想到，这件事虽然没有结果，但为"文化大革命"后王挺诚邀他回部里工作埋下了契机。

批斗"一号勤务员"的任务一直没有执行，军管会很不满意，但碍于程泰宁是大联委的一把手又拿他没有办法，局面很尴尬。

这时，程泰宁自己出了状况。

这事与他弟弟程永宁的同学小潘有关。小潘毕业于北京大学生物系后留校任教。因为学的是摩尔根遗传学，在"大跃进"期间曾对"亩产十万斤""通过动物杂交培养出特大号猪羊"产生过疑惑。"文化大革命"伊始，他又公然对北大聂元梓等人的言论提出质疑。要知道聂元梓不仅是北大哲学系党总支书记，更是以张贴"全国第一张马列主义大字报"而闻名全国的政治明星。反对她，无异于反对"文化大革命"，于是很快就被定为全国通缉的重罪。小潘在学校里待不下去，他在北京没有熟人，就躲到程泰宁家里。程泰宁没想太多就让他住下了。

小潘住了十多天。一天，他突然神色紧张地告诉程泰宁："我必须走了，他们知道了我在这里。"说完留下两包信件就匆匆走了。

小潘前脚刚走，通缉令后脚就贴到标准所和程泰宁的家门口。他当即被建工部军管会免去大联委一把手的职务，并要他交代包庇收留小潘的详细经过，并揭发标准所在运动中的问题。

第二天上班，批判程泰宁的大字报铺天盖地，从三楼一直挂到一楼。罪名有两条，一条是"窝藏反革命分子"，还有一条是包庇"一号勤务员"，说他之前反对对"一号勤务员"大批判，是怕"拔出萝卜带出泥"！

"那真是一夜之间的天翻地覆！我当时第一个念头，就是我会被抓起来么？我究竟哪里做错了？"一向要强的程泰宁，被这个突如其来的彻底否定打懵了。莫大的冤屈和羞辱感，让他一度闪过了自杀以证清白的念头。

建工部军管会两位军人来到程泰宁家中，问他小潘留下什么东西没有。程泰宁很矛盾：交出去对不起小潘的信任，不交对组织没法交代。考虑再三，他交出了小潘留下的两包信。

这件事一直压在他心里，让他愧疚了四十多年，直到再次见到从美国回来两鬓斑白的"小"潘，他做的第一件事就是向他郑重道歉。"小"潘诧异地说，你怎么会有这个想法？当时你顶着那么大压力，把我留宿在你家那么多天，我怎么会怪你呢！而且你就一间房，搜也能搜得出来啊！程泰宁没有告诉他自己受牵连免职以及后续的遭遇，只是说："和你讲过了，这件事我总算是放下了。"

接下来，部军管会责令程泰宁写检查、交代揭发。他不想写但知道不能不写。思来想去，他觉得他没什么要检举和交代的，而且他的工作都属于"事无不可对人言"。于是，他把自己两年多做的工作以小字报的形式，写在七八张 A2 图幅的蓝图背面，写完贴到单位的公共走廊上。

这份公开检查，其实就是一份工作总结，既无悔过之意也无揭发之实，并不符合要求，却出乎意料过关了。批判程泰宁的大字报很快销声匿迹。这时他才明白，军管会或许找不出他的毛病，只是利用这件事让他下台，从而

"文化大革命"中的部分绘画
（工农兵像、鲁迅像，没有建
筑，没有风景）

拿回标准所"文化大革命"的控制权。

被免职的程泰宁，终于可以远离漩涡中心和风口浪尖，不再用说违心的话、做违心的事。他有种重获解脱的超脱和轻快，并很快体验到人群中做逍遥派的幸福。

他立刻重拾心心念念的专业训练。当时没有设计任务，也不敢画建筑画风景。程泰宁灵机一动，我可以画毛主席、画工农兵啊，这样谁也不能说什么。先前他很少画油画和人像，如今正好补上这一课。他以工农兵为题材，画了不少水彩和刻纸作品，还和同事张孚珮一起完成了大幅伟人像（油画）。为了画好伟人像，他们到隔壁北京工业院偷技，看张绮曼（后为中央工艺美院系主任）画大幅伟人像的作画过程。有一次，所里同事提出要做伟人绣像，他就用铅笔画了一副毛主席的素描像，然后把脸部肌肉分成若干块面便于刺绣。这件事后思极恐——那可是在毛主席脸上做文章啊！

　　这期间最让程泰宁难以忘怀的一件事，就是在"文化大革命"中的一次错过。由于天南地北很难相见，回上海探亲便成为他与母校老师和同学们难得的见面契机。那时火车经停南京站能停二十多分钟，程泰宁发电报约好在站台见面。钟训正先生和夫人江三林、张敏娟和丈夫张焕昌老师都准时到达，但也许是电报车次信息出了差错，四个人在站台上没有看到程泰宁，只好从火车尾走到车头，挨个车厢呼叫程泰宁的名字，结果仍没有找到，只能怏怏而归。程泰宁后来得知此事，既内疚又懊恼，同时也为非常时期的温暖友情而备受感动。

　　在那段短暂的日子里，程泰宁找回了久违的怡然自适的感觉。

4 不一样的干校生活

逍遥的日子并不长久。1969年春节过后，标准所第一批下放劳动的名单公布了。人不多，程泰宁赫然在列。下放地点在河南省北部的修武县，下放人员以部队编制，实行军事化管理。不知是不是考虑到他之前的领导经历，他被任命为班长。

后来才知道，他们是"五七"干校成立之前的先行者。

刚到农村，吃住都在农民家里。对于这些北京来的干部，乡亲们很尊重。每次盛棒子面粥前，总是特地用黑黢黢的抹布抹一下碗。他们哪里知道，这些人其实是来接受他们再教育的，是来"脱胎换骨"的。

程泰宁表现得逞强又拼命。他带领全班去找最苦最脏最累的活干。他们改造了全村的旱厕，把旱厕表面肮脏破烂的旧砖全都换成新砖。如果是过去，不要说动手拆改，他就是看到这样的厕所也会掩鼻而过。干校住房要做分隔墙，当地造房子用的是土坯墙。这是一种十分简易的筑墙方法，即在两块固定的木板中间填入黏土。冬天，他光着腿用脚和泥，泥水里带着冰屑，淳朴的乡亲劝他不要这么干，以免落下病根，老来吃苦。夏天，吃完午饭，他顶着太阳一个人出去弯腰打土坯。胸部隐隐作痛，他一声不吭；汗水与泥浆在脸上流淌，他也顾不上擦。

为了解决炊事班用水困难，程泰宁还领了一项任务：淘通一口废井。这口老井大约有十几米深，老乡们也不知废弃了多久。第一次下井前，谁都不知道井壁是否松动也不知井下有什么。如果只有些动物尸骨还好，要是有蛇呢！作为班长，程泰宁觉得他应该第一个下井一探究竟。为了抵御井下的阴冷寒潮，下井前，他按老乡指点先喝了两口白酒，再用绳子把篮子系好，人坐到篮子里，让上面的人把绳子一点点放下去。到了井底，还好，没有出现担心的蛇或其他爬行动物。挖不多深，井下的土渐渐潮湿起来。他舒了口气，把里面的动物骨头、杂物连污泥一点点装到篮子里，再让上面的人一次次提上去。

从没吃过这些苦的程泰宁，那时觉得自己离"在清水里泡三次，在血水里浴三次，在碱水里煮三次"的境界已经不远了。他当时心里的潜台词是：我做的，你们能做到吗！

1969 年夏天，为响应"五七指示"，标准所在河南新乡成立了"五七"干校。程泰宁从修武搬过来后被任命为大组长。

"文化大革命"期间在上海家中与祖母、父母亲合影（1969 年）

不久，他的妻子徐东平也下放到干校。她很能干，居然一个人把北京家里的东西全搬来了。行李中那些熟悉而陌生的专业书和绘画工具，让程泰宁爱不释手。

为了安置下放人员，干校将一所小学教室进行分隔改造。曾经四体不勤五谷不分的程泰宁，此时已经可以熟练地做瓦工。他在土坯砖砌筑的隔墙上用抹子抹泥上墙。这个活要用巧劲，他很快掌握了技巧，动作中自带韵律和美感，吸引了不少人前来"欣赏"。徐东平看着丈夫的巨变，心里说不出是什么滋味。

秋天到了，大家都要去双抢割麦子。

这个活对程泰宁像个噩梦。倒不是他怕苦怕累，而是自己很努力了，怎么就干不过别人呢？每次都是眼见着别人远远地干到前面去了，他却落在后面。这让自幼主要生长在城市没有真正接触过农村劳动生活的他，体会到了农民的不容易。那时，他总觉得该用自己所学为他们做点什么。

随着妻子的到来，程泰宁又有了完整的家。

他们的新家，由教室改造而成。高高的坡屋顶上面吊挂了一个 15 瓦灯泡，是全屋的照明设备。晚上光线很暗，为了离灯泡近一点，程泰宁把桌子和椅子叠放上去，人再爬上去，就着昏暗的灯光画画。有一张线条颇为细致

---

❶ "在清水里泡三次，在血水里浴三次，在碱水里煮三次，我们就会纯净得不能再纯净了。"语出阿·托尔斯泰《苦难的历程》。

的素描，就是这样画出来的（下图）。

"躲进小楼成一统，管它春夏与秋冬。"用这句鲁迅先生的诗来形容程泰宁当时的状态，似乎也很恰当。绘画和读书，让他感受到了回归专业的充实和愉悦。埋在心底对建筑的热爱，在乡村生活中变得愈发强烈。与此前生活过的南京、上海和北京的高楼林立相比，辽阔的乡村，满眼所见的乡亲们居住的破旧房屋，更加激起了他对建筑事业的热爱。他相信，中国建筑的未来不可能是"干打垒""地窝子"，他也相信自己在建筑专业上能够发挥作用。作为建筑师，即使暂时不能设计建筑，他也要为祖国的未来，为乡亲们的未来作准备。

在河南修武下放时，程泰宁班组里有个"摘帽右派"陈忠麟，上海人，能弹一手好钢琴却不擅长劳动。他比程泰宁大一岁，1955 年从同济大学土木系毕业分到北京工业院施工设计所。他想作设计，想调到建研院，就向部里打了申请，还在信里谈到单位的一些问题。这封申请后来转回院里。

工农兵画像（素描局部 1969 年）

在反右派斗争中，他就变成凑数"右派"。

住在老乡家时，陈忠麟与程泰宁的床铺紧挨着。每次谈到建筑，两人都有说不完的话。对专业的抱负和热爱，让他们时常共情、共鸣，引为知己。后来两人携手工作了半个多世纪，在众多项目中合作默契，相辅相成，结下了难能可贵的情谊。❶

1970 年中开始，干校奉命彻查"五一六反革命分子"。在程泰宁负责的大组开会时，有人又开始积极揭发。轮到他发言时，他只说了一句：我不觉得我们这里

❶ 2016 年 8 月，陈忠麟在筑境接受了笔者的访谈。

有什么"五一六反革命分子"。

这话很不合时宜，但他似乎无所顾忌。他觉得自己已经是"地上草，打不倒"了，还能把我怎么样！

1970年9月，干校宣布解散。程泰宁的政治鉴定是"阶级斗争观念薄弱"。这个公开的结论看起来很普通，但档案里所表述的却是"政治不可靠"——以后发生的许多事也充分证明了这一点，但当时他还天真地想：如果说不整人就等于阶级斗争观念薄弱，这个鉴定倒也恰如其分。

带着这份鉴定，程泰宁和徐东平一起被分配到山西省临汾地区设计室。他知道自己不可能再回北京，也不可能再去大设计院了。

干校解散前，图书馆处理了一批专业书，程泰宁买了不少。好朋友蔡体方见状问他："你现在买书干什么？难道你还想干专业？"

他是想继续干专业。

建筑学本来就是他在大学时就已锚定一生的事业。何况，这段身不由己卷入漩涡和先前的经历也告诉他，只要做专业，他就能如鱼得水，做出成绩；而一沾政治运动，尽管他也很认真，但结果却完全不取决于他的努力。等待他的，不是"中右""绊脚石"，就是"阶级斗争观念薄弱"。如果说此前他曾有过其他念头，那么，如今他已经想得很清楚，哪怕还看不到建筑设计工作的未来，哪怕下放到一个不曾听说过的小城市，他今后也要一心在专业上发展。他要用自己的专业为国家服务，为社会服务。

对于当初的想法，程泰宁后来是这样说的："一个人想清楚自己适合做什么并不容易，因为人的命运有时是无法自主的，在特定环境下会有不同的想法。对我来说，经历了'反右'特别是'文化大革命'，我就认定了做专业、搞学术该是我毕生唯一的选择。"

基于此，在后来几次面对从政、做管理的机会时，他都毫不犹豫地放弃了。是不为也，非不能也。

一旦作出选择，就会坚持到底、绝不放弃。这是程泰宁的性格，也是他的命运。哪怕被认为"政治不可靠"，哪怕临汾是个小地方，他都相信，祖国的城市和乡村，都需要新的美的建筑。他应该脚踏实地再出发。

"不管将来面对怎样的环境，我都要朝着心中的方向走下去。"程泰宁把买回来的书，都小心翼翼地打包到运往临汾的行李中。

第五章

十年沉潜

（1971—1981）

　　在临汾的十年生活经历，让程泰宁更了解中国、更了解中国人生活的现实世界。与之相比，年轻时的梦想显得那么虚空。譬如建筑设计，不是用6B铅笔画草图就能完成的，需要无数个数字的计算，需要一张张画有螺栓、防潮层的图纸去施工……国家发展依靠的就是无数人长期踏实的努力。

1 处女作是一座公共厕所

临汾，古称（尧都）平阳，位于山西省西南部，因地处汾水之滨而得名。这里是黄河文明的摇篮，也是华夏民族的重要发祥地之一。到了 20 世纪 70 年代，临汾已是一座小城。主城区不足 10 万的人口大多住在老旧平房里。全市的行政办公、医疗教育、娱乐文化和商业服务设施，都汇集在宽约 12m、长不足 300m 的解放路上。

我们刚到那里，当地的同志就将这座城市诙谐地给我们作了一番描绘："一条马路三座楼，一个警察管两头，招待所，没枕头，一日三餐啃窝头……"这当然有些言过其实，但是，由北京到临汾确实是一个不小的变化。❶

不小的变化首先来自生活。程泰宁在河南下放过，对老乡"大襟袄、缅裆裤"的装束已不陌生，也了解他们喜欢蹲在屋檐下手捧粗瓷大碗喝棒子面粥的习惯，但他没想到山西比河南更缺水。有位家在洪洞县的同事，每周回家的主要任务就是从 60m 深井中把水打上来存到家里的水缸中。山西北部的左云县和右玉县，生活条件比临汾更艰苦。有一次程泰宁到那里出差，一个女孩穿了件大红棉袄走在他前面，很醒目。待他走近才发现，棉袄背上有两条深深的油印子——女孩辫子很长，应该是许久没有洗过头发了。如果不是没有条件，哪个女孩会不爱干净！

程泰宁到临汾的第一件事是安家。他们到得最晚，院子里只剩下最小的一间平房，阴暗、潮湿。外面的堂屋不大，内屋更小，仅能放下一张床。地面是石灰、黄土和砂石掺在一起的三合土，屋顶的瓦片被爱上房的孩子踩得稀疏、破碎，随时能掉下来。屋里没有上下水，洗漱都在院子里，上厕所还

❶ 创作经历自述［M］. 当代中国建筑师程泰宁. 北京：中国建筑工业出版社，1997.

要出院子。

过日子必备的炉子和厨房也是没有的。好在那时主要吃窝头就咸菜。后面几年，有农民推车用少量的白面换多些玉米面才能改善一下生活。为了打牙祭，有同事到汾河边买了鲤鱼回来。鱼很便宜，当地人不喜欢吃。他们不会杀，通常直接摔死；也不太会做，内脏都不会去除。

"这地倒是不用打扫了。"安家后的一天，徐东平弯腰捡起一块肉眼可见的垃圾，随口说了一句，这让程泰宁立刻联想到上海家里打过蜡泛着光的木质地板。那一刻他忽然意识到，过去在重庆、南京、上海和北京的生活都回不去了，如今他们就是临汾人。

临汾的冬天很冷，门窗紧闭，窗户缝也要用报纸糊住，取暖只能靠屋内自搭的火炉烟囱。自制的铁皮烟囱密封不好，一旦泄漏就很危险。有天晚上，徐东平洗完澡说头有点痛就先睡下了，程泰宁没太在意。等他忙完起身洗漱才觉得头痛、眩晕，身上一点力气都没有。他猛然意识到，妻子之前说头痛会不会是煤气中毒的症状？想到这儿，他用仅存的一点儿力气，挣扎着把门窗推开⋯⋯

"这是我最接近死亡的一次体验。现在还能清楚记得当时的感觉：身体又空又轻、意识几近模糊，眼睛睁不开，就想快点睡过去。"

程泰宁描述的正是煤气中毒最危险的情形：在昏昏欲睡的无知觉中毫无痛苦地丧生。如果不是因为当时理智尚存，如果不是凭借顽强的毅力，后果不堪设想。

为了彻底消除隐患，程泰宁向分管干部提出换房申请。他知道安置下放人员的另一个条件更好的大院里还有空房，只要干部同意，他们就可以搬过去。然而，分管干部不仅没同意，还在他走后对一位年轻同事说，像他这样的人，还想换房，就老实待着吧！

当同事后来把这句话告诉程泰宁时，他知道再也不能自欺欺人地把先前遭受的种种歧视都当作不存在了。1971 年，九一三事件在设计室开会传达，唯独不让他参加；甚至地区开计划工作会议布置会场，别人都可以去，就他不能去。原来，"阶级斗争观念薄弱"，已将他从人群中剔除，他变成一个无法安放在"革命"模具里的废弃品！

在政治上不被信任，工作环境的巨变，似乎让他看不到希望。

他变了。

变得不愿开口讲话，对"文化大革命"的一切都很漠然。在不了解他的人眼中，俨然就是个不谙世事不懂政治的书呆子。1974 年，设计室开"批林批孔"大会时，偌大的办公室里，只有他一个人埋头画图，看上去很扎眼。

有位年轻同事好心地提醒他："你得注意一点，听说单位要整你，你能换个单位么？"

提醒程泰宁的同事，就是后来担任清华大学副校长的岑章志。他以优异成绩毕业于清华大学，却由于出身不好分配到临汾平阳钢铁厂，后来才调入地区设计室。他聪明、活跃，极富个性，时常带头嘲笑极左言论，似乎天不怕地不怕，却对程泰宁这个"落后分子"很关心。多年后忆及此事时，他说具体的话已记不太清，因为对他来说这是很自然的事。他没想到，他的这份自然而然的善良，让程泰宁一直铭记不忘。❶

可是，程泰宁能躲到哪里去呢！再说，到哪里也是一样的。只不过他的抵触不是书呆子不懂政治，而是对国家命运的忧心忡忡。他的建筑梦是寄托在国运上的。

生活的艰难、政治的歧视，程泰宁都能克服，他最在意的还是工作环境的落差。

临汾地区设计室的前身是 20 世纪 50 年代初组建的晋南专署设计组，到 1971 年，组里只剩下几个技术人员。与程泰宁同批分过来的另外二十余人，分别来自建设部下属的北京工业院、标准所和北京给排水设计院，平均年龄 44 岁，多是原单位技术骨干，大名鼎鼎的北京工业院总工程师陶逸钟❷和建筑专业主任工程师严星华（国庆十大工程全国农展馆设计者）都在其中。这些人被分到临汾，大多是由于家庭出身不好，社会关系复杂或在"文化大革命"中表现不佳。

---

❶ 2016 年 10 月，岑章志在清华大学接受了笔者的访谈。

❷ 陶逸钟（1909—1985），上海人，1936 年毕业于交通大学土木工程系，1938 年获美国康奈尔大学研究院土木工程硕士学位。新中国成立后历任建筑工程部北京工业建筑设计院总工程师，国家建筑工程总局设计局总工程师、高级工程师，中国建筑学会第五、六届常务理事。

初到临汾，大家都不知该做什么。领导第一次接见时的问话，就让我们不知该怎么回答。领导问的是：你们是搞设计的？会设计水渠、桥梁吗？

有一次，我去医院看病，医生边填写病历边问我："干什么工作的？"

我说："搞设计。"

"设计？什么设计？"

我答道："建筑设计。"

在山西临汾，与陶逸钟（中）、严星华（右）同志在自行搭建的厨房前（1973 年）

医生抬头望了望我，冷冷地说："盖房子还要设计？" ❶

这就是周围对建筑设计的理解或说不理解。由于城市建设陷于停滞，设计室在最初两年里没有一个设计任务。每天到设计室临时借用的办公场地建筑公司上班，不是政治学习就是参加劳动。

有一次拔草，陶逸钟先生悠悠地说："国家让我拔草我就拔。我是没关系，但国家很吃亏的，我一天的工资就好几十块呢（陶总的月工资有 280 多元），怎么能让我拔草呢！"说完放声大笑。

陶总的言外之意，大家都能听得懂，但不知该怎么接茬，只能跟着苦笑。

陶总的大名，程泰宁很早就知道，却没想到自己能与这位 20 世纪 50 年代国内建筑界的风云人物成为忘年交。

刚到临汾，因为同属下放人员中"政治上有问题"，我和陶总以及严总三家被分配在一个院子。刚由北京来到临汾，环境突然变化，对于我这个"四体不勤，五谷不分"的人来说，首先是生活上难以适应。我的动手能力

---

❶ 创作经历自述［M］// 当代中国建筑师程泰宁. 北京：中国建筑工业出版社，1997.

极差，面对搭厨房、砌炉子、打煤坯等当时生活上必须解决的种种问题真是束手无策。每当这时，陶总是主动热情过来帮忙。我家里第一个采暖炉子从"设计"到"施工"——砌砖、抹泥、搪炉膛、安装烟囱，都是年已花甲的陶总一手包办的，我只能当当小工。在用拣来的破石棉瓦和买来的木板边皮搭建临时厨房时，陶总也是一边作"结构指导"，一边示范操作。打煤坯时，往往是我、他以及严总一起去城郊拉土，然后一起在院子里打煤坯。在夏天的烈日下，陶总脱光上衣满身大汗地挥锹劳作——那情景直到今天仍然深深印在我的脑子里。❶

陶总比程泰宁大 26 岁，两人也不是一个专业。但陶总爱才，欣赏程泰宁的才华、喜爱他的刻苦。他会像程泰宁的祖母一样，在炎热的夏天晚上，向闷在房里看书的程泰宁下达命令："小程，出来，乘乘凉……"

陶总爱才，因为他自己也是这样的人。到临汾后，没有大工程做，他就结合当地需要对砖窑洞的砖拱结构作研究，准备探索在高烈度地区采用两层及多层砖拱结构的可行性。这位丢下鸭嘴笔已经几十年的总工程师，又亲手画了一个二层砖拱结构的设计图。

陶总是搞结构专业的，却对建筑学很有情结，时常拿着他画的建筑立面图找程泰宁讨论。他说，建筑师要懂点结构知识，结构师也要能够理解建筑。为了支持程泰宁多干一点、多学一点，他在程泰宁自告奋勇承担的临汾铁路货运站台雨棚及仓库项目结构设计中，一遍遍地审核程泰宁的结构计算书，又不厌其烦地指出图纸中的错误，最后才在"审核"栏里签上自己的名字。这让程泰宁后来十分感慨，说这大概是陶总一生审查过的无数项目中最小却耗时最多的项目了。

在程泰宁眼中，陶总淳朴、善良，待人平和，与"文化大革命"中被批为"陶霸天"的他判若两人。关于这个困惑，程泰宁曾当着陶总的面问过严总的夫人王婉玲，得到的是一连串的回答：

那时陶总的架子可大了！一般人在院里见不到他。向他汇报工作，需要预约排队。汇报时，他坐在宽大的转椅上连眼睛都不看你。有时一边听汇

❶ 程泰宁. 我所认识的陶逸钟先生 [M] // 建筑百家回忆录续编. 北京：知识产权出版社，2003.

报，一边还拿出指甲钳来磨手指甲，只是偶尔以"嗯"（去声）来表示他还在听你讲话。汇报完后，他的指示带着一种不容反驳的语气，不时还要夹几句洋文。说他"霸"，还因为他不仅管结构专业，就连建筑专业也要管，管得还很具体，这让很多建筑师都感到头疼。

当时陶总就在旁边，程泰宁转头向他求证，陶总红着脸，嘿嘿笑着，赧然中透着天真。那时的他，似乎已完全摆脱了盛名之累。由于他的高工资走在外面常被人指指点点，叫他"二百八"，他也不生气。

陶总人生阅历可谓丰富，但他不懂政治也不谙于人情世故。为了帮助程泰宁调回北京，他暗自作了不少努力却并不奏效。

陶总对我的关心，一直延续到他1973年"落实政策"调回北京以后。除了经常通信谈谈彼此的工作以外，他希望我调回北京。他向我们共同认识的朋友"宣传"，也找过不少领导。这些，他从来没有对我说过，而是后来朋友们告诉我的。只有一次我出差北京去看他，他要我一起去看一位老领导，我不愿去。我从不开口去求任何领导，而且以当时我的处境，我也不愿给这位还未完全解放的老领导添麻烦。但陶总反复劝说，一定坚持要我去。最后他生气了，他说这位老领导多次提起你，你去看他一下还不行吗？不得已，最后只能由他陪我到了这位老领导的家。果然，老领导一见到我就显得有些紧张，言辞闪烁，气氛十分尴尬，我很快就推说还有事情和陶总告辞出来。回来的路上，陶总神情十分沮丧，一言不发。看到他那个样子，我很过意不去，反过来劝他，他才慢慢回过神来。❶

程泰宁最后一次见陶总是在他患病中风后。由于经济条件有限，陶总的病情难以得到很好的治疗和康复。当谈到可能无法再做更多工作时，陶总流下了眼泪。程泰宁心里很难过，可是除了搀扶陶总在室内兜几圈锻炼一下，他也是一筹莫展啊。陶总不久就病逝了，享年只有76岁。陶总的过早离世，是他心中永远的痛。

---

❶ 程泰宁. 我所认识的陶逸钟先生［M］// 建筑百家回忆录续编. 北京：知识产权出版社，2003.

上班没有工作。回到家看着蜗居在角落里落满灰尘的建筑草图和建筑书，程泰宁觉得当年设计的国家歌剧院、国家体育场、南京长江大桥桥头堡建筑和古巴吉隆滩胜利纪念碑，仿佛都是上辈子的项目。曾经的年少轻狂、书生意气，如今显得那么幼稚和荒唐。晚上睡不着，看皎洁的月光透窗而入，一点点洒落到他挂在墙上的素描习作上。画中江南的小桥流水，让他感受到的不是诗情画意，而是一股深切的悲凉。

"不登高山，不知天之高也；不临深溪，不知地之厚也。"曾经飞得有多高，如今的落差就有多深。他在夜里无数次地问自己：我这辈子还能作建筑设计吗？

艰苦的生活条件、压抑的政治氛围与巨变的工作环境，或许会让现在的许多人变得"佛系"或者干脆"躺平"，在抱怨后选择安心过小日子。可程泰宁那代人不是这样的——陶总就是他的榜样。何况躺平本就不是程泰宁想要的人生，他怎能允许自己活成"杂货店老板"呢！

他的心，慢慢地、一点点沉下来，决心接受变化、重新出发。

有一次，下放到山西运城的、原北京工业院主任工程师孙芳垂先生（后为首批全国工程设计大师）来临汾。当我们聊到下放人员的处境时，他问我："难道我们这一辈子都不能干专业吗？"我对他说："不管怎么说，中国这么大一个国家，总还是需要建筑的。唯一不确定的是我们这辈人是否能赶得上。"❶

中国总会需要建筑学！这句话是程泰宁自我激励时的心理暗示，也是他与同道中人经常分享的心得。

在河南干校结交的陈忠麟，当时下放在山西运城。有一次，他来临汾出差，恰逢徐东平回上海探亲，他索性住到程泰宁家里。那一晚，两位知己谈理想、谈专业、谈眼前的处境、谈不可知的未来……居然彻夜未眠。最后，两人互相打气说，中国总会需要建筑的，我们不能放弃，要时刻作好准备。即使不能成就心中大业，也该承担一份责任，贡献一份价值。

❶ 创作经历自述［M］// 当代中国建筑师程泰宁. 北京：中国建筑工业出版社，1997.

"当你对你所爱的未来悲观时，你就干好分内之事。" ❶

抱着这样的想法，程泰宁放下空想，走进山区，走进偏僻小镇。他来到小煤矿、小钢铁厂、小化肥厂、小水泥厂和小机械厂，研究"五小"工业项目，希望抓住设计机会，哪怕再小的工程。

有个小化肥厂项目，由于没人懂工艺，无法作设计，程泰宁就想自己学着做。下放人员中来自北京工业院的结构工程师谢醒悔劝他，隔行如隔山，你做不起来的。他却不服气，"有条件要上，没有条件创造条件也要上！"这句大庆油田铁人王进喜的话，曾经响彻全国。程泰宁托徐东平的哥哥从上海买来 20 多本关于小化肥生产工艺的小册子，每天抱着硬啃，连多年没接触过的化学知识也捡了起来，最后却因项目不落实无功而返。

1973 年，临汾柴油机厂准备新建厂房。程泰宁得知后比厂里还积极。一次，他主动与对方约好时间开会，出门时却赶上了瓢泼大雨。为了争取项目，他和同事老金商量后决定冒雨前往。工厂很远，两人骑着自行车，赶到厂里时全身都湿透了，会议室却空无一人——当时真正"抓革命、促生产"的人实在太少了。看着淋得像落汤鸡的两个人，善良的工人师傅连忙把他们带到锅炉房烤衣服。可惜这个项目后来也没落实。

岁月蹉跎，时间从指尖悄悄溜走。程泰宁终于接到一个工程：解放军某军部的公共厕所，共有二三十个蹲位。他从踏勘现场到设计制图，建成后的感觉是"还不错"。

"如果以落地建成来算，这个公共厕所就是我的处女作。大概觉得这事有戏剧性，后来中央电视台《大家》栏目组就用《这位建筑大师，他的第一个作品竟是一座公共厕所》为题，写过一篇报道我的文章。"谈及处女作，程泰宁感慨良多。

巧合的是，在三十多年后，临汾市政府为提升城市形象、改善人居环境质量，在城市公共空间出资建造了 160 多座生态公厕，获得了许多国际大奖，名噪一时。这些造型迥异的公共厕所，让程泰宁再一次想起了他当年的建筑处女作。

❶ 弗兰克·劳埃德·赖特，援引自约翰·彼得《现代建筑口述史——20 世纪最伟大的建筑师访谈》（中国建筑工业出版社，2019 年 4 月）。

2 从方案主创到工程负责人

在境内外的许多建筑设计机构中，建筑师都有"方案主创"和"工程负责人"之分。

这是因为建筑师的设计工作可以分为前期的方案创作和后期的技术设计，包括初步设计和施工图设计。如果说方案创作属于天马行空的"脑力活"，考验的是建筑师的构想和创意；画施工图则如同备受约束的"体力活"，需要根据方案确定的功能、造型和尺度等要素进行转化、细化和落实，涉及规范、深度、表达、经济性、可行性等诸多要求，检验的是建筑师的心性、耐心与解决工程问题的综合能力。

对于一个成熟的职业建筑师来说，方案创作与施工图绘制都很重要。没有好的方案，施工图设计只是"机械建造"；缺乏施工图和工程能力，建筑方案就是飘在空中的"图画"！工作重心可以有所侧重，但能力上不能有"短板"。

初到临汾的程泰宁，恰恰就是一个有短板的人。

由于一直在建研院画方案、作研究，他缺乏施工图和工程经验，在同批下放的中年工程师眼里，他的方案做得再好，也属于飘在空中的花拳绣腿。有一次，讨论一个专业问题，一位比他年长十多岁的电气工程师站在他边上，对着正在画图的他，数落了好半天。

这是程泰宁毕业后唯一一次由于专业问题受到质疑和奚落，那滋味令他一直难忘。他下决心要把短板尽快补上去。

然而，在缺乏实践机会和专业指导的临汾，这一切谈何容易！

困难难不倒程泰宁。为了体会设计大院在施工图纸中的规范表达、内容深度和节点做法，他托在北京市建筑设计院工作的同班同学叶谋兆，买来了北京市院的统一技术措施标准图，从中潜心偷艺。为了多干一点多学一点，他在临汾铁路货运站台雨棚及仓库项目中，自告奋勇提出建筑、结构专业"一肩挑"。这也是许多基层设计单位的普遍做法。

他先是以建筑师身份，在九度抗震设防的临汾，别出心裁设计了一个单柱悬挑 6m 的雨棚造型，而通常的做法是双柱悬挑 2m 左右；这是身兼建筑师和结构工程师的他给自己出的、颇为复杂的结构难题。这就像是周伯通的左右互搏术，属于自己和自己斗，自己为难自己。

在陶总指导下，程泰宁不仅顺利完成了结构计算书和设计图纸，还对结构原理和结构体系有了一定的了解和掌握。这对他日后创作建筑方案十分有益。他会在做方案时，提前考虑结构技术的合理性与可行性。许多和他配合过的结构工程师都说，虽然他做的建筑方案造型各异，但结构难度他都考虑到了，不会造成结构方案的严重不合理。他还会在结构专业说"不"时积极出点子，以"技"服人。

在设计东风饭店项目时，他在大厅地面层引用了当时临汾还没有的彩色水磨石工艺，在楼梯的踏步面采用了彩色水磨石平板。他希望这个踏步面板的厚度做到 6cm 左右，因为太厚会显得不够轻巧，但结构工程师说根据计算仅结构板厚就需要 6cm，上面再做 2.5cm 水磨石面层，板厚就要到八九厘米了。程泰宁出主意说，白水泥是 400 号的，清水泥也是 400 号的，如果在彩色水磨石的建筑面层用白水泥替代清水泥浇筑，2cm 的白水泥厚度就可以加到结构板计算厚度里，总厚度不就减下来了！结构工程师被他说得愣住了，半晌才轻声说了句："这倒是可以的。"

提高设计与工程能力，还需要增加生活体验。为此，程泰宁那时出门总是随身携带一把钢卷尺，看到感觉舒适的建筑尺度，他就量一下、记下来。有一次到山西侯马出差，他看到一楼檐口的尺寸很轻巧，就不顾雨棚出挑大而板又很薄可能造成的危险，爬到雨棚上记下了这个尺寸（6cm）。后来广受同行褒奖的"泰宁尺度"，就是这么一点一滴建立起来的。他对尺度的敏感，如同他对色彩的敏感一样。即使是他得意的弟子，也只敢夸口说自己仅有"3~5cm"的决定权。

程泰宁的工程体验，是通过跑工地、边看边问建立起来的。尽管临汾的工程都不大，但他常去工地实地观察。门窗樘子怎么立，三合土地面怎么打，砖窑洞怎么用"别塞"砌筑……看不懂就向工人师傅请教。渐渐地，他看出了门道，学会了举一反三，新问题也难不倒他。他认为经验是有限的，但通过体悟获得的体验是无限的。

建筑师需要不断积累审美体验、生活体验和工程体验。这是后来程泰宁常说的话。

就这样，凭着"干、学、用、看、问、悟"的六字诀，程泰宁的施工图和工程能力得到迅速提升，他的第一个城市建筑作品——东风饭店，也在1975年建成落地了。

这是一个面积不到4500m²的普通社会旅馆，位于临汾火车站广场上。程泰宁根据中小型旅馆的特点，结合临汾地区的经济条件，在设计中采用了简单紧凑的旅馆平面布局和经济适用的客房尺寸，同时将公共空间设计得开敞、大气。在外立面处理上，他采用了简洁明朗的整体风格，辅以明快的细部处理手法，很好地体现了"少花钱、多办事、办好事"的设计理念。

项目建成后，获得了良好的社会反响，也让程泰宁重新进入建筑同行的视野。1978年5月26日，凭着这个项目，他受邀到广州参加全国旅馆设计经验交流会并在会上发言介绍这个4层楼的普通旅馆。与他一同汇报的，还有33层的广州白云宾馆。这次学术活动由中国建筑学会主办，是他下放临汾后参加的一次全国性的学术交流活动。一共四页纸的参会代表分组名单，他一直没有丢掉。交流会后，他将自己的发言稿整理成《东风饭店建筑设计》一文，在《建筑学报》（1978年第4期）上发表。

在这次会上，程泰宁见到了杨廷宝先生，得到了他的夸赞。对于这份迟到的肯定，他心里却有股说不出的滋味。与白云宾馆相比，东风饭店不过是"小巫见大巫"。自己毕业二十多年，为什么拿不出更有分量的作品呢！面对恩师的褒奖，他只能含混地说："实在提不起来、提不起来。"

随着东风饭店、邮电部第七研究所、解放军277医院和临汾石油公司办公楼等中小型建筑项目的设计建成，设计师的影响逐渐扩大。其间，程泰宁参加了唐山1500座剧场的方案评选，被山西省建委评为优秀方案；参加了全国中小型剧场设计竞赛，三个方案都获了奖。他的名字开始为省内所知，他承担的项目也从临汾地区的中小项目转到山西省较为重要的工程，如1975年底承接的太原云山饭店项目和1979年通过设计竞赛赢得的山西省人大常委会办公楼项目。

当时称为革命饭店的太原云山饭店，建筑面积17000m²，地下1层，地上15层，客房240间，建在被誉为"三晋第一街"的迎泽大街上，是太原当时最高的建筑物，也是全国为数不多的高层旅馆之一。建设单位是山西省

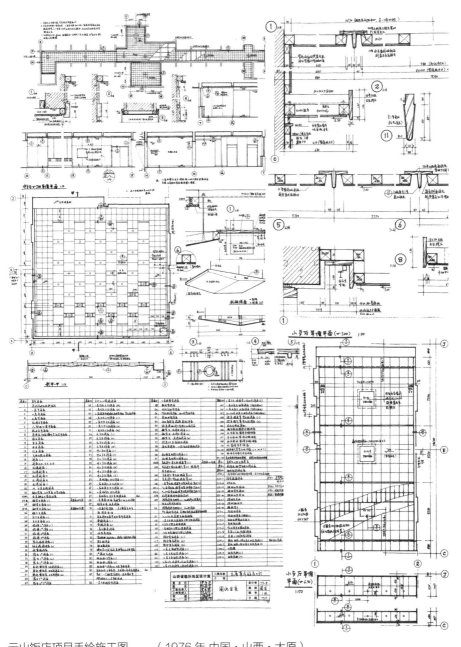

云山饭店项目手绘施工图 ——（1976 年 中国·山西·太原）

商业厅，由厅长直接负责。项目最初指定的工程负责人是严星华，程泰宁作为建筑专业负责人，承担了方案主创和施工图设计。他将云山饭店的建筑平面设计得简单实用，建筑造型亦十分简洁，在局部则引用了雕塑作为点睛之笔——外墙上的琉璃云冈飞天既是一种细部装饰，也强调了建筑的地域特色；电梯厅前面"迎宾女"雕塑在装饰功能之外，又具备流向引导功能。

为保证设计质量，商业厅要求到现场作设计。筹建处设于建设用地道路对面的坡地上，由一处破旧不堪的旧房子改造而成。外面一间铺了几块大图板，作为办公室；里面摆了四张床，算是招待所。棚顶上的蜘蛛网密密麻麻，黑黢黢的扫也扫不干净。筹建处的同事找来了饭店用过的旧床单钉在顶棚上，算是完成了简单装修。不过，因为见过本来的样子，程泰宁总会担心棚顶有东西掉下来。他一改此前仰卧睡觉的习惯，将侧卧睡姿保持至今。

云山饭店建设期间，设计室先后派出十余人驻场，历时近三年。程泰宁去的次数最多，每次都有两三个月。他至今清楚地记得坐火车去太原现场画室内设计图纸时的忐忑。要知道云山饭店是当时很重要的工程，室内设计要求高，他还从未画过室内设计图纸。不过转念一想，他又乐观地给自己打气，等我从太原回来肯定就行了！

这个难题是通过"照猫画虎"起步的。根据同学叶谋兆提供的设计装修详图，再参考北京、上海和广州等地项目的工程图纸，程泰宁边学边画，很快掌握了室内设计的内容和规律，在现场边做室内设计方案边画施工图。历时一年多，终于完成了包含装修在内的全部建筑图纸。

云山饭店的建筑图纸有近三百张，程泰宁一人绘制了2/5。这个工作量是在"无休"下完成的——他给自己规定：每晚12点前绝不停笔，星期日也不休息。他记得每天晚上放下画笔时，周围早已万籁俱寂。

通过这个项目的全程锻炼，程泰宁对设计程序、工种配合、多方沟通以及解决施工中的各种问题，都有了一套成熟的应对方法，他也顺利成长为一名称职的工程负责人。云山饭店建成后，荣获了20世纪70年代全国优秀设计表扬奖（相当于国家银奖），与广州矿泉别墅、东方宾馆成为获奖的三个旅馆项目。

3 诗与远方

"咦，你又在画画了，真够有雅兴的！"程泰宁在家画画时，同事叶湘菡来了，用上海话与他打了个招呼。

在上海话中，"雅兴"与"野心"发音接近。果然，程泰宁把雅兴听成了野心。他吃了一惊，似乎心事被看穿，含混地回答说："现在的环境，哪里谈得上野心啊！"

叶湘菡笑了，走过去看他画画。

叶湘菡比程泰宁大两岁，上海人，家境优渥。她的父亲是印尼华侨、著名海军少将叶裕和。她与丈夫谢醒悔都毕业于清华大学，叶湘菡是建筑学专业，谢醒悔学的是土木结构。她善良、热情，乐于助人，是下放人员中唯一的党员。有时设计室几个月发不出工资，她就拿出积蓄号召大家一起凑成互助金，给有困难的人应急用。逢年过节，一些单身青年没地方去，她就组织有家的同事提前安排好初一到谁家，初二到谁家。在她的带领和影响下，设计室气氛融洽，同事间团结互助、和谐友爱，连彼此的孩子都成了好朋友。❶

叶湘菡对程泰宁的帮助，主要是在对他的充分尊重和信任上。她是程泰宁的入党介绍人，程泰宁会把自己的一些真实想法告诉她。尽管有时她不太能理解，但她了解他对专业的热爱和投入，也知道他对专业的抱负，

初到临汾，1972 年在临汾钢铁厂写生

---

❶ 2016 年 9 月，叶湘菡在杭州家中接受了笔者的访谈。

因此总是支持他的决定。这份尊重和信任，对程泰宁非常珍贵。后来，他们二人合作共事了30多年，一起面对过许多困难，总能彼此信任、默契配合，珍贵的情谊保持至今。

虽然口中不肯承认，但程泰宁对建筑确实有野心，或者说他的野心从未泯灭，即使是在设计厕所和仓库的时候。这个野心，就是他心中的"诗与远方"。即使条件很有限，他也要想方设法做出"不一样"的、具有创新和创造性的建筑。他后来常说："我不想重复别人，更不想重复自己，因为建筑师的工作就是创新与创造。"

为了提高建筑表现力和完成度，他与临汾建筑公司的技术员马家骏成为朋友，一起携手在工程中多次采用新技术、新材料和新工艺。在临汾新华书店项目中，他们首次采用了干粘石代替传统水刷石工艺，不仅将造价减少一半，还改善了湿操作的恶劣劳动条件。在东风饭店首次采用彩色水磨石地面时，为了研究石子与水泥的配比，他们天天跑现场。有一次因做试验耽误了吃中饭，程泰宁自掏腰包，花了五元钱请八九个工人在街边小店吃了一顿，结果还被一些人说成是别有用心，妄想"拉拢腐蚀工人阶级"。

他们无法理解，在那样的环境下，程泰宁还把建筑看得这么重要，他到底图什么？

类似的例子还有许多。东风饭店虽然只是一个普通饭店，造价很低，但程泰宁在饭店重点部位大堂的一层到二层楼梯之间，采用了只有水平踏步面而没有竖向踢板的透空设计。这是建立在结构知识基础上的一种空间创新。因为之前没人用过，建成后有个问题，女同志穿裙子不敢往上走。好在楼梯位于角落位置，程泰宁马上想到在楼梯下方做水池和绿植、不让人停留的补救方案。这种做法，后来在国内外的许多公共建筑中都很常见。

到设计云山饭店时，建设条件有所好转，程泰宁想为建筑增加些雕塑感。他请当地一位美术家绘制了飞天图案，再一起送到琉璃厂烧制。做成后又为固定问题颇费脑筋，最后是根据谢醒悔的建议，利用预留洞里的钢筋灌浆才固定到建筑外墙上。这个飞天造价大约五六万元，起初省商业厅负责人不太想做。程泰宁就请叶湘菡托关系，陪他找到这位负责人家里，最后说服了他。

项目建成后，效果不错。省商业厅很满意，为了犒劳设计人员，他们用四辆吉普车把整个项目组拉到五台山。目的地到了，大家都很兴奋，很快跑开了。只有程泰宁哪也没去，他打开画夹，对着五台山的标志"大白塔"画了一下午，直到它跃然纸上（下图）。

要想做好设计，建筑师不仅需要有创新和创造思维，还要有纵观全局的整体性思维，需要关注建筑所处的物质和文化环境，考虑其对城市和区域发展的影响，包括规划和城市设计要求。

在完成一系列中小型建筑后，程泰宁开始对中小城市的中小型建筑共性问题进行思考和总结。在"一个警察管两头"的解放路上，程泰宁和徐东平做了不少工程，但总觉得看着不舒服。在短短200m长的街道上的9幢建筑物，有的退入红线五六十米，在街道界面上形成了一个很大的缺口，而且各个建筑的体型和立面处理都不相协调，看上去相当杂乱。这是因为缺乏整条街的合理规划。

为了从城市规划角度解决建筑群体的空间布局，程泰宁结合设计体会和思考，在《建筑学报》上发表了《中小型建筑创作小议》。他在文中写到：每一个城市的规划布局虽然不同，但是，各类公共建筑，如商店、影剧院、学校、行政建筑以及一部分住宅，则往往布置在城市的主要干道两旁或各个广场上。人们漫步街头广场，实际上是置身于这些建筑物组合形成的空间之中。随着时间的推移，许多建筑群的有机联结，又形成一个连续的、流动的空间。这种群体空间组织，往往给人以深刻的印象，而我们常说的城市面貌，也在这里体现出来。

为了验证自己的思考，他在徐东平设计新华书店项目时，建议她把在道路交叉口的"把角"让给成片的绿植，形成一个小的休憩公园。这种活泼的处理手法，形成了道路"对景"和"借景"的新空间，为城市建筑群体

五台山塔院寺（铅笔 1981 年）

空间布局带来了多样化。

"给点阳光就灿烂。"

只要有项目做，程泰宁就可以沉浸其中，自得其乐。他对建筑的感情，纯净、炽烈又痴迷。从这个角度说他是"书呆子"倒也没错。

有一次，弟弟永宁来临汾看他。他很高兴，拉着弟弟出去转转，顺便买点菜回来。在路上，永宁发现哥哥盯着一个建筑看来看去，边看边自言自语说这个颜色不对、那个尺寸也不合适。永宁啼笑皆非，回家和嫂子说起，才知道当时他们正在设计临汾地区电影院。永宁向嫂子告状说："哥哥的注意力都在建筑上了！"

弟弟说得没错。据当地同事回忆，每天晚上，程泰宁家的灯都要亮到十一二点。他家的生活家具很少，却有三个书柜和一个书桌，里面满满的，都是他们从牙缝里省出来的"精神食粮"。他们家的工资，除了按月寄给上海家里，再留下最低的生活费外，一年攒下的钱只够一个人回上海父母家过年。即使如此，他们对买书从不吝啬，每年买书的花费就有七八十元，相当于一个人的月工资。最贵的是外文版的《建筑实录》影印本。1977年，设计室新建了办公楼和家属宿舍。房子造好后，同事们来帮他们搬家时才发现，他们家的书居然有那么多。仅仅是美术、雕塑的书和画册，就装满了一架小推车！

程泰宁能心无旁骛地工作和学习，与全家的支持是分不开的。由于孩子不在身边，他常常忘记自己已经是两个儿子的父亲。他的第一个儿子，是在1968年出生的，取名程抒。孩子出生后留在徐家抚养。1971年，他们有了第二个孩子。程泰宁的父亲和徐家商量后，把小程抒接回程家，然后对程泰宁说："小二生下来也交给我们吧，这样两个孩子能做个伴，如果我们想你们，就多看看孩子。"

小二出生后，取名程戈，活泼顽皮。程泰宁回家探亲，看到他满床爬，年迈的父母怕他磕碰到，吃力地跟在后面，顿时心生愧疚。他把两个"后顾之忧"都留下了，这份恩情无以为报，只能更加努力工作。

程泰宁终日神游在建筑的世外桃源里。早晨醒来，对妻子说的第一句话，常常是夜里想到的构思。徐东平就半开玩笑半嗔怪地说："我看你不必娶老婆，只要找个能替你烧饭、又能跟你讨论问题的徒弟就行了。"话虽如此，但她对丈夫的事业追求，永远是默默支持的，用她的话说就是"不拖他的后腿"。

徐东平不仅是程泰宁的"保姆"，也因在工作上毫不逊色而堪称他的"战友"。为了做好功能复杂的临汾地区电影院，她多次到外地调研取经。回来后，与丈夫一起对细节反复推敲。她对工作的敬业负责，给当地同事留下了深刻印象。多年后提到她，语气中仍充满敬重。❶他们说，别看她娇小文弱，话也不多，但每到工地必爬脚手架。有时简陋的脚手架，就是在电线杆上钉几块木头，她咬着牙也爬了上去。

由于工作表现突出，1979 年，徐东平当选为临汾地区"三八红旗手"。山西广播电台几次请她去做先进事迹报告，她都坚决不肯，只好把她的事迹刊登在《山西日报》上。

桃李不言，下自成蹊。尽管程泰宁和徐东平都很低调，但在临汾和太原还是有不少美术界和建筑界的人知道他们。太原工学院建筑系主任兼设计院院长王孝雄，就是其中一位。

他与程泰宁素昧平生，当时的地位相差也很悬殊。一个是山西省建筑界的"扛把子"，一个是来自临汾地区的普通建筑师，本来并没有交集，但王孝雄先生惜才、爱才，第一次见面就对程泰宁说："大家都是同行，我早就知道你了。"此后，他不仅很"挺"程泰宁，还把自己的朋友介绍给他，说有困难他们都会帮忙的。王孝雄为人之豪气，情谊之珍贵，令程泰宁铭刻在心。

在程泰宁离开山西时，尽管无名、无权也无钱，但还是得到了许多人的帮助和支持。帮过他的有当时的省委书记武光汤、省人大的几位领导以及省政府机关事务管理局局长张柏森。这是后话。

临汾十年，对程泰宁的历练是很重要的。

尽管期间设计的项目不多也不大，但已打通了他对建筑全过程实现的"任督二脉"。无论是创新思维、解决工程问题的综合能力，还是将建筑与规划相融合的整体性思考都已日臻成熟。为了从宏观和历史的角度梳理、理

---

❶ 2016 年 9 月，笔者曾去临汾设计院，对程泰宁的老同事杨生龙、段永茂、王力富、葛才、郭书记和王正寅做过访谈。

解建筑与文化发展的脉络关系，他还反复精读了中国通史、西方艺术史和一些美学论著。正是这些给了他足够的底气，让他敢于在离开前说出"狂言"：无论多大、多复杂的项目，没有我不能做的，也没有我解决不了的困难！

十年的基层生活经历，让程泰宁更了解中国，更了解中国人生活的现实世界。与之相比，年轻时的梦想显得那么虚空。譬如建筑设计，不是用 6B 铅笔画草图就能完成的，需要无数个数字的计算，需要一张张画有螺栓、防潮层的图纸去施工……国家发展依靠的就是无数人长期踏实的努力。

经历了十年沉淀和十年注入，程泰宁的生命变得更加厚重。他对人生和世界的看法、他的性格和处世态度，都有了不小的转变。借用他在创作经历自述里所说："人说往事如烟，而我在山西十年中所走的每一步，却如刀劈斧砍般清晰深刻。"

"刀劈斧砍"，意味着刻骨铭心，也意味着一个人在精神上的痛楚和强烈的内心冲撞，可以让他改变了原来的模样。那个乐观积极、意气风发甚至有点年少轻狂的程泰宁，在人们眼中不见了（尽管在内心里，他对专业的执着、对事业的雄心未曾改变）。取而代之的，是一个心无旁骛的书呆子，一个踏踏实实的工程负责人，一个忧国忧民的文人建筑师。

这就是笔者在临汾采访时感觉匪夷所思的底层逻辑。当所有人说他就是个书呆子只懂画图时，他们不知道，这和他在北京工作时给人的印象，已有天壤之别！

4 别亦难

1976 年 1 月 8 日，周恩来总理逝世。噩耗传来，山河变色，举国哀伤。在全国出现了自发的、声势浩大的纪念活动。从周总理逝世到追悼会召开的七天内，南京共有 2500 多个单位的 32 万多名群众前往梅园新村凭吊。南京部分高校师生纷纷来到雨花台烈士陵园纪念碑前悼念周总理。

程泰宁获知周总理逝世时，人正在上海。由于祖母病危，他提前赶回来看护并陪老人家走完了最后一程。周总理的逝世让他本就哀伤的心情更加沉痛。他去邮电局给北京治丧委员会发了份电报，还注明了转邓颖超收，虽然他明知电报不可能递到她手里，但他还是想表明自己的一份心意。随后又与父亲、弟妹一起写下"周总理永远活在我们心中"的大字横幅，准备贴到自家门外。外墙是拉毛粉刷的，正值严冬，寒风刺骨，自制的浆糊黏性不好，一家人忙了半天，每个人的手都冻僵了，才把标语贴牢。

1976 年清明节前夕，北京许多市民开始自发有序地开展各种悼念周总理的活动。他们走向天安门广场，到人民英雄纪念碑前敬献花圈、花篮，把传单和诗词贴到纪念碑上。那年的清明节是 4 月 4 日，程泰宁恰巧在北京出差，下午他独自一人来到天安门广场。

长安街上车辆不多。远远望去，广场周围的松柏树上挂满了大大小小的白花，与广场上黑压压的人群构成强烈的对比色，沉重、阴郁，一如人们的心情。广场边上，停满了没有上锁的自行车。人们都是把自行车的脚撑梯"啪"地一立，就冲进广场，压根没人担心车子会被偷走。不断有人抬着花圈赶来，程泰宁看见最大的花圈是首钢集团献的，焊在铁架子上，被许多人抬进去的。

广场上有人发传单，有人在演讲。程泰宁挤到纪念碑前，上面贴满了悼念周总理的诗词："欲悲闻鬼叫，我哭豺狼笑。洒泪祭雄杰，扬眉剑出鞘。"

群情激愤的场景，令程泰宁心潮澎湃，热血沸腾。他在广场停留了整整一个下午，迟迟不愿离去。在老一辈革命家里，他对周总理感情最深。他非常敬重和爱戴这位德高望重、有着大智大德却懂得忍辱负重、识大体顾大局的革命领袖。时至今日，他最不能接受的就是有人指责周总理在"文化大革命"中也说过错话、办过错事。他觉得这些人根本体会不了周总理当时所处的环境和他肩负的历史使命。

让程泰宁不愿离开的另一个原因，是看到了这么多同道中人和他一样，渴望与国家民族同呼吸共命运，愿意为社会进步出力。他们可能只是一个普通的工人或农民，一个普通的知识分子，又或是一个从大山里来的邮递员，一个乡村教学的民办教师，不如"两弹一星"元勋那么亮眼，却在各自岗位上兢兢业业、默默奉献，在关键时刻挺身而出。因为这世界有这样的人，社会才能向前发展；因为这世界有这样的人，他更加坚定要与他们一路同行。

1976年10月，"四人帮"被粉碎。

程泰宁的父亲补发了两万多元工资。他很高兴，买了一台松下牌录音机寄给程泰宁。一拿到录音机，程泰宁就去买了一盒贝多芬的《命运交响曲》磁带。

人们常说，建筑是凝固的音乐，音乐是流动的建筑。早在读大学时，程泰宁就接触了西方古典音乐。那时校园的广播电台经常播放西方音乐大师的经典作品。参加工作后，他又陆续听过巴赫、海顿、贝多芬、莫扎特和柴可夫斯基等音乐大师的作品。

《命运交响曲》他自然听过。这是贝多芬在遭受耳聋、失恋等一连串命运打击后，用音乐语言发出"我要扼住命运的咽喉，他不能使我完全屈服"的内心呐喊，故而常被当作英雄意志战胜宿命论、光明战胜黑暗的壮丽凯歌。恩格斯在听完后曾写信给妹妹说："如果你不知道这奇妙的东西，那么你一生就算什么也没有听见。"

晚上回到家，程泰宁迫不及待地把磁带放进录音机。为了感受收听效果，他关掉所有的灯，在一片静寂的黑暗中，按下了播放键。

"咚、咚、咚、咚！咚、咚、咚、咚……"

命运的敲门声，声声逼人。强劲有力的音符，瞬间击中了他。境遇的迥异，让他这次收听的感受与先前全然不同。跌宕起伏的旋律，把他重新带回到被狂热和迷惘裹挟的生命支流中。他听到了绝望、忧伤、痛苦，看到了在洪流和漩涡中矛盾、痛苦却无力挣扎的自己……

不知过了多久，乐曲在明亮激越的主题旋律中戛然而止。复杂难言的思绪渐渐平复下来。音乐用它那温暖有力的艺术之手和清冽圣洁的精神之甘泉，为程泰宁进行了一次心灵的洗礼。

他抬起头，对光明有了重新的仰望。他相信，民族、国家以及他个人的命运，都将迈入一个新的历史进程！

1978 年 12 月，党的十一届三中全会确立了改革开放政策，党的工作重心转向经济建设，由此引发了对人才的迫切需求。一时间，全国各地闹起了人才荒。

从北京下放到临汾设计室的同事陆续调离了临汾。属于程泰宁的几次调动机会，却都被一口回绝，就连建工部规划局刘局长和王凤武（后任建工部城建司副司长）拿着"支援 1978 年唐山地震重建"的红头文件到临汾来调他也没成功。

这与程泰宁当时在省里已经小有名气有关。凭借太原云山饭店和中标的省人大常委会办公楼，党组织已把他列为重点培养对象❶，1980 年 11 月，程泰宁正式加入中国共产党。还有传言说要调他去省建设厅委以重任。这就引起了主管人事的省委组织部部长的注意，他放话说，谁把程泰宁放走了，谁负责！临汾的一位地区领导也说，宁愿"徐庶终身不为曹操设一谋"，你是人才，哪怕不工作也养着你，就是不能放你走！

那么，留在山西不行吗？留在山西，不是一样可以作设计吗？

还真不一样。建筑师出好作品需要有好项目，好项目需要好的平台，这是不争的事实。当程泰宁埋头在"厕所"和"仓库"时，他那些留在北京大设计院的同事和朋友，如胡寅元、于家峰和张孚珮，在做的项目是钓鱼台国宾馆、北京国际饭店……每次出差去北京，聊到自己的建筑梦想，他们就半开玩笑地逗他说：谁让你不来！

"人往高处走，水往低处流。"何况程泰宁本就来自于高处，他怎么能不想走呢。就连临汾建筑公司的朋友马家骘和另一位施工单位相熟的工人老师

---

❶ 1978 年，临汾设计室主任告诉程泰宁，根据上级指示，他档案中反右派斗争和"文化大革命"期间的材料已全部销毁。

傅在退休回北京之前，也对他说："你也该调走了，蛟龙终非池中之物啊！"

想走走不了的状态，一直持续了三四年。夹杂在一次次的希望与失望中，程泰宁备受煎熬。有一次出差，想到调动无望时，他只能用拳头一下一下捶着旅馆的床板……

调动的转机终于出现了。

1979 年，程泰宁通过设计竞赛赢得了山西省人大常委会办公楼的设计权，由此结识了建设单位省委省政府的几位领导，他们都能理解他的调动想法并表示应该支持。

常规的流程，解决不了他的调动，只能特事特办。最后，时任省委书记武光汤给临汾地区批了同意调离的条子，几位省人大常委会主任也在人大常委会办公会后"顺便讨论"了一下，那位省委组织部部长兼人大常委会副主任才不得不说：我不管了。

一个临汾地区普通技术人员的调动，居然惊动了省委书记和省委组织部部长才办成。这样的情况，应该也是相当少见的。

终于能调动了，去哪儿呢？

回北京似乎顺理成章。最先向程泰宁抛来橄榄枝的，就是王挺先生，他当时在建工总局（原建设部）担任设计局局长。

"到设计局来吧，技术处正好缺个处长。"王挺先生热情相邀。

"我还是想作设计。"程泰宁说。

"作设计急什么！你先干几年，再调你去部属设计院也不迟。"为了动员程泰宁，王挺先生又抛出一个"诱饵"："你英语怎么样？部里

山西省人大常委会办公楼（1979 年中国·山西·太原）

打算开拓境外市场，有可能先在香港设立设计机构（后来的华森设计公司），你有兴趣吗？担心外语不过关？可以先送你进修半年。"

程泰宁有点动心了。对于一心想走向世界的他来说，外语不好是他的遗憾。但当时迫切想作设计、舍不得"浪费"一点时间的心态，还是压倒了一切"妄念"。

"让我再想想吧，一年后回复您。"

这一年，天津和上海的几家设计院都表示欢迎程泰宁调入。但他反而对回北京或上海的大设计院有了顾虑。他怕大城市政治气候变化太快，也担心大设计院可能存在论资排辈的问题。

一年快到了，他还是很犹豫。其间到北京出差时，他约了三位在建设部院工作的好朋友胡寅元、于家峰和张孚珮到西苑饭店吃饭，讨论他该何去何从。结果从下午五点饭店开门谈起，一直到九点多餐厅关门，服务员来催他们离开时意见也没统一。"还是你自己决定吧"，朋友们最后这么说。

事有凑巧，在一次学术交流会上，杭州市建筑设计院副院长杨重光与程泰宁的同学郑光复聊起，院里正为参加杭州百货大楼设计竞赛缺乏好的建筑师发愁，郑光复建议他派人到临汾借调程泰宁，杨院长觉得这是个好办法。

1980年秋天，程泰宁在当时还是木结构的杭州群英饭店工作了一个月。尽管此前他从未设计过百货公司，但他记得杨廷宝先生说过，作设计前先解决好包括流线、空间和造型等建筑共性问题，再去解决建筑的个性问题。他结合商场的人流特点并参考国外的设计方案，大胆引入了自动扶梯的流线组织，那时国内还没有这样的先例。

这个方案最后获得了一等奖，为杭州市建筑设计院拿到了设计任务。院领导很高兴，希望他能调到杭州来，还请陈忠麟来动员他。陈忠麟的妻子梁安丽是杭州人，他们放弃了回北京工作的机会，从山西运城提前调到了杭州市院。

"来吧，我们一起好好干！"陈忠麟的邀请真诚而热情。

就去杭州吧，在杭州读过初中的妻子徐东平也这么说。

杭州是个好地方。在设计山西省人大常委会办公楼时，程泰宁和项目组到杭州考察过。考察结束，他们去西湖、九溪十八涧和龙井问茶转了一圈。

半城山色半城湖的杭城素颜，清丽婉约如一幅水墨画，给一行人留下了美好难忘的印象。"江南忆，最忆是杭州。"得天独厚的自然环境，深厚绵长的文化底蕴，相对发达的经济区位，无不令人向往，以至于临汾的一些同事，至今还认为这是程泰宁选择到杭州的主要原因。

还真的不是。杭州当时吸引程泰宁的，不是这里的山川美景、城市特色，而是这里的安宁稳定。还有，这里的人都不认识他。对于只想安静地做些好项目的他来说，这样的工作环境就是最好的选择。

后来有不少人问程泰宁，当初回北京、上海好，还是到杭州好？

这让他很难回答。人生没有"假如"，人在不同时期会有不同想法。何况，环境和条件都是可以创造和改变的。他觉得，归根结底，个人的努力才是最重要的！

"刀劈斧砍"，他不是也走过来了。过去的经历告诉他，人生没有白吃的苦。那些吃过的苦，都将照亮他前行的路。

十年沉潜历练，程泰宁变了，变得成熟、沉稳；他似乎又没变，初心依旧，信念弥坚。

告别临汾，他这个"蛟龙"已然出水；迎接他的，将是风生水起的东海钱江。

下 篇

第六章

再出发

（1981—1990）

从 1981 年到 1990 年，程泰宁迎来了职业生涯的黄金十年。黄龙饭店、加纳国家剧院和马里共和国会议大厦的成功，证明了中国建筑师的实力，也让"中国设计"登上世界建筑舞台。1999年，加纳、马里的两个海外工程双双入选《20世纪世界建筑精品选》。

1 风乍起时

1981年4月，程泰宁调入杭州市建筑设计院时，正是春风又绿江南岸的季节。

改革开放的春风，伴随着大自然的和风，吹绿了人间天堂的山水画卷。西湖、钱塘江、大运河以及市中心纵横交错的中河、东河和上塘河都灵动起来。目光所及，水光潋滟，波光粼粼，令人心旷神怡、神清气爽。

百年难遇的天时与地利，让刚从山西出来急切渴望一展抱负的程泰宁不禁心生憧憬。杭州的生态环境这么好，如果用心规划一下，完全可以打造成东方的威尼斯。想象一下坐船上下班，该有多浪漫！

于是，尽管破旧的居民老宅，污浊的城市河道，拥挤的弄堂小巷，让本就不大的主城区显得凌乱不堪，尽管有"美丽的西湖，破烂的城市"之说，程泰宁却从中看到了城市建设的重要契机，听到了杭州对他的召唤。他想，我是建筑师，我一定要为杭城的建设尽心出力！

他摩拳擦掌、跃跃欲试。

万事俱备，只欠东风。这个东风，就是一个好项目。

程泰宁入院后完成的第一个项目，是之前他中标的杭州百货大楼。没想到施工图做完，项目规模突然调整，700多张施工图转眼变成了一堆废纸。到杭州的第一个项目就没建成，让他很遗憾。随后，他又完成了山西省美术馆方案，可惜也没落实。

忙而无功、劳而无获的开局，让45周岁的程泰宁备感焦虑。除了做项目，他什么心情都没有。近在咫尺的西湖美景，也对他失去了吸引力。

知夫莫若妻。徐东平想让他放松一下。一天晚上，她看到附近电影院正在放映京剧电影《李慧娘》，就动员丈夫一起去看。这部后来获得许多大奖的电影，将传统京剧艺术与炫幻的舞美特技结合得非常完美，特别是主演胡芝风的表演堪称经典。一个半小时的电影，令观众如醉如痴。

电影情节进入高潮处，程泰宁突然冒出一句："可以死了。"

"你讲什么呢?"徐东平莫名其妙。

程泰宁这才反应过来,自己脱口而出的话的潜台词是:胡芝风做人做艺能取得这份成就,可以死而无憾了。而自己呢,已经 45 岁却还一事无成!他叹了口气,没有回答。

靠等是不行的。程泰宁开始密切关注杭州的城建信息,并将目光锁定到当时杭州市的重大工程中河改造项目。

中河是杭州城区内的一条主要内陆河道,纵贯杭城南北,开凿至今已有 1400 多年历史。在"三面云山一面城"的杭州,这样的河道还有许多。这些汤汤河流与老城的麻石小巷、古旧石坊、幽深古井,共同承载着城市的记忆,是人们的心灵之锚,应该作为城市特色加以保护。然而事实却是原本很宽的浣纱河,在 1973 年被整体填埋变成了浣纱路。为了吸取历史教训,1983 年 4 月,国务院在新批准的杭州市城市规划中,特别提到要"保护中河的历史风貌"。

程泰宁得知项目信息时,设计方案已经做完。方案将快速路和慢车道分设在中河两侧,而路面与中河水面的高差大约 5~6m,与中河宽度差不多。这样的尺度设计,宛如"两路夹一沟",不仅遮挡了中河景观,也失去了展示城市特色的机会。

为提供更好的方案,当时已被任命为院设计二室主任的程泰宁,在没有任何"指示"的情况下,利用职务之便抽调了十来个人,用不到十天时间夜以继日地赶做了一个方案。这个方案在河的路面较高一侧布置快、慢车道,在另一侧地面采用"放坡"布置,即临水的地面标高略高于水面,布置低层建筑,然后逐步抬升至城市道路标高,建筑高度也错落提升。这样,岸边尺度更加宜人,沿河空间也更丰富。

杭州中河路规划方案(1983 年 中国·浙江·杭州)

设计做完后，他们又做了一个比单人床还大的模型，然后将方案和模型一起送到杭州市规划局和市建委。规划局和市建委的人看了，都觉得比原方案好，但他们没有决定权，要拿到市委会议上由市领导定夺。

评审那天，杭州市委常委和所有有关领导都出席了。第一次在市领导面前亮相，许多人都会紧张，可程泰宁的注意力都在方案上。他的汇报，自信、专业，激情洋溢，给领导们留下了深刻印象。汇报完，时任杭州市委书记厉德馨问建委主任，这个方案怎么样？建委主任说这个方案好，好在哪里哪里。厉书记又问市规划局局长，这个方案跟原方案比较，哪个好？规划局局长也说现在这个方案更好。

话音未落，厉书记气得一拍桌子说，你们早干什么去了！现在你们都说这个方案好，当时你在干什么！如今我们跟拆迁涉及的工厂和事业单位的拆迁合同都签完了，你叫我怎么办？不改了，还按原来的方案实施！

会议结束了。市委副书记张浚生走过来，拍了拍程泰宁的肩膀，对一脸失望的他说，你的方案做得不错，不过这次你就放弃吧，下次东河改造你再好好做！

程泰宁想不通，明明大家都说我们的方案更好，为什么不能做下去，毕竟还没开始拆迁。为了改变结果，他决定给国务院一位副总理写信（他很重视杭州的城市建设，还到杭州视察过）。信写好后，他托清华大学的朱自暄教授转交了上去。

在此期间的一天，有位白发苍苍的老干部，代表浙江省委组织部来找程泰宁谈话。她说，市里亟须符合革命化、年轻化、知识化和专业化的"四化"干部，组织通过考察，认为他来自北京部属大院，业务能力强，工作表现好，打算调他到杭州市城乡建设委员会做主任。

程泰宁愣了一下，立刻回过神来。他说很感谢组织的信任，但建委主任的工作不适合他，他只想安心作设计。老干部以为这是他的谦辞，走之前请他再认真考虑一下。过了几天，老干部又来了，还多带来一个官职，说他党龄已满三年，可以党政一把抓，同时兼任市建委党委书记。

一到杭州，就能当"官"，官位还不小！

对于这个别人求都求不到的机会，几乎所有人都认为他该接受，何况他做建委主任或许对杭州建设的贡献更大。但早已坚定走专业发展路的程泰宁，先前连去建设部做"官"的机会都放弃了，如今怎么可能去做建委主任？

对于我不愿做"官"，历来有些议论，褒贬不一。其实，这个问题对我来说，十分简单明了。从青年时代起，我就认定建筑创作是我终生的事业，一项融于思想、化入血液的事业，历次运动后的下放或调动，都不能浇灭我从事建筑创作的希望之火。改革开放后有了那么好的条件，我怎么能轻易地脱离专业呢？

有的朋友以我未能抓住机遇感到惋惜，但我却从未有过丝毫的后悔或遗憾。一个人最适宜做什么，应该做什么，自己最清楚。也许我并不缺乏行政工作的能力，但我的性格以及其他条件都不适宜从政当"官"，勉力去做，对工作、对自己都不一定合适。但对搞建筑创作，我却满怀信心。因此，实事求是，拒绝诱惑，坚持走自己应该走的路，这是我在经历了几十年风雨后的感悟，对于自己的选择，我不能要求每一个人的理解，但我想，时间和实践总是会使一切慢慢清楚起来的。❶

这件事的后续，是程泰宁意识到他不能再"婉拒"，为表明心意，他向杭州市委正式写了封信作为最后答复。

就在这时，"中东河项目"有了新的情况。程泰宁期望的改变没有发生，但新华社就此发了个"内参"，把新旧两个方案都写进去了。内参抄送到杭州市委，市委主要领导看到后很恼火。这个程泰宁，先是"不识抬举"不肯做建委主任，如今又跑到中央去告状，他究竟想干什么？

市委派组织部到杭州院了解情况，"不涉及政治"的结论让领导们松了口气，但对他的特别印象一时很难消解，直到后来领导们理解了他迫切想做工程的心情，在工作上都给了他极大的支持。

一波未平，一波又起。

1983年底，杭州市院在毫无征兆下被一拆为二。"始作俑者"居然又是程泰宁。

❶ 创作经历自述［M］// 当代中国建筑师程泰宁. 北京：中国建筑工业出版社，1997.

杭州市院创建于 1952 年，原属市规划局下的设计处，"文化大革命"后由规划局牵头，将勘测、规划、建筑和市政四个业务版块整合成立了杭州市院，体制上属于与规划局平级的事业单位。不过，在建筑业务上始终无法与同在杭州市的浙江省建筑设计院相比。为提升市院的竞争力和品牌影响，当时已经担任院总建筑师的程泰宁，建议院里加强人才引进，得到院长王邦铎支持。此后两三年，市院从各地调入二三十位技术骨干。这些人大部分是北京工业院在"文化大革命"中下放到全国的各专业技术人员，包括谢醒悔、叶湘菡、汪孝慷、严仲华等，也有一些是别人推荐的，之前与程泰宁并不相识。

新人的到来，加强了市院的技术实力，也引发了资源的重新分配。院里的宁静和平衡被打破，"山西帮"和"北京帮"的叫法随之流传开来。

"安安稳稳吃财政饭不香吗，非要折腾什么？"习惯了原有秩序的人把阵痛都怪罪到程泰宁身上，说他这么做是为了拉帮结派、争权夺利。他们对他抢活干的行为也无法理解，准备"另起炉灶"。

1983 年，王邦铎出任杭州市副市长，市里让刚调入不久的叶湘菡接任院长。她很意外也很为难，做管理让她感觉"头大"，她不想也不知该怎么当院长。她想推荐程泰宁，但那时"不识抬举"的印象和"内参"风波尚未平息，市里的回复是，除了他，还有没有其他人选？

叶湘菡接受了组织任命，但上任不久就接到了分院通知：将市政与部分土建业务独立出去，另外成立一家杭州市城建设计院。两个设计院的院长由市里任命，设计人员根据个人意愿选择去留，资产分割靠协商解决。

在分院的那段日子里，每天都是乱哄哄的。大到办公室、小到一个痰盂，两个院都要分、都要抢。充斥在程泰宁耳边的，不是"某（人）又走了"就是"某（东西）被拿走了！"那种感觉，让他既无奈又颇感讽刺。这还是自己千挑万选的安宁环境么！

这真是"尴尬人遇尴尬事"。初来乍到的程泰宁一事无成，却"吹皱了一池春水"，还惹了一身麻烦。

2 过关斩将

　　那时的程泰宁，根本顾不上想这些。他觉得自己想做工程的愿望，想提升市院平台以争取好项目的愿望，都光明磊落、无可指责。他继续通过规划局捕捉项目信息，终于有所收获。

　　改革开放后，杭州旅游业发展很快，对高档酒店需求旺盛。利用外资建造星级酒店，成为一种新的开发模式。1982 年前后，杭州陆续与外商谈判合资建造旅游宾馆，第一批项目有两个：友好饭店和黄龙饭店。

　　友好饭店选址地点离西湖边只有 300m，是浙江省第一个中外合资酒店，也是全国首个中日合资酒店。最初日本投资方请日本建筑师做了一个方案。程泰宁得知后，通过规划局提出想参加方案设计，日方同意了。方案做好后，在规划局组织的评审会上，他设计的高 70m 共 21 层的酒店方案，被日方选中，项目得以顺利实施。

　　不过，程泰宁对这个项目并不满意，一来标准层过小，导致平面利用率不高；二来设计思路不够放开，建筑风格比较拘谨、缺乏特色。其实，标准层小是为减少高层建筑对西湖景区的破坏，而他采用的六边形平面布局，既能保证四面临湖的景观视野，也能让建筑体型尽量纤细些。为了增加建筑的雕塑感，他通过副市长出面协调，说服日本投资方在宾馆门口增设了一组雕塑。

　　就是这个程泰宁后期很少提及的"平庸之作"，如今却是杭州最难预订且价格不菲的酒店之一。它的地标性很受游客青睐，也融入了杭州市民的城市记忆。

　　与友好饭店的顺风顺水却不尽如"己意"相比，过关斩将的黄龙饭店，刚好是一个反例。

　　按理说，位于宝石山北侧的黄龙饭店，地理位置比不上友好饭店，但也许是规模更大、标准更高，反而更被外资看好。最初接洽的投资方，是一家美国企业。他们请来了美国建筑师韦尔纳·贝克特，那时他刚设计完北京长城饭店，在国内知名度颇高。他做完方案，美国投资方却因资金原因退出。接盘的是以香港为主的四家投资方。他们请来的建筑师是香港的严迅奇。严先生当时很年轻，刚刚在法国国家歌剧院全球设计竞赛中获得一等奖，正是意气风发、声名大噪之时。

建筑师的"段位"，提升了项目的重要性；由杭州市旅游委牵头操盘，凸显了杭州市政府的重视度。名不见经传又没有建筑作品的杭州市院，似乎与这个项目毫无关系。可是，程泰宁不想错过这个机会。他请杭州市院副院长一起去市旅游委，以"黄龙饭店有国家出资，应该让内地建筑师参加"为由提出参加设计，没想到对方当即回应说，这是合资项目，无须遵守这个规定，就算要请内地建筑师，也会去请北京、广州的建筑师，不会找你们！

言下之意再清楚不过，连质疑都谈不上，是压根看不起。

这么重要的项目，谁敢交给一个刚从临汾山沟出来的"土包子"作设计？凭什么相信你？这不是没影的事么？

话已至此，如果换作一般人，大概率会放弃。但程泰宁对于认准的事向来是"撞了南墙也不回头"。既然争取不到平等参与的机会，那就只能自降身段。他找到顾维良常务副市长和王邦铎副市长，提出自愿无偿提供比选方案，供香港建筑师参考。

又是这个程泰宁！两位副市长相视而笑，随即对他这个完全"无公害"的提议都表示支持。如此一来，市旅游委也不得不同意。

就这样，程泰宁过了"门槛关"，可以"陪太子读书"了。

"陪读"的滋味并不好过。和各方代表一起去南方参观，程泰宁像个跟班儿一样走在最后。开会讨论，他坐在角落无人理睬。他甚至还听过这样的奚落：

"你们设计过高档酒店吗？进过星级酒店的咖啡厅吗？说不定人家在里面喝咖啡的时间，都比你们作设计的时间长！"

那段日子，程泰宁一直憋着一口气。如果说刚开始争取这个项目还只是希望能为立足杭州打开局面，如今他已把它当作是证明中国建筑师的机会！他在自己设计的建筑草图上画了个印章，用印文给自己加油，一定要为内地建筑师争口气!

黄龙饭店的方案,前后做了整整一年,一共进行过三轮评选。香港建筑师团队很有职业精神,他们认为竞赛很正常,加之程泰宁的方案能力,"陪读"在不知不觉中转为平等竞赛。

设计之初,程泰宁就想得很清楚,他必须要闯过方案关。只有做出完全不一样的方案,才可能成为设计主创。

根据设计任务书,黄龙饭店需要近600间客房,建筑面积超过40000m²,建设标准为超三星级,后提升为四星级,是当时杭州规模最大、档次最高的酒店。酒店的主入口在基地南面,正对宝石山,基地北面是城市界面。建筑恰好处于城市和自然风景区的过渡地段。

局促的用地,让美国建筑师和我国香港建筑师都采用了常见的城市型旅馆模式,即长达140~150m、高约30m的板式建筑。单从方案本身看,他们做得都不错。但他们的方案延续的还是强调建筑主体性的"城市型酒店"设计理念,因而存在一个共性问题:庞大的建筑体量,像一堵高墙,挡住了距离只有五六十米而高度不足百米的宝石山,从而切断了城市和宝石山风景区的空间联系。

程泰宁不想这么做。他不打算过分强调建筑的主体性,而是想把风景区、自然、城市与建筑作为一个整体考虑,让建筑成为城市与环境的中介。据此,酒店建筑应该是自然而然被"摆放"在那里,是与周围的自然环境、江南的地域文脉和中国文化精神和谐共生的。

既然"大墙"不行,那就需要借助中国绘画中的"留白"手法,"实"中有"虚"。于是,分散的、具有空间渗透性的方案成为自然的选择。但与通常的分散式做法不同,黄龙饭店的容积率1.1,远远超出北京香山饭店的0.3。这就要求建筑不能做得太散,而且如果太分散,服务人员动线过长,也会导致服务效率低和运行管理困难等问题。

方案做到第二轮,程泰宁逐渐有了感觉。一天早上,他拿着几个建筑体块模型不断摆放,在反复的分散、组合中,一个先组合再分散的模式出来了。

"就是它了!"

他惊喜地把项目组同事喊过来。大家一看,都眼前一亮。这个后来被取

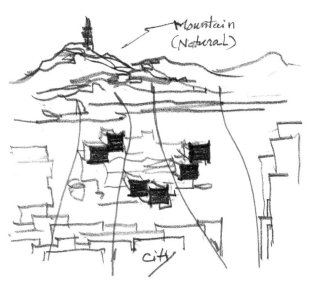

黄龙饭店（1983年 中国·浙江·杭州）

名为"单元成组分散"的布局，既有留白的气韵，也巧妙解决了大中型酒店布局分散带来的运营管理上的问题。580间客房被分成3组6个单元，在每组建筑之间留出"空白"。从城市看过去可以看到山，从内部看过去也可以看到山。在酒店门口，用陶渊明的诗"悠然见南山"做了一个碑刻，用以强调建筑和自然的结合。在饭店一层，围绕庭院布置了大堂、酒吧、餐饮等功能。朝庭院一面采用了连续落地玻璃长廊。晚上华灯初上时，人们从大堂穿过庭院的树丛间隙，可以看到对面餐厅的灯光，宛如中国画的长卷《夜宴图》。

独创的空间形式与整体环境的协调无可挑剔，但这种空间形式能否满足现代酒店的功能和管理要求，程泰宁并没有十足把握。他一边仔细阅读大量案例，一边利用去日本考察的机会对酒店做调研，还到浙江大学请了酒店运营管理专业的蒋丁新老师作顾问，共同完成了酒店运营管理方案。为了让建筑方案更趋完善，他还请了中国美院的赵扬老师做雕塑，请了杭州园林院的陈樟德做园林设计。

出于保密考虑，这个方案是在杭州最后一轮交流时才拿出来的。方案一拿出，投资方和旅游委都很意外。谁都无法否认这个方案与环境融合的巧妙，但他们一时无法接受，只好就功能问题提出些反对意见。

这时，程泰宁心里反而有底了。所谓"褒贬是买主"，方案已经吸引了所有人的注意，他知道他们就快赢了，因为功能问题很容易解决，但建筑与环境不和谐是没法解决的。

　　黄龙饭店最终的方案评审是在北京进行的。评审由国家旅游局主持，戴念慈、张镈、张开济和龚德顺等建筑大家都参加了评审会。

　　会议开了一整天。上午，专家们都认为程泰宁的方案与环境结合得更好，但是下午港方请来的酒店管理公司一到，就开始批评这个方案在功能上有硬伤，提出从入口办理手续到电梯的流线太长，分散布置空调引起浪费等管理问题。会场气氛变得紧张起来。

　　这时，有着北京饭店和新侨饭店等现代酒店设计经验的张镈发言了。说来也巧，那天恰巧是北京市为他从业50周年举办庆祝会，因此他是下午才赶过来的。不过，"行家一出手，便知有没有。"只见他拿着比例尺在两份图纸上量来量去，然后敏锐地指出，港方看似很集中的布局流线，从服务台到最远的电梯点实际距离为90m，而程泰宁的方案只有80m，而且是在庭院中走过的，客人的空间体验更好。分组设置空调的方案并不浪费，沿大厅的部分是开敞的，温度可以适当调低一点。至于餐饮、厨房和餐厅的比例多少才合适，他把北京一些饭店的数据拿出来报了一遍。无可辩驳的数据和工程实例，让港方请来的酒店管理公司无言以对。

　　程泰宁的方案最终以全票推荐通过了评审关。

　　那一刻，他真是百感交集。过去一年多的设计过程如电影镜头般快速闪过。

黄龙饭店

他看到了办公室里越摞越高最后快有半人高的草图纸，也看到了自己体力和精力透支殆尽后的"凄惨"。有一次加班到很晚，下了公交车实在走不动，他只能靠着公共厕所的墙边站一会儿，脚下踩的都是污水。还有一次，他在公交车上意识模糊，依稀听到有人在聊吃烤鸭，他差点没吐出来。连续加班，让他的身体已经达到了生理极限。

那时他刚到杭州，一直住在搭在防空洞上的抗震棚里。地面是三合土的，屋面防水用的是竹竿支撑油毡，杭州多雨，一下雨满屋都漏。外墙和分户墙只有半砖厚，内隔墙更薄，有的地方还没砌到顶，说是抗震棚，地震来了非倒不可。抗震棚间距很近，隔声效果极差。晚上邻居打牌摔扑克牌的声音、早上的鸡叫声，都能听得一清二楚。这对睡眠本就不好的程泰宁犹如雪上加霜。到了夏天，房间里又热得待不住。有天晚上实在太热，只好躲到电影院去看会儿电影，出门前忘了关炉子还差点引起火灾……

就在这样的艰苦环境中，程泰宁沉浸在创作中整整一年。对他来说，那一年外面的世界就像变幻的布景那般极不真实。他不记得夏夜路边餐厅的喧嚣热闹是如何转换到冬天的漆黑和冷清的，也不记得自己是怎么熬过那么多不眠日夜的。

这大概就叫全情投入吧！没有这样的经历，很难体会其中的滋味，也很难体会到尘埃落定后的那份喜悦与欣慰。

怎么庆祝呢？

程泰宁又想起了烤鸭，就请大家吃一顿正宗的北京烤鸭吧！

方案通过后，接下去的工作本应顺理成章，由于投资方和市旅游委此前已与香港设计团队许李严建筑师事务所签订了整体设计合同，杭州市院再与之签订设计分包合同即可。

程泰宁找到许李严事务所负责人，用大幅让利的策略和他们顺利达成初步协议：杭州市院承担建筑和结构设计，机电和室内设计请港方设计团队承担，同时将设计费的70%切分给香港设计团队和机电顾问公司。

之所以肯大幅让利，是因为程泰宁在心里算过一笔账。由于香港设计收费较高（投资总额的4%），即使只拿其中的30%，也远高于内地设计收费（投资总额的1.5%～2%）。更重要的是，这样做对调节工作气氛和双方合作更有利。

他以为这样做已事出万全，殊不知有些事是绕不过去的。按约定签订分包协议时，他已经担任杭州市院院长。他觉得这是宣传单位和扩大影响的好机会。他邀请了市领导、市建委和市规划局的有关领导以及相关人员共100多人出席分包签约仪式。

仪式定在华侨饭店举办。当天，程泰宁提前一小时赶到会场。一进饭店，就碰到时任常务副市长顾维良。他很奇怪，问顾副市长："您怎么这么早就来了？"

顾市长含糊地说了句："他们要我来开个会。"

敏感的程泰宁感觉不对。他到会场检查了一下会议准备工作，就匆匆找到了五楼会议室。

敲开门的一刹那，门里门外的人都愣住了。屋里坐了二三十人，顾市长、市旅游委、内地几个投资方、香港投资方的股东以及香港建筑师团队都在。市旅游委负责人反应很快，立刻起身对他说："你来得正好。我们已经商量好了，买断你的方案。"

程泰宁毫无思想准备，但第一个反应就是"不可能"。不要说这个方案已经在国家旅游总局审查确定，即便没有通过审查，自己辛苦做的方案也绝对不卖。他据理力争，一个人与内地、港方的投资方以及市旅游委交涉，双方唇枪舌剑，始终无法达成共识。

签约时间到了，签字仪式却无法进行，已经定好的庆功宴也不能退。

"先吃饭吧。"程泰宁顾不上早已丢光的面子，"不管怎么样，饭总是要吃的。"

席间气氛不好，有人插科打诨说："今天是阴天。"

程泰宁接过话茬，突然高声说："放心吧，总会转晴的。"

回到家，他思来想去决定做最后一搏。他知道再找领导和业主已经无用了，思考后他再次找到许李严建筑师事务所的许文博先生："我们已经在设计费的分成上作了利益退让，现在买断方案的做法，是不是不太合适？"

许文博先生说："这不是我们的意见，是股东方的想法。"

程泰宁说："现在这个方案国家旅游局也同意了，你们能改方案吗？"

许先生摇头："不能改。"

"那让你们按我们的方案做施工图，你们愿意吗？"

许先生想了一下说："确实有困难，而且成本也高。"

程泰宁继续站在他们的角度帮他们分析投入产出比，说现在这样的分工和设计费分成，对他们来说性价比最高。最后他说，眼下恐怕需要你们出面把这个棘手的问题协调好，如果还有要求，我们可以再谈。

许先生看他态度恳切，而且也觉得硬买方案的做法有违香港建筑师的职业操守，就同意了。后来得知许先生先说服了香港股东，再说服了内地股东才促成此事。

与第一次大张旗鼓的签约仪式相反，黄龙饭店的设计分包合同，最终是在投资方默许下，由杭州市院与许李严事务所悄悄签订的。至此，两年多的博弈终于落下帷幕。

任何一个项目，做好设计只是第一步，接下去还要严格把控设计的完成度，顺利通过建造关。

黄龙饭店的室内设计，由严迅奇先生担纲。他很尊重程泰宁的意见，在设计之初先询问程泰宁，室内风格做得豪华一点还是简朴一些。程泰宁说希望做得简朴但格调高一点。严先生把握得很到位。整个室内设计装修造价不高，但选用的材料品质都不错。未来的两位建筑大家就这样从最初的竞争关系到默契配合，最终变成了朋友。后来程泰宁在南京举办中国工程院高端论坛、在北京国家博物馆办个展时，都请来了严先生作演讲嘉宾。

黄龙饭店屋顶琉璃瓦的色彩选择，让程泰宁花了很多心思。他希望突破传统，做出一些蓝灰色调的现代感。为此，他找来很多罐子，最后在一个罐子上发现了接近他想象中的蓝颜色。他拿着罐子找到宜兴陶瓷厂，厂家对这个颜色很疑惑，说没人用这个颜色做琉璃瓦。程泰宁说这就是他想要的颜色。烧出后的样本经过他的微调，最后用到了黄龙饭店的攒尖屋顶上。这个颜色很别致，许多建筑师看过后纷纷选用，大家还给它起了个名字"黄龙蓝"，并成为宜兴陶瓷厂的热销产品。

在整个建造过程中，最曲折的当属外墙换瓷砖。通常在外墙整体贴瓷砖前，程泰宁都会要求施工方先试贴一面墙。试贴前，他发觉深色瓷砖占比大了，就请香港施工方拿出他的配比方案与采购配比相对照，结果发现采购搞错了。他要求改正，施工方起初不肯，因为大部分面砖已进场，退货损失太大。他找到市领导，强压着他们把货退了。再次试贴时，他觉得自己定下的原方案中深色面砖比例还是太大，就和管理方商量，希望在采购时调整一下比例。对方却说，这比例不是你定的吗，不能改！程泰宁被"怼"得哑口无言。这次施工管理方没有责任，他没理由坚持。

中国建筑学会在杭州召开黄龙饭店设计座谈会
左一：张开济，左二：张祖刚，左三：程泰宁

外墙面砖完工后，结构工程师梁安丽到工地现场服务，回来后对程泰宁说，这立面瓷砖的颜色有点深了吧？她不知道，她这句话让程泰宁心凉了半截，腿都软了。原本他还侥幸地以为或许是自己眼光过于敏感和挑剔，如今看来并不是这么回事，连结构专业的同事都看出来了，可见效果真的太差了。

怎么办？怎么才能换掉这些瓷砖？

那些天，程泰宁甚至做梦都梦到瓷砖被暴风雨冲坏了。他在梦里特别高兴，这下可好了，可以重新换掉了！梦醒后才失望地发现是一场空。他不甘心，想着把重点部位的深色瓷砖换掉一些。经过在现场反复观察，他决定将主入口两侧的深色面砖换掉一部分。他利用院长职权，让杭州市院与香港招商局等单位合资成立的西湖装饰工程公司承担了10万元的改换费用。这个举动给黄龙饭店的业主留下深刻印象，他们说：

程先生对认准的事情要求很高，一定要做到他想要的效果。当初做黄龙饭店时我们很痛苦，就希望他不要再"折腾"了。❶

黄龙饭店让程泰宁破茧成蝶，他的设计才华如锥出囊中。1985年，他将黄龙饭店的创作过程写成《环境、功能、建筑观——杭州黄龙饭店创作札记》，发表在当年第12期《建筑学报》上。1988年7月19日，黄龙饭店投

---

❶ 袁佳麟，周少聪. 甲方眼中的程泰宁［J］//程泰宁，半个世纪的坚守. U.E.D 城市·环境·设计，2001（4）.

入使用一年后，中国建筑学会学术部和《建筑学报》在杭州举行了黄龙饭店建筑设计座谈会。会议邀请了张开济、张祖刚、张耀曾、魏大中、张皆正、唐葆亨、张永和等十余位专家学者和建筑师。程泰宁特意安排外地专家住在黄龙饭店，这样他们可以从建筑师和使用者的角度对黄龙饭店提出意见。座谈会上，大家各抒己见，座谈会的内容整理后发表于1988年第10期的《建筑学报》上。

张开济开口就把黄龙饭店与贝聿铭设计的香山饭店和戴念慈设计的阙里宾舍相提并论，并对黄龙饭店赞不绝口。要知道当时程泰宁还是个名不见经传的建筑师，把黄龙饭店与贝聿铭和戴念慈的作品放到一个等级评说，对程泰宁已是莫大的褒奖。他还说："黄龙饭店的设计，对当时的建筑创作，特别是旅游旅馆的设计指出了一条新路。"他口中的"新路"，在程泰宁的理解就是中国建筑师的自主创新之路。他觉得，只要找到适合自己的发展路向，中国建筑师就能在国际顶级竞赛中获胜，也能创作出中国的新建筑！

建成后的黄龙饭店被誉为一代建筑经典。1991年获全国优秀设计奖，1992年获中国建筑学会创作奖，1999年在国际建协20届大会当代中国建筑艺术展中，获得艺术创作成就奖并入选为新中国成立50年来50个入选项目之一，2004年入选中华百年建筑经典，2009年获新中国成立60周年建筑创作大奖，2017年入选第二批中国20世纪建筑遗产名录。

这个项目还在当时的青年建筑师和建筑系学生中引起了很大反响。有几位年龄不等、日后加入到程泰宁创作和科研团队的核心干将，都说他们对他的了解，就是从黄龙饭店开始的，他们在那时就已经是他的粉丝了。

"一处淡雅晶莹的建筑群呈现在西湖外围、黄龙古景之畔，令人注目。"❶这似乎在说：机遇总会青睐有准备的人，尽管有时它姗姗来迟；机遇只属于执着到底的人，尽管起初它并不属于你。

❶ 许介三. 杭州黄龙饭店建筑设计座谈会（发言）[J] // 建筑学报，1988（10）.

建设部部长叶如棠（左四）参观黄龙饭店
（1988年）
左一：吴国力，左二：邢同和，
左五：程泰宁，左六：胡岩良

陪同马里共和国领导人参观黄龙饭店
左一：中国成套公司副总经理罗汉林，
左二：国家外经部副部长王文东
（1988年）

3 三板斧与三把火

1984 年底，叶湘菡做了一年院长就将接力棒交给程泰宁。这一次，他没有拒绝。

我看得很清楚，如果单位搞不好，我个人想做好设计的愿望也会落空。考虑到对整个建筑设计院的同志负责，我最终还是决定承担起院长的职责。❶

就这样，在杭州市院最困难的时候，程泰宁与党委书记叶湘菡、常务副院长姚建华、副院长刘卫和总工程师陈忠麟等人组建了杭州市院的新一届领导班子。这就是后来被称为"团结一心，同舟共济，为杭州市院发展作出重大贡献"的领导集体。其中，常务副院长姚建华在分院前已是杭州市院的副院长。他决定留下来，是因为看到了程泰宁的事业心。在他建议下，原结构所所长刘卫也留了下来。他们的留任在一定程度上稳定了军心。❷

程泰宁上任之初，杭州市院是一个无品牌、无作品、无关系的"三无"设计院。他却在全院大会上提出了杭州市院的发

程泰宁（左二）与杭州市建筑设计院的领导（由左至右）刘卫、叶湘菡、姚建华、陈立鑫在一起

---

❶ 建筑院士访谈录：程泰宁［M］．北京：中国建筑工业出版社，2014．

❷ 2016 年 8 月，姚建华在杭州接受了笔者的访谈。

展目标："立足杭州，面向全国，创造条件打入国际市场，力争在短期内跨入全国一流设计院的行列。"由于现实与目标差距过大，不难想象当时人们的反应，他这个"饼"画得太大了，这个提法太不靠谱了！

杭州市建筑设计院技术领导层
左起：副总建筑师汪孝慷，副总设备师范建德、副总工程师陈忠麟、总建筑师程泰宁

程泰宁之所以提出这样的战略，与他的心气、远见和大局观不无关系。"取法乎上，仅得其中；取法乎中，仅得其下。"他相信做事前只有把目标定得高才可能做得好，而且以当时的市场环境，不走出去，也实在不行。战略之下是战术层面。他知道管理的核心是"对症下药"。针对院里任务少、纪律乱、质量差的三大问题，他又制定了"稳定产值，重点抓质量，围绕院风、院纪、院容的整顿，大力加强精神文明建设"的管理方针。

做任何事，眼界要高，但也要脚踏实地，从实处着手。

这套"眼高手低"的组合策略，就是程泰宁为杭州市院精心配制的一副猛药！

上任伊始，摆在程泰宁眼前的第一个困难，就是外地人才的住房问题。

前面说过，他到杭州后的前三年，一直住的是抗震棚，尽管条件差，但后引进的人连抗震棚也住不上。俗话说"安居乐业"，有恒产者有恒心。不能安居，何谈乐业！为解决住房困难，他先去房管局找公房租，再和工会主席到宝石山脚下找民房租。但这都是权宜之计，只有建房才能彻底解决问题。

按照当时的规定，建房要由市里统一安排、统一规划、统一设计和施工，是为"联建"，但联建成本高、周期长。为了争取自建职工住宅，程泰宁跑到顾维良副市长那里讲困难，嘴皮都磨破了，最后仗着比顾市长年纪轻直接要赖说：您要是不批，我就不走了！

禁不住他软磨硬泡，市里最终在河缸桥为杭州市院特批了一块用地，可以盖一栋六层住宅楼，共有四个单元。由于建设资金不足，盖房时不得不转卖两个单元。为此，有人和程泰宁开玩笑，说他是杭州最早的开发商。此后，院里又陆续在华侨新村、朝晖新村买了些房子，住房问题才算基本解决。

讲到这里要补充一下。程泰宁一直有个心愿，想为那届市领导班子写一篇《20世纪80年代杭州市领导的群像素描》。这些领导包括市委书记厉德馨、市长钟伯熙、市委副书记张浚生、常务副市长顾维良和副市长王邦铎、李志雄等。他们中有人是老干部，有人是知识分子，但都为人正直、作风正派。尽管起初对程泰宁有过看法，但随着误会解除都很支持他的工作。他们的气度和胸怀，令程泰宁感佩至今。

至于写什么，他也想好了。就写与他们之间的工作接触，写他们对他的帮助，最主要的是写他们的风清气正！

程泰宁上任后做的另一件事是"花钱"。他粉刷办公楼、制作新标语，把旧的绘图桌椅全部换新，仅这一项就花费七八万元。总务老徐很心疼，把淘汰下来五花八门的旧桌椅都堆在每层走廊端头的角落里攒着，最后还是程泰宁"逼"着他才处理掉。

院容院貌容易改，院风院纪的改变就困难得多。由于原来负责承接任务的计划经营室，在分院时全部去了城建院，杭州市院的经营工作陷入困境，人心涣散、纪律松懈。当时社会正提倡"星期日工程师"。有位设计所所长，拿着全国总工会联合国家几个部委印发的《工程勘察设计单位组织业余设计有关问题的规定》，找到院长办公室，提出要做业余设计。他们说，院里任务我们完成，然后自己找活干，总可以吧？

程泰宁的回答很干脆，不可以！因为如果同意做业余设计，人心涣散的局面就更难扭转。他不仅不同意做业余设计，还快速梳理完善了管理构架和规章制度并加强考勤。这相当于逆潮流而动，可想而知设计人员的意见有多大，但他咬紧牙关、强势推行。他对副院长姚建华说：我知道我们现在是螳臂挡车，但即使如此，我们也要挡啊！

面对不利局面，程泰宁开始思考杭州院的经营策略。他觉得自己为院里下的药方里最关键的配方，就是尽一切可能拓展业务渠道！

我提出了"让开大路，占领两厢"的策略，既然在杭州找不到项目，那就到上海、到海南、到国外找项目做。❶

为了理顺杭州市院的内外部工作关系，他想方设法拓展人脉。先是通过以前的同事邵华郁（当时在中国建筑学会担任副秘书长）与中国建筑学会建立起工作联系，继而又陆续开拓了与建设部、对外经济贸易部的网络渠道，还通过老同事姬星洲与负责援外工程的中国成套设备进出口公司建立了联系，获得了对外经济贸易部王文东副部长的支持。由于与对外经济贸易部关系融洽，杭州市院一度被传是外经贸部的"定点设计院"。他还得到建设部设计局两任局长龚德顺和张钦楠的支持，帮他提供项目信息和任务渠道。

通过人脉捕捉信息，通过品质收获信任，通过信任加深合作，成为程泰宁独特的经营扩展模式。多触角的经营网络带来了遍地开花的经营业绩，设计任务接踵而来。这让许多不知情的人以为他在北京有"关系"、有"来头"。

他在北京确实有点"关系"，但这些关系大多是在工作中逐渐建立起来的。他常说，只要一个人想做的事，对国家、对社会、对集体有益，总会获得包括各级领导在内的大多数人的理解和支持。

饱满的任务，优质的项目和即将交付的职工住宅，让杭州市院的同事看到了希望，对领导班子也从质疑转为信任。院里又从人才培养和质量管理同时入手，制定了"以学术为抓手、以质量为中心"的质量管理方针，还成立了技术委员会，设立了创优专项奖励。

1988年，在程泰宁担任院长的三年后，香港建筑杂志到杭州市院进行专题调查，并以《在改革开放中腾飞——杭州市建筑设计院专题调查》为题发表在当年的7-8月刊上，摘录部分内容如下：

短短三四年，（杭州市建筑设计院）在国内外承接了近30项重点工程设计任务。在杭州承担设计了包括新侨饭店、友好饭店、黄龙饭店在内的首批

---

❶ 建筑院士访谈录：程泰宁. 北京：中国建筑工业出版社，2014.

合资宾馆……为打入国际市场创造了条件，1985 年中标承接了加纳国家剧院，此后又陆续承接了塞拉利昂军队司令部办公大楼、住宅区以及马里共和国会议大厦、卡蒂综合医院等多项设计任务，还参加了津巴布韦总理府国际投标……

对外加强横向联合，内引外援，先后与香港招商局等单位合资成立了西湖装饰工程公司；与中国建筑工程总公司浙江分公司及中国浙江国际经济技术合作公司成立了横向联合体共同承担国外建筑市场的开拓工作；此外，还跻身为经贸部"中成国际经济技术合作联合体"的 12 家成员单位之一（中成联合体以经贸部中国成套设备出口公司为主体，包括城乡建设部综合勘察院、中国建筑工业建设总公司、北京城建总公司、北京市政工程局等国内有实力的勘察、设计、施工、建材等专业单位，而杭州市院是联合体中唯一的建筑设计单位）……

在几年时间里，杭州市院陆续与日本、比利时、美国、英国、加拿大、法国、泰国、丹麦以及香港等十几个国家和地区建立了技术协作和学术交流关系。以 1988 年的数据为例，在杭州市院 207 人的技术人员中，工程师以上人员有 92 人，高级工程师有 37 人，受派出国参加设计考察以及国际学术会议的人数达到全院技术人员总数的 20%。

1986 年，杭州市院被建设部列为全国全面质量管理 8 个试点单位之一。2 年后，在华东地区第一个通过全面质量管理验收。杭州市院先后获得国家、省、市优秀设计与科技成果奖励 40 余项。1987 年人均产值比 1983 年同比增长近 3 倍，迈开了创建第一流开拓型设计院的步伐。

凭借着"三板斧"，程泰宁在短短两三年里闯出了一条突围之路。他的"三把火"，照亮了杭州市

在中成联合体合作协议签字仪式上（1989 年）

院的发展前途，点燃了杭州市院人的心中希望。中国建筑工业出版社副总编
王伯扬先生，看到杭州市院的可喜变化后说："如果说在（20世纪）50年代，
浙江省院还是本省唯一在全国有影响的建筑设计单位，那么如今，杭州市院
的勃起，无疑已经在浙江初步形成了双雄并峙的局面。同时，浙江省的建筑
设计总体力量和水平，与50年代相比，也有了质的飞跃。对这种局面的形
成，泰宁是有贡献的。"钟训正先生说："杭州市院原来是名不见经传的小设
计院，经他（程泰宁）调理整顿，大力开拓，逐渐由杭州、浙江、上海走向
全国和国际。如果没有炽热的进取心，没有一往无前不畏艰难的精神，没有
在创作上执着的探索创新，没有深厚的功底，没有突出的文化素养和理论水
平，没有杰出的组织才能，没有团结容人的大度，如何能在短短的七八年内
取得如此巨大的成就！"❶

　　"不靠谱"的战略发展图景，已然逐步呈现。程泰宁又带着他的团队向
学术领域进发。1988年10月，经过他的争取，现代中国建筑创作研究小组
（CCARG）在杭州举办了第四届年会。

　　这个小组成立于1984年，是由吴国力、许安之和顾奇伟等人发起的。

中国现代建筑创作小组第三届年会与会者近90人，均为当时颇具影响力的中青年建筑师
（1988年杭州）

---

❶ 当代中国建筑师丛书《程泰宁》出版座谈会发言，1997年12月5日，引自：《建筑学报》1988
年第10期。

虽属民间建筑学术团体，但具有全国性和纯学术的特点，学术层次很高。到杭州这届年会时，小组成员已有百余人，汇聚了中国第三代建筑师的主要成员，几乎包括今天所有适龄的两院院士和全国工程设计大师，以及如布正伟、张耀曾、卢济威、邢同和、向欣然等一大批实力派的中青年建筑师，香港建筑师学会主席潘祖尧也是小组的成员。这些建筑师当时都正值创作盛期，既有突破性的建筑作品，思想也十分活跃。年会上经常出现不同观点的激烈争论，气氛之热烈，在其他的学术会议上至今也不多见。应该说，这个小组的成立和所做的工作，对推动中国建筑发展曾经发挥了重要作用。

不过，由于小组属于体制外的团体，其"合法性"在当时一度受到质疑，以至于在杭州的年会上有个重要议题竟然是"小组以什么名义和方式才能继续存在？"争论无果，最后程泰宁以"若有似无"来定位小组生存状态的意见被大家所接受。也就是说，不管有什么困难，小组仍然要以各种形式坚持办下去。这个细节反映了当时的社会环境，也体现了一批中青年建筑师想要突破条条框框坚持走中国的、现代的创作道路的决心。

值得一提的还有，这次会议给参会的全国优秀中青年建筑师留下深刻印象的，也包括杭州市院人脸上流露出来的自信与自豪！

4 借船出海

让自己的作品走出国门，跻身世界建筑舞台，让世界重新认识中国建筑，一直是程泰宁的梦想。它曾经那么遥不可及，却在不经意间实现了。

说"不经意"，是因为那时程泰宁作为院长，工作重心主要放在经营管理和市场开拓上。只要有合适的项目，哪怕需要辟疆扩土，他都会全力争取。1985 年的加纳国家剧院，1989 年的马里共和国会议大厦，就是这样争取来的。

1985 年底，程泰宁在上海出差，从报纸上得知由中国援建的加纳国家剧院即将开始设计招标。当时离报名截止只剩两天，他立刻发加急电报报名，然后向副院长姚建华"请假"参加投标。

由于投标时间短加之缺乏设计条件和资料，他只能按照剧场的一般概念和以往的经验，做了个中规中矩却并不出彩的投标方案。方案中标了，他却开心不起来。

就是这个他不满意的方案，激发了加纳建筑师的参与热情。尽管加纳地处西非，属于发展中国家，但因处于英国殖民统治之下，首都阿克拉的城市建设并不落后。市中心高楼林立，多由欧洲建筑师设计，整体水平不错。加纳建筑师有不少人留学西欧或苏联，创作实践不多但眼界颇高。一个在哪里都可以建造的方案，如何能让他们心悦诚服！

对于他们的心态，程泰宁再理解不过，与他当初"抢"黄龙饭店如出一辙。如果不能以技服人，不仅对不起这次宝贵的创作机会，对不起加纳建筑师的期许，也对不起加纳独特的文化。

就在程泰宁自责懊悔之际，北京传来一个好消息，项目要重新选址，方案要重做，设计时间也很宽裕。

新的建设用地位于阿克拉市中心，呈三角形。为了弥补对加纳自然与文化环境认知的不足，程泰宁请第二项目负责人叶湘菡带队去加纳进行实地考察，收集相关背景资料，他则留在国内继续改方案。此后半年里，他改了许多方案，却始终没有新意。直到叶湘菡一行从加纳考察回来，带回许多当地的照片、资料和木雕，内容涉及雕塑、壁画和舞蹈等艺术形式。这些资料散发出的非洲文化艺术气息，极富张力与感染力，立刻让程泰宁否定了原来的构思。

他从中选购了两个木雕，摆放在办公桌上。木雕分量很重，一个夸张有力，具有强烈的神秘感；另一个浪漫抽象，极富美感。他每天对着木雕观看、体味，脑海里渐渐涌现出各种意象和构想，如同神游在无拘无束的境界中，难以抑制的创作冲动油然而生。他借用儿子程戈的玩具橡皮泥捏来捏去，将三个品字形组合的方形体块，加以弯曲、切削、旋转，一个粗犷有力但不失浪漫生动的建筑形象呼之欲出，一个理想的、富有力度和灵感的原创方案由此诞生了。

如果以为加纳剧院的优势仅仅在于独特的建筑形象，那就错了。事实上，他的建筑形态与功能是完美结合的。三个方形体块旋转 45° 的形体，组成了三大核心功能区——观众厅（含舞台）、排演厅（露天剧场）、展览厅。三个反曲面内部，恰好可以分别作为中央大厅的展览墙面、排演厅的看台和

加纳国家剧院（1985 年 加纳·阿克拉）

展览厅的展台。观众厅内部的三向双曲顶棚、弧形挑台，既是组织声学反射面的需要，也保持了建筑物内外造型风格的一致。舞台两侧的总统包厢与耳光室的位置关系，一开始让设计团队觉得很难处理，但也激发了新的构想，最后，造型类似于非洲人面雕的总统包厢镶嵌在观众厅墙面两侧，与各层挑台相连，具有强烈的构图效果。

加纳剧院在视线设计、声学设计和舞台设计方面也都非常科学、合理，经济性也很好。工程验收时，获得了加纳政府邀请的菲利浦公司声学专家对音质的高度评价。剧院的舞台设计，是与天津舞台研究所合作完成的，根据建成后的演出反应，设计采用的标准是适当的，技术也是成熟、先进的。❶

1992年，历时七年的加纳国家剧院正式投入使用，随即成为首都的艺术圣殿，获得了加纳政府和加纳人民的高度认可。前加纳文化部部长写信给程泰宁说："加纳国家剧院已经成为首都的城市标志。"加纳总统看过这个建筑说："要重新估计中国建筑师的设计水平。"

从1992年到现在，首都阿克拉高楼如丛林般蔓生，然而国家大剧院始终是和独立广场、恩克鲁玛陵园并称的招牌景点。用剧院代理执行总监艾米·弗林彭女士的话说，加纳国家大剧院是中国政府送来的一个"非常精美的礼物"，她在这座现代化剧院里工作，感到十分荣幸。"12年里，这里上演了几千场演出，有欧美的音乐家，也有中国客人，我们从来没有听到过关于剧院的不满和抱怨。"弗林彭说。加纳旅游文化部副部长奇法·格玛希向记者表示，加纳国家大剧院是这个国家高雅艺术展示的最佳场所，也是加纳和中国历久弥新传统友谊的有力见证。❷

如今，加纳国家剧院的图案已被印刷到加纳国家货币（赛迪）最大面值2万赛迪的背面。这说明这个建筑不仅走入了加纳人民心中，也走入了加纳的历史。

---

❶ 部分内容摘自程泰宁《从加纳国家剧院创作想起的——漫议建筑创作机制与体制》（《新建筑》，1996年第1期）。加纳国家剧院的详细创作过程详见该文。

❷ 林晓蔚. 加纳·国家大剧院——中国团队打造的艺术殿堂［N/OL］. 国际先驱导报，2014-09-30.http://ihl.cankaoxiaoxi.com/2014/0930/515318.shtml

加纳国家剧院成为加纳纸币图案，当地女孩手持该纸币在
加纳国家剧院前留影　新华社记者王宏达　摄

　　加纳国家剧院的设计是成功的。这个成功离不开良好的创作集体和不计
投入的设计机制。境外项目通信不便，图纸要画得尽可能细致。作为院长的
程泰宁举全院之力，在半年内完成了近千张施工图纸。在施工期间，许多去
现场配合的同事克服困难，一去两三年，回来憔悴得脱了形，让程泰宁非常
感动。

　　设计完成后，他将创作过程《理性与意向的复合——加纳国家剧院创
作札记》发表在 1990 年第 11 期的《建筑学报》上。工程完成后，他又完成
了论文《加纳国家剧场创作简介》，发表在《世界建筑导报》（1995 年第 2
期）上。

　　此时，市场经济的大潮已经席卷而来，有些设计院和建筑师开始关注早
出图、少出图，以最少的投入获取最大的经济效益。对于这个转变，程泰宁
在 1996 年应布正伟邀请，于当年《新建筑》第一期上发表了《从加纳国家
剧院创作想起的——漫议建筑创作机制与体制》，谈到他对建筑创作中"个
人与集体""机制与体制"的思考。

　　建筑创作是带有强烈个人色彩的工作，但也是一种触发性很强的思维活
动。一个好的方案构思的产生，除了创作者自身的因素外，也需要来自外界
各种信息的触发和刺激，其中创作集体内部的切磋交流，起着重要的作用。
它常常能帮助你开拓思路，也能帮助你把一个极为粗糙的构想发展成为一个完整的、很有特色的意象。在加纳国家剧院和其他一些工程的创作中，我都有过深切的体验。实际上，国外不少成功的事务所，甚至那些个人色彩极浓的事务所，常常也都是一个运作良好的创作集体。早已成名、作品等身的美国建筑师柯布，长期留在贝聿铭事务所而不愿另树一帜，正是他特别看重这个创作集体对他的巨大帮助。❶

程泰宁的另一个援外工程，马里共和国会议大厦，也是他在 1989 年到北京出差时争取回来的。由于此前杭州市院已承接了几个直接委托设计的援外工程，这个项目本没打算让他们参加。计划部一位同事和他半开玩笑地说："程院长，你不要太'黑心'了，加纳国家剧院你已经中标了，这次你就让别的单位做吧。"

程泰宁心想，如果委托我们院，我可以让出去。但这个项目是投标项目，就算为了院里的品牌和声誉，我也要参加竞标。

马里共和国会议大厦（1989 年 马里共和国·巴马科）

❶ 部分内容摘自程泰宁《从加纳国家剧院创作想起的——漫议建筑创作机制与体制》（《新建筑》，1996 年第 1 期）。

他中标了。

项目建设地点位于非洲第二大河尼日尔河的一侧，周边的自然环境十分开阔。程泰宁看到照片的第一个感受就是场地的辽阔和空旷。他要让这个建筑尽可能融于自然，融于环境，不对环境产生过大的压力，同时也要融入马里当地的文化背景和民族信仰。为了充分利用尼日尔河的景色，他将建筑造型尽量做得自由舒展，建筑形体没有明确的轴线，这样就能和环境有很好的渗透关系。马里会议大厦整体很质朴，在赋予其雕塑感的同时，还增加了带有曲线构图的细部，使整座建筑多了几分舒展与飘逸。此外，在广场中部设置的尖拱形照明塔，除了试图表达伊斯兰建筑的特色之外，还和城市中一些教堂的高塔互相呼应，使这个建筑有机地融入整个城市之中，也融入当地的非洲艺术和伊斯兰文化背景之中。最后，他为这个方案做的注解是——理性与狂野的结合。

加纳国家剧院与马里共和国会议大厦，是程泰宁迄今为止仅有的两个境外工程，并且以其高超的创作水准和良好的完成度双双入选《20世纪世界建筑精品集锦》，从而让世界了解了这位中国建筑师和他创作的中国新建筑。这两个境外项目的成功，不仅是对他创作实力的肯定，从某种意义上说，也是命运对他为了梦想不懈努力且对困难勇于担当的奖赏，因为如果不是"临危受命"，他也不可能"借船出海"实现"曲线救国"的梦想。

所谓"磨刀不误砍柴工"，大抵就是这个道理了。

还有一点值得说明。这两个项目，都是程泰宁闭门造车做出来的，他至今都未去过加纳和马里。这有点匪夷所思。或许是由于条件所限，他不知在何时已练就了隔空感知的功夫。对于一个建筑作品，他可以通过资料和现场照片，清楚理解主创建筑师想要表达什么。这有点像武侠小说中的高手过招，"过"在无形中，而胜负已分。

5 急盼归队

20 世纪 80 年代，是改革开放、全面建设的时代，也是造星、追梦、渴望探索与创新的年代。各种思想和思潮都急于表达自己。

以对美术界和艺术界影响最大的"85 美术新潮"运动为例，它的落幕是以一个极具轰动性的事件为标志的。1989 年 2 月 5 日，在中国美术馆的现代艺术展上，一位 26 岁的女艺术家肖鲁，对准自己的作品连开了两枪。她这个行为，让当天所有参展的"行为艺术"都黯然失色。

一句话，那时人们的禁忌少了，想创新创造的人多了。

建筑界亦是如此。随着各种文化思潮的起伏，许多建筑师试图打破束缚创作的条条框框。有的想走西方建筑的路子，有的想走传统的路子，程泰宁则想探索一条属于当代中国建筑师自己的路子。随着黄龙饭店、加纳国家剧院和马里国家会议大厦这些风格迥异、后来都跻身为中国和世界百年经典的作品问世，他作品中的"自己（个性）"逐渐凸显，他的创作进入一个较为自由的阶段。他对建筑创作理论的思考与认识，也随着实践积累和思想的进一步解放更加深入、系统，具有了体系雏形。

在此期间，他还参加了一些重要的国内、国际学术活动。1987 年，他

中国建筑学会代表团 参加国际建协学术第 17 次代表会议
左起：王天锡，程泰宁，张祖刚，严星华（1987年 爱尔兰，都柏林）

在国际建协学术会议上作主旨报告
（1989 年 布宜诺斯艾利斯，阿根廷国家剧院）

161

参加国际学术交流，与会者有佩里、迈耶等
（1989 年）

在 CAYC 国际学术交流会作大
会演讲，演讲后，为热情的听众
签名（1989 年　布宜诺斯艾利
斯，阿根廷国家剧院）

在英国布莱顿出席了国际建协 16 届世界建筑师大会和在爱尔兰都柏林的
17 次代表会议。1993 年，他在美国芝加哥参加了第 18 届世界建筑师大会。
1989 年，他随中国建筑学会代表团出席了在阿根廷艺术交流中心（CAYC）
举办的布宜诺斯艾利斯国际建筑双年会，与会者有美国著名建筑师西萨·佩
里和理查德·迈耶等。这是我国首次派代表团出席会议，带队的是许溶烈副
理事长。程泰宁一行四人受到各方关注。他在阿根廷国家剧院做了主旨演
讲，和国外建筑师一起出席了国际学术交流会。此外，他还担任了一个国际
设计竞赛的评委。这些学术活动，对他开拓国际视野、拓展思维宽度、进一
步放松并打开创作心态都十分有益。

　　程泰宁终于赶上了好时代，但却因行政工作牵绊无法全心投入。

　　1986 年底，在他任院长的第三年，看到杭州市院已经步入良性轨道，
他向市建委申请辞去院长，准备归队。然而，申请未获批准。他只好继续干
下去，然后在每年年底再递交一份辞职申请。转眼间四五年过去了，他的申
请却如石沉大海般毫无回应。

　　对我来说，设计和行政是一对无法解决的矛盾。院里有两三百名员工，
作为主要领导毕竟要为设计院的生存去做很多经营开拓和综合管理的事情。

与国际建协主席哈克尼夫妇在一次国际学术会议上（1989 年）

访问美国田纳西州首府纳什维尔市，与当地建筑机构签署合作协议
中坐者为该市市长布瑞德森先生，右一为世界桥牌皇后杨小燕女士（1993 年）

这些事情都不是我想做的工作，可领受着全院同事的重托，我又不得不做。❶

管理难做，因为行政工作包罗万象，犹如无底洞。

在做院长的前两年，程泰宁把工作侧重点放在"理"上，即理规则、理模式。通过问题导向和强势推行，院里各项工作取得了显著成效，成绩有目共睹。然而，管理还有更务虚、更复杂也更牵扯精力的一面，那就是"管"，即管人、管文化。

人心难见，人际关系错综复杂，何况人非草木，总有个人好恶、亲疏远近。举个例子。杭州市院下设四个土建所，有人脑洞大开，根据四个所与程泰宁的关系分别起了番号。如以外地调入人员为主的"嫡系部队"，和程泰宁做过项目的"子弟兵"，原杭州市院留下的"地方军"以及"杂牌军"。这些番号虽不乏戏谑成分，却能明显看出分别。

程泰宁对此一点都不喜欢。他对培植亲信、建立小圈子的做法也很难理解。他觉得拉帮结派，对工作对个人只会产生负面影响。因为管理者的所作所为，折射的不仅是他个人的品行与心智，更关乎团队绩效和团队文化。作为规则的制定者与守护者，管理者必须做到"一碗水端平"。他常说，群众的眼睛是雪亮的，如果热衷于建立小圈子，就会丢掉群众基础的大圈子。

---

❶ 建筑院士访谈录：程泰宁 [M]．北京：中国建筑工业出版社，2014.

程泰宁对于人才，有自己的选、育、用、留标准，并且始终坚持公平原则。虽然被说识人不准，但他仍然坚持自己的看法和做法。

他在分房时，把华侨新村最好的房子分给院里年龄最大的老工程师，自己则参加排队，分到哪就是哪。他不会为了照顾和他关系不错的院领导和技术骨干，就把他们不符合招聘录用条件的子女或亲属调入市院，也不会对工作达不到要求的同事迁就、妥协，树立亲和形象。他爱才，尊重、喜爱有才华的人，对于好学肯干的人有天然的好感，愿意向他们提供资源。他看重人品也看重能力，同时还能包容每个人的缺点，用他的话就是"看主流"……

所有这些都让程泰宁能够团结绝大多数人一起共事。有一年，市院在职工代表大会上对中层以上干部匿名考评。程泰宁的得分是 93 分，遥遥领先。这个结果本来要向全院公布，但他不愿让有些工作努力但成效不足或是因工作得罪过人的干部受委屈，便和工会主席商量把得分表压下来没公布，却不知怎么传到了浙江省建筑设计院。省院领导得知后对他说："你这个得分，了不得啊！"或许，在他们看来，金杯银杯都不如群众的口碑吧。

据不完全统计，1985 年，程泰宁被评为院优秀共产党员；1986 年，获"建设部先进科技工作者"称号；1988 年，获"杭州市优秀科技工作者"称号；1990 年，获"浙江省优秀中青年科技工作者"称号，同年获人事部的"国家级有突出贡献专家"称号；1991 年，获国务院政府特殊津贴；1992 年，获杭州市科技重奖；1983 年 3 月至 1987 年 3 月，被选为浙江省人民代表大会代表。

在当院长的八年里，程泰宁一直兢兢业业，即使决心辞去院长，也始终在其位谋其政。1990 年，即他离职的前一年，为了利用多种经营给杭州市院增加创收，他与杭州市中东河建设指挥部合资成立了一家房产开发公司"海南天杭房地产开发公司"，然后再出面通过建设部有关司局和海南省建设厅的关系，赶在海南房地产开发政策即将收紧前成为那一波房地产热潮中被批准的最后一家公司。公司成立后，出资双方都派人到海南开展工作。但由于多方面原因，公司经营情况不太理想，最终将股份悉数转让。不过，那已是他卸任院长职务后四五年的事了。

就这样，程泰宁自称为全院的高级保姆，每天累得筋疲力尽却不敢懈怠。他自己的"老本行"建筑创作，却腾不出更多精力去做。一个不争的事实是，在做院长的八年（1984—1992 年）里，他只完成了黄龙饭店施工配合、加纳国家剧院和马里共和国会议大厦三个工程，只做了河姆渡遗址博物馆、北京民族大厦方案和上海达安大楼等几个方案。每次作设计，他都要向常务副院长姚建华请假，求他放自己一两个月，姚院长每次都在同情和无奈下给予支持。

这就是程泰宁为行政工作付出的代价，不能再这样下去了！

既然之前每年一封的辞职报告不管用，那就只能当面辞官。1990 年夏，程泰宁来到市建委再提辞职。刚一开口，就被与他很熟的市建委主任吴非熊拦住话头。吴主任说："我不想说你在市院工作有多好，只想说这几年建委下属单位，几乎个个都有告状信，唯独你们院没有，这让我省了不少心。就冲这一点，你能不能再帮帮我？"

程泰宁却铁了心似地回答："就算我对不起你了，你就让我早点回去作设计吧！"

看他这次态度异常坚决，吴主任只好松了口，答应他选好接班人后再过渡一年。

有了这份口头协议，程泰宁如释重负。回到院里，他和院领导班子交了底，然后"名正言顺"地从行政事务抽身，连下一年中层干部的任免也交给接班人决定。1991 年初，他又从二楼院长办公室搬到五楼。这里是顶层，只有图书资料室和几间闲置的办公室。这次搬离，与其说为了作设计少些干扰，不如说他想用行动表示一种决绝。他的目的基本实现了。除了少量可能会得罪人的棘手问题，其他事情都不再"麻烦"他。

就这样平静地过了小半年，程泰宁忽然收到一个婉转的问询："你这次选人接班，到底是真是假？"

他听后一怔，随即明白自己说了这么多年一直没退下来，难免令人生疑。看样子他不能再"过渡"下去了。

他骑上自行车，直奔市建委。说明来意，建委主任让他干到年底再说，还说这事需要市委组织部同意。程泰宁说，那就请你现在给组织部打电话吧。建委主任没办法，只好当着他的面拨通了电话。听完电话，程泰宁又骑车赶到市委组织部。组织部二处两位处长见到他都愣了一下。起初他们还跟他打马虎眼说，市院领导干部已经调整好，不能变了。程泰宁说，我刚从市建委过来，你们在电话里不是已经说好了，我辞职的事就定了吧！见他言辞恳切，似乎不达目的不罢休，组织部不得不在临时商议后同意了。

程泰宁终于可以归队了。他以为他可以昂首阔步准备继续向前进发了，却不知自己即将迎来工作经历中最为艰难的十年。

与杭州市建委、规划局、杭州建筑设计院部分老同事聚会（2023年）
左起：高然然、沈潮森、余思鸿、张炯军、徐东平、陈玲、叶湘菡、杨嘉镕、程泰宁、徐通、姚建华、刘卫、胡建一、卢福荣、金联盟、金正平

第七章

山重水复

（1990—2002）

　　为了全心回归设计，为了"上下而求索"，程泰宁辞去了杭州市建筑设计院院长之职，在院里成立了建筑设计研究所。那时的他，心气之高、心态之天真，炽热如炎阳。他没想到，在这条漫漫求索路上，他走得举步维艰，山重水复，最后几乎已无路可走。

1 为了重铸中国建筑的辉煌

每个人都有梦想，每个梦想都与他所处的时代有关。

与 20 世纪 90 年代流行的"红道（走仕途）"和"黄道（下海经商）"不同，程泰宁选择的是"白道（专业发展）"。只不过，他的路向更清晰、梦想更宏大。

建筑是历史最真实的记载。

现代建筑以其变幻不定的笔触记载了现代工业文明的辉煌，也记载了它的混乱、冲突和矛盾。

20 世纪令人炫目的技术奇迹，不能掩盖人类生存环境日益恶化的现实。面对这种状况，所有有责任感的建筑师无不感到面临的巨大挑战。

中国建筑师所面临的局面就更为严峻。当中国向世界打开大门的时候，西方建筑文化带着极高的"位差"汹涌而来，历史的重负又使中国建筑师们步履蹒跚。

这是一场痛苦而深刻的变革。

作为中国建筑师的一分子，我们将在历史所给予的狭小时空中，履行我们的职责。对于困惑着我们的一切问题，给出真诚的回答。

我们的创作，将深深扎根于中国悠久的文化传统，并以理智的态度对待西方建筑文化，寻求东方文明与之融合的契机。

中国的新建筑，既属于中国，又属于世界。

我们关心整个世界，关心我们居住的地球所面临的一切问题。我们认为，优秀的建筑师必须关心环境、质量，关心生态平衡。故我们创作、我们所塑造的环境，应该是美的、科学的、舒适的。

商品经济的浪潮，冲击了传统的建筑观，同时又为我们提供了参与社会竞争的机会。我们期待着在与国内国外的同行竞争中验证我们的主张，树立我们的品质。

我们深感责任的重大和力量的微薄，但我们决不退缩，绝不随波逐流。我们愿与所有有志于斯的同行一起，重铸中国新建筑的辉煌。

我们以这样的信念参与这一历史的进程。

杭州市院建筑研究所的部分成员（1994 年）
左起：陆皓、凌建、程泰宁、鲁华、王幼芬、何海、何兼、翁树东、何峻、刘辉、宋亚峰

我们以这样的创作记载这一历史的进程。

这段如诗如画、充满激情的文字，至今读起来仍令人热血沸腾。这段文字写于 1994 年杭州市建筑设计院建筑设计研究所成立之初。为了重铸中国建筑的辉煌，这是建研所的宣言，也是程泰宁的人生梦想宣言。

1991 年底，程泰宁终于卸下行政工作担子，除了继续担任总建筑师，市里还给他加了个"名誉院长"头衔。考虑到当时院里几个设计所都已建制成熟，经新院长同意，他组建了建研所。

建所之初的首要任务是打造一支"梦之队"，一支由热爱建筑、有创造力、悟性好、素质高的建筑师组成的创作团队。程泰宁想到了王幼芬。

王幼芬，杭州人，1982 年从南工建筑系毕业后分到宁波，1986 年调入杭州市院。入院不久，她设计了杭州萧山绣衣坊商业街项目。当时作为院长的程泰宁对她并不了解，只是听另一位南工校友提过她，说她工作很拼，天天加班，为解决工程问题还自己去找市长。

这应该是个好苗子。程泰宁记住了她的名字。这个项目快建成时，他去现场后更加确定了当初的判断。这个项目无论是设计格调还是完成度都相当不错，其水准在年轻建筑师里是非常难得的。这个项目后来被收入英国出版的世界建筑通史《弗莱彻建筑史》第 20 版。

王幼芬身上的特质正是建研所需要的，程泰宁向她发出邀请，她欣然接

169

受。此后她一直是程泰宁创作团队的核心成员。另外还有两个当时正和程泰宁做杭州铁路新客站项目的年轻建筑师，一位是丁洗，当年杭州的高考状元，后来在同济大学学习时的上海市三好学生，另一位是清华大学的优秀毕业生陆晗。他们组成了建研所的"三剑客"。

在香港华艺公司工作期间
（1992年）

1992年7月，程泰宁的朋友、香港华艺设计顾问有限公司总经理陈世民来杭州，两人相约在黄龙饭店喝茶。香港华艺是建设部为开拓境外市场在香港注册的设计公司，当时准备在日本和加拿大设立分支机构，想邀请一些优秀建筑师加盟共同开拓国际市场。陈世民问程泰宁有没有兴趣。

走出国门、参加国际竞争，而且初步方向是去加拿大，对程泰宁无疑很有吸引力。为了开拓海外市场，也为了给刚成立的建研所探路，他在签署相关借调协议后欣然前往。

被称为"东方之珠"的香港，对于当时的内地而言犹如另一个世界。国际都市的工作节奏、繁华迷离的现代生活，令人心驰神往。程泰宁在那里却过得很简单。每天从单位到住处两点一线，晚上加班回来泡碗面再煎个鸡蛋就算改善生活。他在香港没有什么人际交往，除了接受两位香港朋友邀请，和浙江省建筑设计院的建筑师王英去过一次香港科技大学，连海洋公园也没去过。

在香港工作的半年里，程泰宁完成了日本奈良中国文化村剧场、山东创律广场和大上海国际花园别墅三个方案。之后他没再继续做下去，因为这一年的年初邓小平发表了南方谈话，内地建筑市场迅速转热。香港华艺调整了经营战略，将市场重心转回上海和深圳。程泰宁觉得自己也该回去了。

1993年初，程泰宁决定返回杭州。走之前，他觉得还有事要做，他想借鉴境外设计机构的运营模式，如管理去行政化，给予建筑师充分的权力和空间等，将建研所也打造成具有灵活体制和机制的设计所。他想，如果能以杭州院为母体联合境外设计机构，组成优势互补、机制灵活的联合体，将有利于开拓境内外设计市场。

和"三剑客"商量后，程泰宁利用香港的地域优势，突击接触了一些境外设计机构，其中包括主动联系他的美国 HOK 建筑师事务所、加拿大 B+H 建筑设计事务所，可惜双方诉求完全不同。虽然同为"贴牌"，但他希望参加从前期"研发"（做方案）到后期施工图绘制的全过程设计，而对方要的是"代工"，按照他们的方案画施工图。他很失望。尽管有的公司开出了优厚的物质条件并承诺很高的利润分成，他都毫不犹豫地放弃了，为之起草的几份合作协议只能束之高阁。

时不我待。内地基建发展势头迅猛，程泰宁不想在香港浪费时间。1993 年 2 月，他怀揣着探索一条新路的憧憬，踏上了归途。

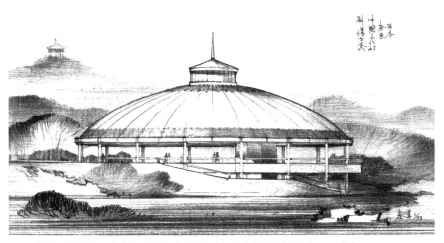

在香港期间设计的日本奈良中国文化村剧场方案（1992 年 日本·奈良）

2 巨大的落差

回到杭州上班第一天，程泰宁的办公室里来了不少老同事，对他说："为了做产值，现在全院上下是'萝卜快了不洗泥'。这样发展下去，设计院怕是要开倒车了！"

老同事口中的"产值"，是院领导为顺应市场迅猛发展作出的分配政策调整。因偏重鼓励提高产量，设计周期和设计质量很难保证，从而引发了他们的担忧。

程泰宁没说什么，对新形势下新班子的管理举措，他不方便表态。他忽然想到他决定辞职时，副院长姚建华曾对他说：你下来我也没法劝，因为你想集中精力搞设计搞研究，而且你已经深思熟虑。但是你下来以后，院里恐怕不会是现在这个样子了。

程泰宁明白他的意思，但还是安慰他说，你们还在位，我也没有离开，设计院的发展不会有问题。

可是，出去仅仅半年，建筑市场的变化实在太大。在人人争做产值的热火朝天中，他想潜心创作和理论研究似乎有些"不合时宜"，与外面的形势和院里的氛围都有些格格不入。他没再去为院里招兵买马，一来他不想影响大家提高收入，再有就是建研所坐不下了。

那时建研所已有八九人，除程泰宁有个单间外，其余人都挤在一间不足 $20m^2$ 的办公室里。唯一的一部电话机设在程泰宁桌上，由他兼职接听传呼。本来旁边还有间空房，他前脚刚和院长说好，后脚就被人抢先一步占去了。这件事不大，但让他感到了"一叶知秋"的寒意。

类似的事还有不少。有一次，他去浙江省院开会，院里派了车。会议结束，省院一众领导送他下楼，问他有没有车，他笃定地说："我有车，我有车。"出来一看，车在哪里？原来司机把他送到后就径自开走了。省院领导看出了他的尴尬，立刻说派车送他，他哪里肯，宁愿在大家目送下落荒而逃。

这些变化，程泰宁都能消化。办公条件再差，他也完全能克服。只是

"产值为大"的软环境，实在让大家很难静下心来搞创作。在五楼坚持了一段时间，他决定搬出去。

在征得院长同意后，建研所在文三路一幢科创园里租了几间办公室。装修时，程泰宁请人在入口处挂上书有"路漫漫其修远兮，吾将上下而求索"的标牌，作为所训，也是他的自我明志。1994年，他和同事们写下了本章开篇那段宣言。尽管已经预感到这条"漫漫求索路"可能不太好走，但他们"要在商品经济浪潮冲刷中，验证自己的主张，树立自己的品质，为重铸中国建筑的辉煌，绝不随波逐流"。

辞去院长、留在自己"带上路"的杭州市院，程泰宁的出发点是想全力以赴多做好项目。那时的他，心气之高、心态之天真，炽热如烈阳，却不知阳光下的阴云正悄然集聚。

他和他创立的建研所，很快就被边缘化了。

边缘化的最初表现，是项目信息大量流失。由于建研所在外面办公，找到院里或慕程泰宁之名而来的项目，都被"自然而然"截留。为此，他一度想搬回去。但院里提供的办公区域位于职工食堂上方的二楼，油烟多、噪声大，大家都不想搬，他只能作罢。

缺乏项目信息，生存问题迫在眉睫。程泰宁只能靠投标拿到些商业建筑和办公建筑项目，如解百商场和元华广场，后面才有了些中小型博物馆的委托项目，如弘一大师纪念馆、绍兴鲁迅纪念馆。然而，这种单一、被动的经营模式，限制了其他建筑师的积极性和发展空间，经济效益也比不上批量设计的住宅项目，以至于人均产值很低，奖金自然也低。尽管他已经大力压低自己的奖金，有时和所里个别年轻技术骨干差不多，但由于蛋糕小，大家的收入还是大幅落后于其他设计所和其他设计院。当初加入建研所的年轻建筑师，在现实面前越来越看不到希望。

我们在做项目时，通常投入较大，产值并不高。而所里买书、更新电脑甚至房租水电费等成本开销，院里不承担，只能在个人奖金中开支，这就直接影响了大家的奖金分配……背负着四五十人的一个摊子，大家都做得很辛苦。奖金少、收入低，又看不到发展前景，因此人员很不稳定。以至当时有

人开玩笑说，我这儿是"黄埔军校"，培养二三年，"毕业"了就走人。压力大，矛盾多，我的处境颇为尴尬。❶

    建研所离职的多米诺骨牌，是在 1997 年底随着建研所六位综合素质很好的技术骨干集体离职开始坍塌的。由于事发突然，程泰宁毫无思想准备，许久都没缓过神来。此后，他就陷入接新人、带新人，再接、再带的恶性循环中。负荷日重、身心俱疲、个中滋味，难以言说。最令他痛心的，是有些他非常想做的工程，如国家大剧院招标，他好不容易争取到了参加的机会，助手却告诉他，大家感觉这个项目难度大，中标希望很渺茫，一致表示不想参加这次投标。

    没有什么比这更让程泰宁难以接受了。但是，不接受，他又能怎么办？

    为了改善建研所的窘困，程泰宁多次向院里申请政策倾斜，因为他觉得建研所对院里品牌提升能发挥作用，但得到的回复很干脆：要一碗水端平，建研所特殊了，其他所怎么办？他不死心，又托一位他过去认为对他最"了解"的中层干部再去说说，没想到这位干部回答得更直接：谁当院长，我就听谁的！

    落差太大了。

    这个落差，不仅是他人态度的转变，最主要的还是程泰宁想做的事与他能支配的资源之间的差距。他不由想起与原市委书记当时已是省政协副主席的厉德馨的对话。

    一次开会时，两人巧遇，他告诉厉书记自己不做院长了。

    厉书记随即打趣道："给人家赶下台了？"

    旁边一些浙大的老师知情，赶紧帮他解释，没有人赶他，不是赶下来的，是他自己不想干的。

    厉书记意味深长地说："没人赶你，干嘛自己不干了？你一边当院长一边画图，不也挺好！"

    听了厉书记的话，程泰宁有些茫然。是啊，他若是继续做院长，创建一个新的发展模式，岂不太简单了。可是，不乏道德洁癖的他始终认为，做院

❶ 建筑院士访谈录: 程泰宁 [M]. 北京: 中国建筑工业出版社，2014.

长就要尽到院长的责任，要在其位谋其政，要带领杭州院继续迈向国际市场，这是他一心二用做不来的。而且他没有想到，对于自己成立建研所的目的，就连院里一些相熟的同事都无法理解。在他原来的想象中，院里应该对他和建研所的困难有所体谅，毕竟支持建研所集中资源向国际设计品牌冲锋，对杭州市院发展有百利而无一害，何况他还是前任院长！

我希望建筑研究所以建筑创作为中心，做出自己的特点。但事实证明，有很多想法在旧的体制下是行不通的。随着时间的推移，一系列矛盾逐渐显现出来。

我的一位同班同学张耀曾，当时是上海华东院的副总建筑师，对我辞去院长后依然留在杭州市院表示诧异，他说："你知道不知道'天无二日'，一个当过院长的人在那儿待着，人家新院长如何开展工作呢？"事实正是如此，我在设计院当院长的时候，很多事情都比较顺，但是退下来后就遇到了很多阻碍。因为每个人所处的位置不同，思考的角度和方式也会不同。❶

1994年建研所初创期人员合影
前排左起：陈易、翁树东、陆皓、何峻、梁擎天
后排左起：王铁民、陈立鑫、王幼芬、高然然、程泰宁、金联盟、钟承霞、丁洸、何兼

❶ 建筑院士访谈录：程泰宁［M］.北京：中国建筑工业出版社，2014.

"也许是我太一厢情愿了。"

换位思考后，程泰宁觉得他不能还延续"全院资源还可以像做加纳国家剧院时那样由我集中支配"的惯性思维，更不能指望靠优惠政策在市场环境中生存。因此，就算已深陷困境，他还是想努力与院内外达成和解。

3 苦其心志

外部世界也在变化。

对于一个不在"位子"上不在"圈子"里，却还想做点事情的人来说，即使只想获得舆论上的理解和支持，也不那么容易。

从程泰宁放弃"红卡"（杭州市院院长属于市管局级干部，看病用的是红卡），特别是搬出去办公开始，不了解和不理解的人越来越多，误会和流言随之而来。

有人说他闹独立，是为干个体作准备。有人觉得他放着好好的院长不做，肯定是想下海赚大钱。省建设厅一位厅长得知建研所成立后连声说："太不像话了，程泰宁怎么搞起个体事务所来了！"类似的流言沸沸扬扬，甚至传到北京。1995 年，建设部第一次放开对个人建筑设计事务所的申报，全国共有十几家申请。叶如棠副部长在审批名单时还问："怎么没有程泰宁？"

有一次，程泰宁去市规划局办事。一位认识他的人，见到他就说："程院长，你现在可是我们杭州建筑界第一大富翁啊！"

程泰宁被他说愣了。他不知该如何回答，只好苦笑说："应该是吧，应该是吧。"

事实上呢？

大富翁与那时的程泰宁，一点儿都不挨边。

他当院长时，采取的分配措施是向一线设计人员倾斜，对包括他在内的管理人员的收入一直压得很低：一年也就 2000 多元，比一线设计人员少了近 1/3。1987 年，他的长子程抒想出国留学，因他无力资助而未能成行。这件事让他深感内疚，直到 1993 年他从香港回来，准备用半年攒下的 3 万元"还债"时，儿子却说不想出国了。后来他的经济状况有所好转，但和大富翁也相差太远。

还有更过分的流言。有人说他叛逃香港，在香港过得花天酒地。有人说他的方案是别人做的。1997 年他出版自己的第一部作品集时，外面就是这么风传的。他在清华大学开会碰到叶如棠副部长，叶副部长也说："你寄来的作品集收到了，很好啊……不过，有人说这些项目是年轻人做的。""谁说的？""×××。"程泰宁哑然。类似的场合还有不少，若不是有人为他仗义执言，他真不敢相信，自己的"风评"居然可以差到这般无底线！

中国大陆建筑师代表团首次访问中国台湾（1993年，台北桃园机场）
左起：李道增、程泰宁、罗小未、董孝论、聂兰生

"木秀于林，风必摧之。"众口铄金，积非成是。面对误解、流言和非议，程泰宁只能用这些话宽慰自己。他相信，只要"木"足够坚强，"风"总会过去。他告诫自己，不必为别人的眼光而活。为了心中的建筑梦，路再艰难，他也要咬牙坚持。

天津大学建筑系的聂兰生先生❶，在1993年出访台湾时与程泰宁一见如故。对于她，程泰宁早已久闻大名。她不仅是教育大家，在创作上也很有才华和功力，是戴念慈口中的才女。聂先生也因发现两人的价值取向和评判标准高度相通，对程泰宁格外关注和关心。一次，她来杭州参加学术会议，从她在浙江省建筑院工作的学生口中，听到了些关于程泰宁的议论。晚上，程泰宁去看望她，简单寒暄后，聂先生开口就问："你到杭州这么多年，怎么还没融进圈子呢？"充满不解和略带批评的语气背后，是满满的关切与善意。

程泰宁不知该如何回答。他不清楚什么叫"圈子"，倒是知道自己做了八年院长，做了十几年的院总建筑师，的确连浙江省土木建筑学会的普通理事都不是。他能在与境外著名建筑师或国内一流设计单位竞标时全部胜出，却在省内工程的投标或议标中悉数落选，最遗憾的就是1990年完成的河姆

---

❶ 聂兰生（1930—2021），天津大学建筑学院教授、博士生导师，《建筑学报》编委。主要作品：广州红岭花园小区、江苏宜兴高塍镇小康住宅区、无锡泰达新城、河北农业大学图书馆、植保楼、国际培训中心和河南省焦作二中、伦敦中国城方案、海南商业广场。

渡遗址博物馆方案投标。

河姆渡遗址位于浙江余姚，因全面反映新石器时代中国原始社会母系氏族的文明繁荣而著名。例如，遗址中发掘出的木构建筑遗迹，与留存至今的干栏式建筑几乎别无二致。

在历史的时空中，河姆渡人神秘消失了，留下了关于文明赓续的巨大疑团。能不能在创作中追求一种超出形式的、更高层次的审美境界？

为了寻找感觉、捕捉创意，程泰宁在项目现场待了十天，终于从一张现场发掘的、拍得很模糊的照片中，感受到了原始、粗犷、沧桑和神秘的气息，从而触发了他的创作灵感。在方案创作中，他把发掘坑所包容的无形空白倒过来，使之有形化——整座建筑以纵横交错的构架走廊作为经纬，一个个不同标高的展室自由地"挂"在构架走廊上，形成一个群落。

做完方案，程泰宁信心十足，觉得这个建筑或许能以其适宜的尺度和自

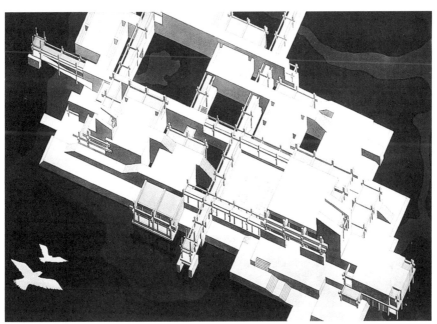

河姆渡遗址博物馆方案（1990 年 中国·浙江·余姚）

然质朴的形体，为中华文明肇始的漫天星斗增加一点光亮。遗憾的是这个方案没能获得省里一些领导和专家认可，因为它"没有坡屋顶和干栏式，不像建筑"。不过，正是这个极具探索手法的落选方案，在建筑业界一度被冠以"最著名的落选方案"。

想做的项目做不成，想留的人才留不住，想要的支持和理解得不到，连学术交流机会都很少，程泰宁感觉自己实实在在被困住了。

从1993年到2002年期间，建研所为设计院创造了一些声誉、获得了若干奖项，但我很少参加全国性的学术活动。从1993年到2002年的近十年中，我没有出过一次国。而之前，我几乎每年都要出国参加学术会议。❶

我不过是想为中国建筑做点事，怎么这么难？遥想当初的踌躇满志，程泰宁时常感到一种难言的孤独和苦涩。一位细心的朋友发现了，对他说了一句意味深长的话："我觉得你就是一个独孤大侠。"

一个人真正的孤独，是思想上的孤独。这期间，戴念慈先生的去世更加深了程泰宁的孤独感。

在新中国第二代建筑师中，除了张镈先生和张开济先生，戴念慈先生也是程泰宁特别欣赏和尊敬的一位建筑大家。

他对戴总的关注，始于刚毕业做国家体育场方案时，戴总出众的才华给他留下了颇深的记忆。戴总从1982年开始担任建设部副部长，他个性严肃，不善言辞也不喜交际，让人很难靠近。

程泰宁也不是愿意主动结交的性格。虽然他陪戴总参观过黄龙饭店，戴总也几次请他把自己设计的杭州刘庄（杭州西湖国宾馆）的修改方案传递给项目业主，但两人从未有过深谈。

只有一次，在清华大学参加海峡两岸建筑学术交流，场面很热闹。程泰宁看戴总一个人孤零零地站在一旁，就主动走过去和他打招呼，但戴总态度依然是冷冷的，程泰宁只好讪讪而归。后来聚餐时座位随机分配，他想着可不要和戴总分到一桌，抽签的结果偏巧就在一桌！吃饭时，戴总依然不大说

❶ 建筑院士访谈录：程泰宁 [M]. 北京：中国建筑工业出版社，2014.

话。如果不是后面发生的几件小事，程泰宁真不知道戴总对他有什么想法。

1991年，程泰宁设计的包头阿尔丁广场规划与建筑方案在北京开评审会。会议由时任建设部政策研究中心包宗华主任主持，戴总是方案的主评。那天等待汇报的一共有3个项目，程泰宁排在第三。前

陪同戴念慈先生参观黄龙饭店（1987年）

面两个方案都被戴总批评得很严厉，轮到他汇报，戴总的语气才缓和下来，只说了一句："这个方案不像内蒙古的建筑，倒有点像日本的建筑。"程泰宁觉得这个意见很正常，建筑风格本来见仁见智。

没想到，第二天包宗华主任急匆匆找到他，说戴总一大早就把他叫到家里，请他一定要转告程泰宁："他的方案本身还是不错的，我在会上提的意见仅供他参考。"程泰宁非常惊讶，这么点小事，戴总居然让包主任专门来跑一趟！

这件事过去不久，戴总就去世了，享年才71岁，非常令人惋惜。1993年，在纪念由戴总创办的建学建筑与工程设计所成立五周年时，特别邀请戴总夫人参加，程泰宁也去了。中间休息时，她对过来问候她的程泰宁说："原来你就是程泰宁啊！你的名字，戴总常在家里提起的。"

这句令程泰宁颇感意外的话，让他心里有些感伤。原本，能被他尊敬的前辈大师关注，对那时的他无疑是最好的支持与鼓励，但由于两人都不愿表达也不善表达，如今只能天人永隔了。

孤独对许多人可能是种痛苦的体验，但程泰宁骄傲又倔强，他不会向他人寻求支持和理解，更不会向亲人和朋友诉苦。他甚至习惯了孤独。他说："如果对他人的想法、说法太在意，我将寸步难行。对我来说，再多的误解、再多的不舒心，睡一觉就好了。"

通过"不去理会"的自我排解和心理减压，程泰宁变得更豁达也更宽

容。一个典型的例子，有位在此期间对他"议论"最多的同事，在后来评职称时来请他写推荐意见。他答应了，而且写的推荐意见被建设厅一位领导看到后，连声说"你能这样写，不容易、不容易"。对于那些离他而去的同事，他不仅毫无芥蒂，而且会因他们的优秀一直保持对他们的欣赏和好感。

有朋友问他是怎么做到不记仇的，他说："为什么要记仇？人说'羡慕嫉妒恨'，我没有羡慕过谁，更没有嫉妒过谁，恨从何来？仇从何来？至于有人'恨'我，多半出自他们对

两岸学术交流会后，参观高昌古城（1997 年 新疆 唐玉恩摄）

我的羡慕和嫉妒吧。他们认为你比他们好，对这样的人，为什么要'恨'呢？与其陷入这些负面情绪中，不如踏踏实实做点事。我这辈子只会记住别人对我的好，做我觉得应该做的事。"

能忍常人所不能忍，能容常人所不能容，大概是每个能成就一番事业的人身上的特质吧。

4 并不孤独

如果从工作环境和资源支持去看，程泰宁的孤独感是可以理解的。但如果从情感和精神层面看，他其实并不孤独。在他和建研所陷于"内忧外困"时，身边一直不乏来自亲人、师友和建筑同行的鼓励与支持。这些慰藉与激励对他不仅珍贵，也为他注入了许多正能量，让他能在艰难求索路上继续负重前行。

第一次让程泰宁从同行口中集中"听说"自己，是在 1997 年的 12 月 5 日。那天，建筑学报在杭州召开了《当代中国建筑师 程泰宁》一书的出版座谈会。

这本书是他的第一个个人作品集，借助这本书，他得以对以往的创作实践与建筑思考作了一次系统回顾。借助这次出版座谈会，他得以与不同年龄层次的建筑师和学者有了一次深入的学术交流。

座谈会由时任建筑学报编委会主任严星华主持，张开济、刘开济、钟训正、彭一刚、关肇邺、聂兰生、郑光复、王伯扬、张永和和王国梁（按发言次序排列）等建筑界知名学者和建筑师参加了座谈会并发言。发言内容发表在 1997 年《建筑学报》第 5 期上，摘录如下。

我从来认为一个合格的建筑师必须具备三个条件：第一是专业造诣，第二是艺术修养，第三是敬业精神，那就是对工作必须认真负责，处处一丝不苟，事事精益求精。泰宁这三个条件都满足了，所以他的成功就绝不是偶然的了。（张开济　北京市建筑设计研究院总建筑师）

程泰宁在高妙地解决各种困难和制约的基础上，创作了继承历史文化传统又保持鲜明时代特征的优秀作品，在杭州的城市建设中起到了卓越的影响和作用……他认为现代与传统不是对立的，他努力去寻找两者的交汇点并在建筑形象中体现出来。人们从他的创作中可以感受到历史与现代的无形联系。（刘开济　北京市建筑设计研究院顾问总建筑师）

在他的创作中贯彻着精品意识，他始终立足于国情、立足于环境，走自己的道路。他的作品典雅脱俗，与环境息息相关，他尊重文化传统但又有创新。（钟训正　东南大学教授，中国工程院院士）

他的作品不落俗套，时而能以独特

"建筑师杯"全国建筑设计竞赛的评委们（1996年）
左起：张孚佩、刘管平、栗德祥、许安之、卢济威、程泰宁、周庆琳、聂兰生、张皆正、齐康、马国馨、关肇邺、彭一刚

的雕塑感震撼人的心灵（如加纳国家剧院），时而以小巧的尺度使人倍感亲切（如杭州黄龙饭店），时而以挺拔的造型或精巧的细部处理让人玩味不尽……社会呼唤精品，即高水平的建筑创作。要出精品，建筑师必须要有以下几方面素质和条件：第一，要有炽烈旺盛的创作激情；第二，要有才华，即创造性思维；第三，要有健康高雅的审美情趣；第四，要有技巧，有娴熟、扎实的基本功训练。从泰宁同志的作品看，可以说是条条具备……从作品集中可以看出：无论是空间组合、体型塑造，乃至每一个细部处理都以巧妙的构图和各种形式的表现手法而展现在读者面前，看（这本）书就是享受。（彭一刚　天津大学教授，中国科学院院士）

程泰宁先生在谈到他的创作观时，提到"立足此时、立足此地、立足自己"。我认为这是个很好的概括，言简而含意深远。他不同意无根据地去表现过去和未来，他的作品也正说明了这一点。虽然他的作品形式多种多样，却绝不脱离此时此地，我们看到远在马里、加纳的大型公共建筑与在国内的表达形式截然不同，比较准确地把握了不同地点、气候和文化特性。而同在杭州地区的建筑，如早期的黄龙饭店和近期的省联谊中心，也有着明显的差别和发展，表明对不同时期建筑形象的掌握。而这一切，又都能较好地为社会所接受、所喜爱。至于"立足自己"，我以为这点更是程泰宁先生建筑艺术成就最为光彩的一面。（关肇邺　清华大学教授，中国工程院院士）

程泰宁建筑作品座谈会（1997年）
后排左起：卜菁华、唐玉恩、叶湘菡、张永和、郑光复、程泰宁、张耀曾、吴定玮、卢济威、王伯扬、何兼
前排左起：聂兰生、张钦楠、关肇邺、张开济、严星华、刘开济、唐葆亨、钟训正、傅志远

　　泰宁的建筑创作生涯，我分为三个阶段，（20世纪）50年代到"文化大革命"是他打功底阶段，"文化大革命"虽有创作，还是略有停留阶段；"文化大革命"后从临汾到杭州，开放改革，时也命也，使他如鱼得水，还是立足于自己的阶段。历史在继续、人类在进步，对每个人来说，都是学无止境，愿泰宁更为后代留下光辉的足迹。（严星华　中国建筑学会副理事长）

　　这本作品集凝聚了作者40年来的心血。可以看出，他是以极强的精品意识去完成的。200多页的篇幅，每一页都经得住推敲，且无一不精。这种锲而不舍的精神很值得学习，并给人以启示。（聂兰生　天津大学建筑系教授）

　　他如此始终执着追求结合传统建筑文化与现代化，而综合了古今中外的创新，又是一种历时性与同时性结合的全面综合……建筑文化传统与现代化的问题，被他如此令人意外地出色解答了。（郑光复　东南大学建筑系教授）

　　长期以来，由于在学术观点上有许多共鸣，程泰宁一直与钟训正、关肇

邺、彭一刚、聂兰生、张锦秋、黄为隽、卢济威和布正伟等建筑同行保持联系，他们分享各自的设计思想和文化理念，支持和肯定彼此取得的成就。

这部作品集在出书前，程泰宁想请张开济先生做序，张总欣然答应了。说到张开济，就一定会联想到他设计的天安门观礼台、中国革命历史博物馆（现中国国家博物馆）、钓鱼台国宾馆、北京天文馆、三里河"四部一会"建筑群等。对这位留下了许多代表作品的建筑大家，程泰宁一直很尊重。同样，张开济对程泰宁的设计才华也很欣赏。

书出版后，程泰宁在第一时间给张总寄了一本。张总收看后，在电话中高兴地对他说："泰宁，你出了这本书，全国的建筑师都要羡慕你啊！"

1999年6月22日的国际建协第20届世界建筑师大会，应该是程泰宁少有的高光时刻。

国际建协成立于1952年，以国家和地区为会员单位，是最具影响力的国际建筑师组织。由其举办的三年一届的世界建筑师大会，堪称全球建筑师的交流盛会。1999年这届大会是国际建协成立半个世纪以来首次在亚太地区办会，在新世纪的前一年，又恰逢新中国成立50周年，对世界建筑和中国建筑界都具有特殊意义。为此，中国建筑学会和中国艺术研究院联合选出了新中国成立50年来的50项优秀作品，还举办了中国建筑艺术展。

程泰宁以三个入选作品成为这次展览受人关注的建筑师。他设计的黄龙饭店、杭州铁路新客站和联合国国际小水电中心三个项目入选新中国成立50年来的50项（不包括港澳台地区4项）优秀作品，加纳国家剧院和马里会议大厦双双入选《20世纪世界建筑精品集锦》的《中南非洲卷》。为此，在会议召开前，《中国建设报》头版专门刊登了《程泰宁连中两元》的报道，文中转引了书中对加纳国家剧院的评价："用中国建筑语言，丰富了非洲当代建筑，很有创造力。"

能入选世界建筑精品，对程泰宁纯属偶然。这两个建筑是被美国华盛顿大学建筑教授库特曼和另一位南非建筑师在非洲考察时无意发现的。他们感觉设计很棒却找不到建筑师，只好通过施工单位广州第二工程建设集团联系到张钦楠先生，才打听到程泰宁的名字。此后，他们联名推荐了这位与他们素昧平生的中国建筑师的两件作品并顺利入选。

开幕式那天，全国的建筑师、建筑学者以及建筑系学生如潮水般涌向人民大会堂，程泰宁也在其中。此时的他，还不知道由于自己的名字几次出现在报刊和展览上而颇受关注。中场休息时，他刚走出会场，就被蜂拥而上的年轻学生团团围住。他们纷纷递上他的第一部作品集或者其他书本请他签名。

程泰宁毫无思想准备，有些不知所措。围上来的人越来越多，很快就水泄不通。他只好被动地开始签名，但签字的速度远远跟不上递过来的东西，最后只能像"鬼画符"似的一笔一个。

后来他才知道，在这群"粉丝"里就有刚毕业不久后来加入到他的创作科研团队继而成为他的博士生的薄宏涛（中国青年建筑师奖获得者）。他只记得那天有个带哭腔的女学生的声音："程叔叔，请您帮我签一下，请您帮我签一下！"而他却连她的脸都看不到。下半场报告的铃声响了好一会，围着的学生也不肯散去……

5 杭州铁路新客站

从 1993 年到 2002 年，在建研所的十年中，程泰宁完成了包括杭州铁路新客站、杭州解百商场、杭州国际假日酒店、联合国国际小水电中心、海宁博物馆、上海市公安局办公指挥大楼、弘一大师李叔同纪念馆和绍兴鲁迅纪念馆在内的 20 项工程以及 27 个建筑方案。这些项目，有的是对保护西湖景观与高开发强度之间矛盾的设计"调解"，有的是对"现代的、中国的"建筑风格的探索，有的是针对规模、地点、展示内容与文化背景各不相同的文博建筑的解读与诠释。而杭州铁路新客站是中国铁路客站发展史上的一个重要转折，也是十年里唯一能让他提起"那股劲"，保有一丝慰藉的项目。

1990 年，程泰宁受铁道部邀请参加新客站项目建设启动会。在会上，铁道部有关领导宣布杭州新客站站房建筑交由铁道部第四设计院设计。这是符合惯例的：新建铁路客站由铁道部牵头联合地方政府共同建设，铁路客站站房由铁道部下属的几个铁路设计院按划片分区承担。

轮到程泰宁发言，他说，根据他对铁路客站的了解，客站站房和铁路枢纽是两回事。枢纽专业性强，由铁四院设计没问题，但站房部分完全可以通过方案招标来选择设计单位。既然北京和上海的铁路客站站房都是由当地建筑设计院做的，能不能给杭州的建筑设计院一次参加的机会？

铁道部接受了他的提议。包括铁四院、浙江省建筑设计院和杭州市院在内的三家单位参加了方案投标。评标时，铁道部请的评委占大多数，但杭州市院的方案在 16 票中得了 11 票，其他两家单位一共只拿到 5 票。评审结束，代表铁道部主持会议的铁四院总工程师陈应先大师说，按照铁路内部规定，方案必须全票通过才行。

程泰宁想，如果再次投标很可能形成僵局。由于手握得票优势，他提议由杭州市院与铁四院、浙江省院组成联合设计组共同优化方案。这个建议巧妙化解了争执，被各方采纳。就这样，程泰宁与铁四院的建筑师刘学军、李晨，浙江省院的建筑师夏宗阳、尹军，杭州市院的建筑师丁洸、陆皓以及后

联合国国际小水电中心（1996 年 中国·浙江·杭州）

来加入的钟承霞一起，组成了一个既有战斗力又很和谐的设计团队。

　　为完善方案，他们在杭州郊区一家铁路单位干了一个多月。杭州冬天很冷，这个单位设施很简陋，没有采暖，窗户还漏风，热水要到锅炉房里去打。不久程泰宁就冻感冒了。但他工作热情丝毫未减。在他总控下，联合设计组彼此尊重、沟通顺畅、效率很高，很快就完成了方案优化。

　　20 世纪 90 年代以前的全国各地铁路客站，通常是城市中最拥堵、最混乱也最肮脏的地方。中国青年报对此曾作过调查，"在 1999 名受访者中，49.1% 的受访者称火车站和城市交通衔接不良、换乘不便，29.4% 的受访者认为进出站交通拥挤。"❶

　　以杭州铁路客站为例。城站广场面积狭小，江城路横穿其中，车流人流混杂，加上客站巨大的客流量，人满为患无法避免。很少有人知道，杭州铁路客站的场地建设条件是迄今为止国内所有新建铁路客站中最苛刻的。在广

---

❶ 孙山. 火车站周边交通状况调查：近 9 成人认为带来生活不便［N］. 中国青年报，2018-09-04.

场面积严重不足、交通组织混乱的场地内，建造一座颇具规模的新客站，首要问题就是解决交通流线组织。

在无数次推演后，程泰宁提出向空间发展：通过高架、地面及地下三个层面组织交通流线。旅客出发时，可搭乘出租车或从地面乘坐自动扶梯到高架通道进站候车；到站后，旅客既可以从地下通道出站，也可以乘坐自动扶梯到达地面层；而最宝贵的地面层，则留给公共交通以确保畅通无阻。在地下停车场，他还超前地在出站大厅给未来的地铁"埋藏"了一个出入口，甚至在地基打桩时为地铁隧道预留了空间。

如此一来，站前广场空间得到充分利用，各层交通功能清晰，人车分流互不干扰，疏散极为迅速。这种立体交通流线组织，创造性地突破了新客站建设中的种种先天限制，开创了铁路客运站作为城市综合交通枢纽的先河。

在时隔 21 年后的 2012 年，杭州铁路新客站与杭州地铁 1 号线实现了无缝对接。程泰宁也因为这项超前设计而得到社会各界的认同，被媒体称为"有先见之明的建筑师"。❶

要解决交通流线组织问题，新客站的建筑设计必须与上位规划相衔接。因此，在设计之初，程泰宁就主动与规划局沟通，提出由他和杭州市规划院院长吴兆申负责调整控规中的交通规划并确定地区开发强度。此后，他又应市建委要求编制了该地区的城市设计，把站房建筑设计扎实地放在对上位规划的研究和编制基础之上。程泰宁还创造性地把一个酒店"放"在了新客站

左：杭州国际假日酒店（1995 年 中国·浙江·杭州）
右：上海市公安局办公指挥大楼（2000 年 中国·上海）

❶ 吴崇远，王静颖，陈侃，傅志龙. 112 岁的城站，一部浓缩的杭州史. 钱江晚报，2018-09-19.

上面，突破了通常意义的"站归站、城归城"，已经有了"站城融合"雏形。

这比当下热门的以公共交通为导向的 TOD 开发理念足足提早了三十年，为他 2019 年着手进行中国工程院重点咨询课题"中国'站城融合发展'战略研究"打下了坚实基础。该课题基于程泰宁对高铁客站与城市设计相结合的成功案例和多年来对铁路与客站建筑设计的思考而开展，2021 年已顺利结题，课题成果也已出版。

关于新客站的建筑形象，程泰宁斟酌了许久。他认为与北上广这些大城市不同，代表杭州城市形象的美学意义上的"大门"，应该具有书卷气的文化品位。于是，在创作中有了穿插的"坡顶"，有了粉墙黛瓦黑白构成的韵味，有了由传统建筑中衍化而来的细部，包括大门洞下的双坡顶。建成后的新客站建筑造型，朴素、典雅而不失精致，其独特的文化品位将杭州的"大门"与其他城市明显区别开来，令人过目难忘。

设计完成后，长达五六年的建设周期开始了。

新客站建设工程复杂，相关主体方也很多。为了形象说明，程泰宁把他们统称为"三国四方"：三国是指铁道部、浙江省和杭州市，四方是加上上海铁路分局和杭州站。作为总协调人，他既要优化设计、解决矛盾，还要协调推动工程进度。由他协调的问题，大到资金投入、规划条件，小到一个变形缝该由谁负责施工。

新客站属于联合出资建设。站房部分由铁道部和省里共同出资，站前广场部分由杭州市出资。由于基地条件差，站房进深浅，程泰宁只能把大部分自动扶梯设置在广场上，这就大大增加了市里的投资，相关部门自然反对。新客站建筑的高架部分大大超出了红线，规划部门的一些人坚决反对，要求修改方案，而程泰宁坚持不改。他觉得若还按照 20 世纪 60 年代指标（6m²／人）确定广场面积，已不能适应快速发展的交通需求。事实证明，"城站的改建，为后来客运量飞速增长，创造了扎实的条件"[1]。然而，当初这些矛盾就是无法解决。最后还是浙江省柴松岳省长出面召集各方协商，条块分割的桎梏才被打破。在建设过程中，大大小小的矛盾也不胜枚举。

---

[1] 1997 年，杭州城站火车站重建，迎来铁路提速时代. 明珠电视特别报道《改革开放四十周年，1978—2018，记录改革开放杭州 40 年间 40 件事情》，2018-11-08.

杭州铁路新客站（1991 年 中国·浙江·杭州）

1999 年 12 月 28 日，新客站正式启用。《杭州日报》2001 年 2 月 28 日 13 版整版刊载了《城站广场有点冷》，在赞扬其交通顺畅的同时，也"抱怨"新客站留不住人以至于缺少商业氛围显得有些冷清。这恰好说明新客站实现了设计最初畅通无阻的目标。此后，新客站以其韵味独特的造型，很快成为杭城的新地标建筑。从西湖大道望去，俨然构成了城市的"东望天际线" ❶。

作为程泰宁的又一力作，杭州铁路新客站建成后获得了许多荣誉：1999 年在国际建协 20 届大会当代中国建筑艺术展中获艺术创作成就奖，同年作为唯一的铁路客站入选新中国成立 50 年优秀项目，2000 年获全国优秀设计银奖（金奖空缺），2004 年在美国学者库特曼教授所著的《20 世纪的世界建筑》（德文版）一书收录的 304 个建筑作品中，杭州铁路新客站占据了一整个页面，2006 年入选《中华百年建筑经典》，2009 年获新中国成立 60 周年建筑创作大奖，2022 年入选中国 20 世纪建筑遗产名录。

❶ 胡菲菲，徐文迪，王川. 杭州城站：重建 17 年后蝶变新生. 杭州网，2016-05-24.

6 抉择

1995 年，程泰宁和妻子徐东平双双步入花甲之年。徐东平生日在二月，过完春节，她去办理退休手续时，院人事部转述了院长意见，问她是不是将程工的退休手续也一起办了？

这是程泰宁第一次意识到他也将面临退休。尽管他知道按照体制内的惯例，到了年纪就该退下来，但他壮志未酬、心有不甘。屈指算来，他到杭州十几年，除去做院长的八年，真正作设计的时间不过四五年，怎么就要退休了？

不行，无论如何，我都不能退休，我也不能脱离体制内，不能离开杭州院。

打定主意后，他尽量保持原来的工作状态，采取的主要策略就是"赖"（新客站长达九年的建设周期，客观上成全了他的"赖"）。这期间，他先是被免去总建筑师职务，尽管心里不舒服，但他想只要能继续工作就行。继而，又被从其他单位调任的第二任院长下文任命为顾问。由名誉院长、建研所所长到顾问，劝退之意已很明显。

程泰宁很生气，因为他已明确表示他不要虚名也不做顾问。他按照公文上的抄送单位，包括市委组织部和市建委，一一写信告知他拒绝做这个"顾问"。这些带有赌气成分的信件，根本解决不了问题，只会让他处境更尴尬、更屈辱。退休，已成为他头上的一把"达摩克利斯之剑"！

关于当时的心态，程泰宁在 1997 年第一部个人作品集中的《创作经历自述》里是这样说的。

从事建筑设计工作已经 40 年了，我也到了退休年龄，但就创作心态而言，我感觉自己正处在一个活跃时期，对于我，这是一个现实的且有嘲讽意味的矛盾。年已 80 的美国建筑师菲利普·约翰逊可以称自己正处于事业的中期，并声言要工作到 100 岁，而国情和体制却使我无法说出这样的豪言壮

193

语。但是，几十年的蹉跎，不仅使我对今天的创作环境十分珍惜，一个中国建筑师的自信心和责任感也激发了我一种信念：不论有什么困难，我一定会采取一切可能的方式，把我的创作生涯继续下去，直到我不能工作的时候为止。❶

想往前走，不能只靠愿望。程泰宁开始探索各种可能的路径。

在对建研所的困境有所了解后，一些朋友乃至家人都劝他走出体制"单干"（他很早就被误会过了），其中包括他的好朋友、第一批成立个体事务所的王孝雄，也劝他说搞个体事务所，一来能有更大的创作自由，二来可以不受体制约束还能大大提高个人收入。但程泰宁不在意"赚大钱"，而且他很清楚，所谓创作自由是没有支撑的。一旦走出体制成为个体，还能做政府主导的大项目吗？如果成了个体，当时他正在做的杭州铁路新客站肯定就做不成了。国情不同，个体事务所有很大的局限性。这条路不能走。

在建研所后期，有几个个体设计单位在了解程泰宁的情况后想邀请他加盟。省内当时一家有一千多人的民营事务所，允诺他不用管经营事务专心作设计即可。拗不过他们的热情，他和王幼芬去这个事务所参观了一次。去是去了，也仅此而已。还有些房地产开发商，许诺他高额年薪以及别墅和配备司机的专车，他想都没想就婉拒了。

还有一条路，跳槽。尽管从未想过离开杭州市院，但院里用各种明说暗示的方式"劝"他退休已是不争的事实。王幼芬帮他联系去某知名高校，但因他年龄超过规定，校领导说要系里提出或可考虑。王幼芬又与有关老师接洽，促成双方商谈。但到了约好的那天，主要负责老师并未到场，这件事也就不了了之了。

还有一次，建研所负责行政管理的两位同事在院里开职代会时听到些很负面的议论，回来向程泰宁建议可否换个单位。在他默许下，他们与省内一家大设计院领导联系，带来"十分欢迎"的回音。程泰宁很快和对方约定时间商谈。几天后的晚上，两人在一间灯光昏暗的街边小茶室见了面。对方在表示欢迎的同时，建议程泰宁去该院一个由退休人员组成的设计所。这和他

❶ 创作经历自述［M］// 当代中国建筑师程泰宁. 北京：中国建筑工业出版社，1997.

的预期相差实在太远，他及时转换话题，友好地结束了这次会面。

类似的事情经历了几次，程泰宁终于明白，跳槽到名校、大院的设想完全不现实。这些单位的组织架构经过多年沉淀早已趋于稳定。他的调入，势必会打破平衡。对他而言，跳槽这条路，实在是一厢情愿，甚至有点幼稚可笑。

摆在眼前的路，程泰宁不想走；想走的路，却又走不通。他到底想怎样？

我当时的要求很简单，只要有一个小的团队能够相对稳定，我能够安心作设计就足够了。但在那个时期，这种简单的要求仿佛成了一种奢望。由于研究所的困难，我出去寻求合作或者更换单位的愿望都无法达成，为此我很是苦恼。❶

程泰宁所说的寻求合作，是指在体制内找出路，即他一直努力追求的"二级法人"模式——不离开杭州市院，由他牵头与高校或外资设计机构等各具特色的单位合作，在杭州市院的体制下成立相对独立运行的设计机构。合作双方根据完成项目的工作量划分产值，凭借品牌效应接一些更好更大的工程。对建研所来说，可以把日常开支摊入成本，这样既维护了院里利益又解决了内忧外困的问题。

从已经查到的资料看，在建研所后期的六七年中，程泰宁至少与四五家国内和境外机构有过接触，还草拟了若干合作协议初稿。但由于双方诉求不同，商谈都不了了之。唯一最接近成功的，是与北京建学建筑与工程设计所（建学）的合作。

"建学"，由原建设部副部长戴念慈在退居二线后创办。戴总去世后，建设部原总工程师许溶烈先生和原设计局局长张钦楠先生继续主持工作。他们都比较了解程泰宁，希望他去"建学"工作。程泰宁不想离开杭州市院，反过来建议"建学"与杭州市院合作成立一个二级法人机构。

通过他牵线，张钦楠局长专程来杭州与市院院长商谈并取得共识后，程

---

❶ 建筑院士访谈录：程泰宁［M］．北京：中国建筑工业出版社，2014．

泰宁又陪市院院长去北京，与许总和张局长商谈细节，最后许总与市院院长在合作协议书上签了字。

程泰宁心想，这下自己的愿望总算可以实现了。从北京回来后，他一直在等院里在协议书上盖章，宣布机构成立。但事情的发展完全超出他的预想。

一天，他被通知去院里开会。开什么会，他完全不知道。走进会议室，才发现院领导和二三十位中层以上干部都在。没等他反应过来，院长就宣布要讨论与"建学"的合作问题。院长介绍完情况，有人开始嘀咕，既然字都签了，还讨论什么。但随即有人反驳："签字算什么，白纸黑字的合同，作废的例子太多了！"接下来的发言，是一面倒的反对，最后院长宣布合作终止。

会议开了半小时即告结束。从头至尾，程泰宁一言未发。他知道在这种已有准备的会上发言、争论，毫无意义。他也明白了，他多年争取的在杭州市院体制下的二级法人模式，已被正式宣告"此路不通"。除了无言的冷对和满心的愤懑，他能说什么、又能做什么？

几乎所有能走的路，程泰宁都尝试过了。但除了退休，他似乎真的无路可走。

那时的他，像一个戴着心灵镣铐的独行者，在不被理解的孤独和四面楚歌的挣扎中，"前不见古人，后不见来者，念天地之悠悠，独怆然而涕下"——虽未"涕下"，心已"怆然"！

建研所的风雨飘摇，外部"舆论"的唱衰，压在头上的退休，将程泰宁逼到了山穷水尽处，但他还在苦苦坚持中。

2000 年，在程泰宁 65 岁这一年，他登上了全国工程勘察设计大师的"末班车"（65 岁是年龄上限）。

这已是第三批评选，首批评选是在十年前。因为那是第一次，程泰宁觉得国家要先还债。他自忖无法与资历更深、背景更好的师长同辈相比，就没有申报。评选结果出来，一共有 120 人当选，建筑学专业有 20 人。因为在评选会上有人提到他，建设部设计司卢延龄副司长还以为他也参评了，见到他还安慰他说："擦肩而过、擦肩而过，下次努力、下次努力。"

　　第二次评选是在 1994 年，程泰宁在浙江省推荐的四位候选人中排序第三，与大师再次擦肩而过。评选前，建设部就排序问题与浙江省确认，得到的回复是：就是这个顺序，不能变。不曾想第三批评选竟时隔六年之久！

　　如果能早些评上，我的境遇不至如此吧？想到这，程泰宁不知该庆幸还是该感慨。

　　事实很快证明，被许多单位当作金字招牌在用的大师名头，也只是让他缓了口气，依然无法让他"绝处逢生"。

　　2002 年 12 月 9 日，是程泰宁 67 岁的生日。那天，王幼芬从杭州市院带回一个消息：杭州市院马上要改制，领导班子也要重新调整。由于事业单位退休金比企业高，不少人提前办理退休手续，再与院里签署返聘协议，这样既可享受原体制的优惠又能继续留职工作，两不耽误。新的院领导想到了程泰宁。

　　王幼芬没有多想，回来就和程泰宁说了新任领导不无善意的意见。程泰宁的感觉却如同收到了"最后通牒"。那一刻，他觉得自己仿佛被一股强大的力量推拒到大门外，他甚至听到了最后一道门的关门声。门里那个为之工作了 21 年的杭州市院，如今已是欲留无门。

　　程泰宁又一次问自己：山重水复，我是不是真的无路可走了，还有别的路么？

第八章
峰回路转

（2003—2009）

为了延续创作生涯，67岁的程泰宁，在别人含饴弄孙、享受人生的年龄，开始一种新的创业。2005年，他当选院士的消息公布了。至此，他又踏上新的征途。

1 新的挑战

命运的转折，常常发生在偶然中。

2002 年 7 月 25 日，程泰宁的办公桌上出现了一份《中华建筑报》。他有点奇怪，自己没有订过这份报。拿起报纸，他随意翻阅了一下。第六版上一篇《洋设计师"虎视"中国市场——我国建筑设计行业将迎来大变革》的报道，让他目光停了下来。

应对 WTO 后大批的境外设计公司进入我国市场，建设部副部长郑一军指出，设计行业应该从根本上调整结构，适应市场经济需要，借鉴国际通行做法，但也应该设置必要的保护政策……日前，建设部工程质量安全监督与行业发展司副司长王素卿在设计行业应对 WTO 的报告中提到，管理部门将放开专业设计事务所的指标限制，特批名人不脱离原单位，申办自己的事务所……我们的政策应扶优扶强，充分发挥设计大院的综合实力和发挥名人的作用，采用"特批"的方式……资质要求可以放宽，不强求人数。

程泰宁一口气看完报道，非常振奋，如同抓到了救命稻草一样。他多年来求而不得的，不就是这个模式么！为了摸清情况，他通过邵华郁牵线，去北京约见王素卿司长。听完他的想法，王司长建议他直接给建设部汪光焘部长写信。

2002 年 10 月 23 日，程泰宁给汪部长的信寄出了。他在信里谈了他对"大院"（杭州市院）与"名人"（他这个大师）强强联合的构想，并随信寄去自己的两部作品集。

一个多月后，北京有了消息。汪部长把他的信转给郑一军副部长。郑部长作了"对于积极探索改革的，应予大力支持"的批示。

拿到两份文件的复印件后，程泰宁觉得这事有眉目了。当时还有一个有利的变化，杭州市院正在改制，领导班子要重新调整。他很有信心地请来一位与他关系不错的副院长，把部里批示的相关复印件拿给对方看，不曾想对方当即明确表示"不现实"。虽然被泼冷水，程泰宁还是希望对方回去能和新班子商量一下。他想不通，自己这么做，不过是为了延续创作生涯，为中国建筑也为杭州市院多做点事，为什么就不被接受？

转眼到了程泰宁67周岁生日这天，等来的却仍然是退休提议，他又失望又不甘心。

杭州市院留不下了，还有别的"大院"吗？

程泰宁在脑海中将杭州体制内的设计大院又排查一遍，忽然想起不久前在北京参加设计大师和全国先进院长座谈会时，曾与中国联合工程公司董事长周子范有过一次短暂接触。

中联公司组建于2001年10月，由机械工业部第二设计研究院与中机中联工程有限公司、中联西北工程设计研究院有限公司等四家勘察设计单位组成，是一家拥有上千技术人员的国有大型科技工程公司，隶属中国机械工业集团公司。

程泰宁与周子范并不熟，在会上碰面时只打了个招呼。当他按自己参会的"惯例"发完言离开会场时，周总追了出来，叫住了他，似乎有话要说却欲言又止，最后只说了一句"我们回杭州再聊"。

想到这里，程泰宁忽然意识到中联公司刚刚完成重组，正是用人之际，周总上次想说的会不会与此有关？杭州市院已经留不下了，他试着拨通了周总的电话，约好晚上在黄龙饭店见面。

一落座，程泰宁就开诚布公地把事情的来龙去脉和自己的处境及想法和盘托出，也把至今还没有落实"设计大院"的尴尬局面坦诚相告。周总当即表示非常欢迎。他说，中联公司之前的业务主要集中在机械工业和能源板块，民用建筑设计实力相对薄弱，很需要像程泰宁这样的建筑大师。根据程泰宁的诉求，他个人的初步设想是聘请程泰宁为中联公司总建筑师，同时以国有参股形式与程泰宁共同成立一个大师所，作为混合所有制的试点独立运作、独立注册、独立资质。他最后还说，他的这些设想要经过公司党政联席会的通过。

这场改变程泰宁命运的谈话，只用了二十分钟一壶茶的工夫。周总态度很诚恳，完全超出程泰宁的预想。临别时，周总又确认了一次："程大师，我们可都说好了，你不会不来吧？"

程泰宁只回答了三个字："绝不会。"

回到家，程泰宁还有点不敢相信，困扰他这么多年的难题，居然就这样解决了！他在兴奋、憧憬和对创业前途的未知中辗转反侧：周总愿意提供平台支持，是希望我为中联公司作贡献。大师所能否顺利创办下去，肯定还要靠我自己……大师所虽有国企参股，但混合所有制的主体还是作为"个体"的我，做不好只能解散……这次创业的最大挑战是自己的年纪，人们还相信这个年纪的我吗？这次创业，带谁走？经费哪里来？办公地点选在哪？

……

那晚，程泰宁想了很多，就是没想应该如何妥善撤退。

几乎一夜未眠的程泰宁，第二天一上班就向院里提出离职。

院长很爽快似乎也很愉快地答应了，唯一的要求是尽量不要带人走，影响不要太大。

建研所当时已有七八十人，但程泰宁决定带最少的人走。他最先想到的是陈忠麟和王幼芬。尽管陈忠麟已退休，王幼芬当时正在同济大学读博士，有点"远水解不了近渴"，但只要有她和陈忠麟在，他就心里踏实。他另外邀请的两位中青年技术骨干，加入后看到当时的条件，很快就退出了。只有几位刚毕业正在跟他做项目的年轻建筑师提出要跟随他，其中包括后来成为公司股东的殷建栋。程泰宁还需要一位经营助手，他选择了建研所副所长金联盟。金联盟原来就负责所里的经营和财务工作，与他配合多年，彼此都很信任。

人员确定后，这些人在建研所立刻变成了外人和极少数。程泰宁原以为可以留下点"家产"，例如用建研所奖金购买的已经用旧的投影仪、电脑和外文期刊等，但几番短兵相接后很快丢盔卸甲、败下阵来。就连院里为他配备的手机以及积攒多年的未分配奖金也要全部留下。要知道这些资产都是用他们的奖金购置的。至于那笔数量可观的留存奖金，他原本也可以分掉，支持白手起家的大师所。❶

---

❶ 后来杭州市院在改制后，拿出其中的 50 万给程泰宁。他用这笔资金成立了专项发展基金，用于捐资助学或奖励基金。

"我离开杭州市院时，可以说连一张纸都没能带走。"

程泰宁从来不是一个注重物质的人，但那种被完全"清零"的感觉，委实太差。与处心积虑离职的人相比，他的离职称得上是仓皇撤退。

这还不算。一天早晨上班时，他发现办公室已经人去楼空。门口"路漫漫其修远兮，吾将上下而求索"的所训仍在，整层办公室却已空空荡荡。原来，除了跟他走的几个人，其余人员在一夜间全部受命搬回杭州市院。走之前，居然没有一个人和他打招呼！

几年后，程泰宁在报纸上看过一篇采访文章，讲到一位越剧名家为尝试越剧改革创新，走出体制组建了一个戏剧工作室，并约好几位志同道合的同事加盟。说好了晚上大家都来开会商量，不曾想到开会时一个人都没来。对着空荡荡的房间，她伤心得大哭……

相似的场景，让程泰宁立刻联想到了那个早晨自己的那份惊讶、孤独以及脑海中浮现出的"挥一挥衣袖，不带走一片云彩"的画面。他特别能理解这位越剧名家的感受。与她相比，他不过是没有大哭罢了！那天，他在"路漫漫其修远兮，吾将上下而求索"下面站了许久。最后他对自己说：缘聚缘散，过去的，就让它过去吧，大不了重新再来！

2 "草台班子"

2003 年，67 岁的程泰宁，重新站到白手起家的创业起跑线上。

此时他很清楚，尽管自己被聘为中联公司总建筑师，但大师所的混合所有制性质和运作模式让他成了"个体户"。也就是说，不再有体制保护，他和团队的薪酬福利包括社会保险都需要自己挣得，风险不言而喻。可是，为了延续创作生涯，他还有别的选择吗？

新成立的设计所，被冠以中联程泰宁建筑设计研究所。用自己的名字做番号，属于程泰宁的无奈之举，因为大师所除了从杭州市院带过来的做了一半的浙江耀江大酒店项目，以及不到十个人的设计团队，就只有这个"品牌"了。

还有别的资源吗？

似乎没有了。就连 60 万元启动资金他也拿不出来，只能向中联公司借。他用这笔钱在文晖路上租了半层写字楼，购置了些最基本的办公设备，简单装修下就悄悄开张了。

建所之初，程泰宁期望的品牌效应并没有很快出现。不了解他的，不敢把任务交给一个新成立的所；对他有些了解的，又会担心他年纪这么大了，还能亲自作设计么？他还能做多久？

接不到新任务的情况，持续了两个多月。只出不入的感觉像是在"烧钱"。眼看 60 万元借款就快用完了。前所未有的创业压力，让程泰宁寝食难安。

创办之初，完全接不到设计任务的状况，让我焦急万分。当时我想，这条路是自己选择的，也是自己向往的，再大的困难也要把这条路走下去。而且说实话，我当时也没有其他路可走了。[1]

---

[1] 建筑院士访谈录: 程泰宁 [M]. 北京: 中国建筑工业出版社, 2014.

就在程泰宁愁眉不展之际，浙江金都房产有限公司总裁吴忠泉找到大师所。吴总毕业于杭州大学中文系，与采访过程泰宁的钱江晚报记者章清是同学。他从章清那里知道了程泰宁，慕名而来。吴总告诉程泰宁，金都房产刚刚在杭州南宋皇城根脚下拿到一块地，想打造一个有品质的人居建筑。但他们对满街的"欧陆风""现代式"都不感兴趣也不想跟风，所以来请大师作设计。

金都房产当时在杭州属于一线开发商，倡导"专业构筑品质生活""让科技引领人居未来"的开发理念，注重建筑的文化内涵，也很尊重建筑师的想法。这是程泰宁愿意接受设计委托的原因，而且 660 万元设计费对当时的大师所无异于雪中送炭。

这个项目就是金都华府居住小区，一个具有"庭院深深深几许"的人文意境的中国现代住宅小区，后来获得了 2004 年中国人居环境金牌建设试点项目、2005 年中国科技地产年度名盘、2005 年亚洲国际最佳人居标准认证、2006 年度百年建筑优秀作品奖综合大奖、2008 年度浙江省建设工程钱江杯奖优秀勘察设计奖、第五届精瑞住宅科学技术奖建筑文化奖金奖等诸多奖项。它以丰富的历史文化内涵以及先进的科技生活理念，成为程泰宁在居住建筑类别上的第一个代表作品，也让他赚到了创业"第一桶金"。

由于金都华府的成功，金都集团后来又将另一个高端住宅项目"城市芯宇"委托给程泰宁作设计。此后，程泰宁没再作过住宅项目的设计。

为什么他要放弃这个赚钱快、市场大的"热门赛道"？

人们对此猜测不一。有人说他收费高，有人说他不擅长做住宅。

答案其实很简单：不是他不肯做住宅，而是他不想做开发商思路下的"一模一样"的住宅。他知道，能给他充分的创作空间和创作时间的开发商，实在太少了！

有了设计任务，人手不足的矛盾又出来了。

成立之初的大师所缺兵少将，管理松散，运作缺乏章法，被程泰宁戏称为"草台班子"。作为班主，他不仅要做方案、拿项目，还要作决策，协调运营、财务和改制中的难题。这其中的许多事都是他不想管却不能不管的。每天下来，身心俱疲，恨不得有三头六臂，正应了那句话：每个品牌背后，都凝聚着创始人的心血与汗水。

左：金都华府居住小区（2003年 中国·浙江·杭州）
右：城市芯宇居住小区（2006年 中国·浙江·杭州）

为了补充技术力量，程泰宁请来了顾问总建筑师钱伯霖。他比程泰宁小五岁，是南工建筑系的校友，也是在北京建研院时的同事。钱总在退休前从浙江省建筑设计院借调到香港华艺设计顾问（深圳）有限公司担任副总建筑师。他工程经验丰富，加入后协助程泰宁完成了金都华府住宅小区和浙江美术馆等项目，帮助他培养了一批年轻建筑师。老将之外，新兵陆续加盟，其中包括后来成为公司股东的、他的博士生王大鹏（中国青年建筑师奖获得者）。

就在程泰宁创业的这一年，他收到了浙江美术馆的投标邀请函。

浙江是中国的文化大省、美术大省，历史上出现过赵孟頫、徐渭、吴昌硕、黄宾虹、潘天寿等知名画家。杭州这座城市也因设立过南宋画院和国立艺术院（中国美术学院的前身）而充满了艺术气息。长久以来，在杭州建造一座与之匹配的现代美术馆，是许多有识之士的共同呼声。2003年，浙江省启动了浙江美术馆的建设工程。

2003年1月31日恰巧是除夕，时任浙江省委书记习近平冒雨来到杭州南山路138号现场踏勘，其后在柳莺宾馆召开了调研会并在会上拍板浙江美术馆就建在西子湖畔（当时另一种意见是建在钱塘江边的钱江新城）。❶

---

❶ 周天晓，王婷，严粒粒. 浙江美术馆，一个文化地标惊艳世人的背后：丹青不渝美美与共［N］. 浙江日报，2017-10-10.

对于这块建设用地，程泰宁再熟悉不过。他之前设计的联合国小水电中心与基地隔南山路对角相望。这里背山面湖，景色秀丽，环境清幽，被称为西湖边的最后一块"风水宝地"。

根据立项要求，美术馆建筑面积为 32000m²，已超过当时国内建成的所有美术馆。为了征集到一个优秀的建筑方案，美术馆筹建办采用了国际招标与国内邀标相结合的方式，程泰宁就是被邀请的投标人之一。

无论从哪个角度，这都是一个难得的好项目。然而，出乎所有人的意料，程泰宁居然放弃了。

为什么？

因为他发觉自己面对这个题目毫无"感觉"，而且他那时正在创业初期，分身乏术，很难全情投入。

由于没有参加投标，他以评委身份参加了评标工作。这让他得以从多姿多彩的参赛方案中得到启发，并在"似乎都缺少点什么的"遗憾中逐渐找到了"感觉"，从而接受了第二轮投标的邀请，最终创作出集"诗情画意"与"现代构成"于一体的多义性建筑方案。

投标时有个小插曲。招标文件中没有提出动画制作要求，但程泰宁为了更好地展示方案，决定"买一送一"。而且他选的那家数字服务公司，收费与技术在国内都是最顶尖的。

2′24″ 的动画制作费用高达八九万，要知道浙江美术馆的投标补偿费也就八万元。对于负债运转的大师所来说，他这么花钱不是奢侈而是"败家"。两位副所长 ❶ 一起去找他，小心翼翼地提醒他要悠着点花钱。他两手一摊，不乏戏谑地对他们说：如果不能中标，我是不是就成罪人了？

好在他最终没有成为"罪人"。

不过，中标后着实又让大师所破费了一笔。因为根据约定，中标单位需要为参加方案评选的市民提供一份纪念品。经过精心比选，最后定制了一批激光内雕的美术馆水晶模型摆件。精美的建筑内嵌于玲珑剔透的水晶中，令市民赏心悦目、爱不释手。

投标过程中的插曲令人愉快，中标后的插曲则令人很烦恼。

---

❶ 笔者于 2003 年 6 月加入大师所担任副所长，工作至今。

作为浙江省"十五"重点工程以及"五大百亿"工程，浙江美术馆的重要性是不言而喻的。把这么重要的工程，交给一个刚成立不久只有十几个人的个体大师所，如何让人放心？筹建办决定买断程泰宁的方案，然后交给杭州其他大设计院做施工图。

何其熟悉的感觉，分明是"黄龙饭店"的翻版！这正是程泰宁此前一直担心的问题：如果工作平台带有个体性质，一定会影响他承接任务。

筹建办约好下午来宣布这个决定的当天上午，程泰宁刚从美国讲学回到杭州。听到这个消息，他知道没有时间了，只能匆匆忙忙给分管文化工作的省委副书记梁平波写信，说明"一个项目从方案、扩初到施工图是不断深入完善的连续过程，如果把初步设计和施工图交给其他单位做，原方案的创意实现和完成度都很难保证"。信写完邮寄来不及了，他请副所长金联盟直接把信送给梁书记的秘书。

下午会议刚开始，筹建办的领导就接到一个电话。他出去接听了半天，回来刚坐下又来了一个电话，他又出去接听。等到正式会谈时，买断方案的事居然只字未提。这有点出人意料，但程泰宁似乎有所预感。后来才知道，第一个电话是梁书记的秘书打来的，第二个电话是浙江省文化厅厅长打来的。他们在电话里都表达了让程泰宁继续做下去的意思。程泰宁悬着的心才算放了下来。

伴随着浙江美术馆项目的设计签约，大师所度过了创业元年，在年底交出了一份不算太差的创业答卷：全年新签合同额约 1700 万元，设计实收650 余万元，60 万元借款在年底一次还清，工商注册和资质申报工作均已完成，人员规模也扩充到 24 人。

2004 年 4 月底，大师所改制基本完成，成为国内第一家由国有企业与自然人共同持股的混合所有制❶设计公司。5 月 1 日，大师所脱离中联公司独立运营。与此同时，通过引进周旭宏和郑庆丰两位中青年建筑师（后来都成为公司的董事和股东），上海公司完成组建。同年 7 月，大师所拿到了建

---

❶ 该机制为：中联公司作为国资企业持（法人）股比例为 30%（不变）；程泰宁持股比例 30%，其他自然人股东持股比例为 40%。成立之初，预留出 18% 的股份由程泰宁代持，并在章程中约定，代持部分股份分配完毕，新进股东的股份来源为原股东按持股比例同比稀释。此后公司陆续完成了 3 轮股权开放，截至 2022 年，自然人股东已由最初的 4 人增至 10 人。

筑工程甲级设计资质证书。

为扩大影响也为答谢各方支持，程泰宁决定举办一个小规模的成立庆典。这个决定得到全所的热烈响应，大家都把这个仪式看作是自己的节日，热情高涨，主动分工协作，包揽了所有会务工作。

2004 年 11 月 6 日晚，小型庆典酒会在黄龙饭店成功举办。出席酒会的有建设部、浙江省和杭州市的有关领导、业界同行、建设单位代表、媒体代表以及公司全体人员，规模近百人。许多帮助过程泰宁的领导、朋友和同事都来了。他很感动，在答谢词里说，虽然深感肩上担子很重，压力很大，但他和全体同事一定会踏踏实实工作，为国家的建筑事业发展而努力。

3 掩不住的光芒

　　心力交瘁、境遇困难，是程泰宁创业之初的真实情况；在中国建筑界的影响越来越大，也是一种真实情况。

　　最先发现他身上光芒并公开撰文分享的，是武汉大学建筑系创始人张在元先生。这个在哈佛大学、斯坦福大学和普林斯顿大学都做过访问讲学的著名建筑师，与程泰宁原本没有什么联系。然而，程泰宁的作品和他在设计方法、建筑文化和城市整体衔接方面的诸多思考，以及他一直强调中国建筑师应该"立足此时、立足此地、立足自己"，对"求洋、求奇"盲目跟风和抄袭深恶痛绝的态度，都让张在元非常认同。抱着这样的想法，1997 年 2 月 16 日，两人进行了一次跨年龄、跨背景的建筑思想碰撞。

　　这次碰撞的火花，后来成就了两篇文章，一篇是《"功夫"在设计之外》另一篇是《泰宁尺度》，都发表在《建筑师》第 77 期。

　　在《泰宁尺度》中，张在元直接将程泰宁放在世界建筑师行列中予以观评，并在文章中指出，所谓"泰宁尺度"不仅是一种恰如其分的建筑尺度，也是程泰宁对建筑设计过程中整体性与恰到好处的"分寸感"的把握；有了这样的"尺度"才有创作的"境界"可言。他还指认出，"泰宁尺度"的基因是建筑师的建筑哲学与他的经历。这不仅将"泰宁尺度"引申到建筑尺度之外，也让程泰宁将张在元视如知己。

　　对程泰宁"在创作实践中对于中国现代建筑的思考"予以关注的，还有

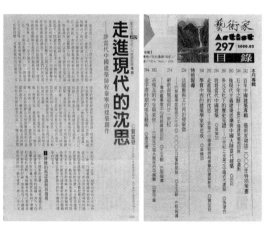

台湾《艺术家》杂志《百年中国建筑特辑》专刊（1998 年）

清华大学教授陈志华和教师贺从容。在以批评犀利而闻名建筑圈的陈志华教授口中，程泰宁属于"值得肯定"的一位。由陈志华教授领衔的清华教师团队在台湾《艺术家》杂志《百年中国建筑特辑》中收入了五篇文章，其中两篇对两位重要建筑学家进行了分析研究，一篇是关于梁思成的，另一篇就是贺从容写的《走进现代的沉思——评当代中国建筑师程泰宁的建筑创作》。

在建筑圈内，一些有成就的中青年建筑师都视程泰宁为前辈。中国建筑设计研究院副总建筑师李兴钢（现为中国工程院院士）在接受《匠·新：儒匠程泰宁》栏目组采访时说："（程泰宁）用他一生的经历，塑造了一个真正的、有所追求的职业建筑师的形象，也是从建筑师的角度完全能够理解的状态。这是我觉得最感佩的一点。"大舍建筑设计事务所主持建筑师、创始合伙人、上海市建筑大师柳亦春则说："他在寻找着一个很精妙的处理的方式，来追求做中国传统意味的现代建筑，在这一点上我觉得应该说是他影响到我们。"拥有美国教育和工作背景的张永和，能够从黄龙饭店、河姆渡遗址博物馆和联合国国际小水电中心项目中，读出程泰宁对建筑空间与场所营造的思考、探索与不同解答。

程泰宁在建筑界的知名度和影响力可以跨越各个年龄层次，这其中有些他知道，有些他完全不知道，正如张在元初见他时说的那段话：

程先生，您可能不知道，在中国建筑界，我见过的许多建筑师和建筑系学生都知道您并且很关心您的情况。他们除了给予您相当好的评价之外，不少人认为您输出的信息太少。您这么低调，是因为您的个人修养，抑或是您的做人准则？

在当时年轻人经常登录的 ABBS 和知乎等热门论坛中很容易找到他的拥趸。一个由网友"QFWFQ"发表于 2005 年 7 月 14 日题为"未能抛得杭州去，一般勾留是西湖——向被忽视的大师程泰宁学习"的帖子人气值达到了 33852。在后面的众多跟帖中，有人说："从作品的质量来说，程大师在老一代建筑师中的确是领先的；年轻一代应该学习程大师的敬业精神。"有人说："中国需要更多像程泰宁这样踏实而又有想法的建筑师！"

还有一位网友写道："程老的许多作品有种很优雅的气质，细部和颜色有种江南的贵族气质。当在江南水乡和古镇中待过一段时间之后，我才能体会到一些这样的感觉。以前看不明白也体会不到程老作品的内在美，当我的关于江南古镇方面的论文逐渐丰满起来的时候，再看黄龙饭店和杭州火车站，那种颜色和材质让我

在美国耶鲁大学举办学术讲座（2004 年）

曾经感动和流泪，我也搞不明白这是怎么搞的。真的太美了。那种我刚能体会到的忧郁气质。"

有人认为："我个人觉得浙江美术馆是大师的巅峰之作！建筑不虚张声势，不矫揉造作，一派大气典雅却充满了强大的震撼力！向大师致敬！"

一位网友则结合自己的亲身经历作了反思："以前在学生时代也像很多年轻人一样喜欢国外很多大师的作品，对程大师的作品也没有好好去理解和思考，现在觉得他的作品真正结合并很好地发展了中国传统的精髓！"

在知乎上，只要搜索"程泰宁"就可以发现许多帖子，例如"如果要看好的建筑师手绘，去看程泰宁""当代建筑有哪些是从中国传统山水画中获得的灵感？"后面的答案是："浙江美术馆，第一眼看到程泰宁院士图纸的时候就被美哭了。"还有称其为："一个院士，笑谈之处有几分童真，专业坚守建筑数十年。不像是一个老者，却始终有一份持守专业的热情。"

尽管程泰宁从未主动在国际上做过宣传，但后来的事实表明，西方也注意到了他这个纯"中国制造"的本土建筑师。1994 年，他受邀参加了第五届贝尔格莱德世界建筑三年展，在"12 个国家的 12 位建筑师"栏目中，与福斯特（英）、迈耶（美）、菊竹清训（日）等一起，展出了黄龙饭店、加纳国家剧院、杭州铁路新客站以及河姆渡遗址博物馆方案。纽约发展项目创始人、独立策展人、建筑评论家弗拉基米尔·贝罗戈洛夫斯基，在《关于中国当代建筑的思考》（原载于《时代建筑》2018 年第 2 期）一文中，将程泰

宁作为中国当代建筑师的代表来分析：

> 直到 20 世纪 80 年代中期，中国才开始在西非建设新的项目。其中两个重要项目——中国 1989 年至 1994 年在马里巴马科完成的马里会议大厦和 1989 年至 1992 年在阿克拉修建的加纳国家大剧院。它们反映了中国在西非文化转型的影响力以及中国重返世界舞台的过程……这两座建筑的设计者都是当时杭州建筑设计院院长程泰宁，他对非洲的建筑表达和文化生产进行了特别的诠释。程泰宁从未去过加纳，但他希望加纳国家大剧院的设计能够捕捉到非洲文化表达的"无拘无束的、夸张的"特质。类似地，在马里会议大厦项目中，程着意营造出抽象的非洲屋顶形态并借鉴了当地的织物图案。

两个境外工程入选世界百年经典后，程泰宁接连收到阿卡汗建筑奖的参评邀请信以及出席美国建筑师协会（AIA）大会的邀请。阿卡汗建筑奖是世界最具影响力的建筑奖项之一，于 1977 年创立，每 3 年评选一次，用以表彰对伊斯兰建筑作出重大贡献的建筑设计和建筑师。程泰宁设计的具有伊斯兰文化特征的马里会议大厦虽未获奖，但他的设计能力引起了评委会的关注。此外，还有许多来自国外的邀请信，有请他参会的，有请他参加评奖的，有愿意为他举办个人永久展览的。对于这些邀请，他的筛选标准很简单：对方是否收费，是否属于商业性质，即使为此失去一些很难得的宣传机会，他也毫不犹豫。

4 当选院士前后

2004 年底，程泰宁在继第二届获得提名奖后，成为第三届梁思成建筑奖的唯一获奖人。

梁思成建筑奖创立于 2000 年，是中国建筑设计国家奖，也是中国建筑师和建筑学者的最高个人荣誉。在程泰宁之前，获此荣誉的有齐康、莫伯治、赵东日、关肇邺、魏敦山、张锦秋、何镜堂、张开济、吴良镛、马国馨、彭一刚共 11 位建筑大家，在数以万计的建筑学专业队伍中实属不易。对于这次获奖，程泰宁在 2006 年初接受《建筑学报》记者专访时是这样说的：

梁思成奖是社会，特别是同行们对我个人的肯定。我心存感激，这也是对我的一种鞭策。作为一名长期在二线城市基层单位工作的建筑师，能够得到大家的关注并获奖，我想可能有两个原因：一是我一直在第一线工作，在画图；二是大家认可我不仅仅是在做工程，而且在探索中国建筑师自己的路。这些恰恰和梁思成先生一生为中国建筑的复兴奔走呼号相契合；我由衷地钦佩梁先生和林徽因先生，我会认认真真把这条路走下去。

就在程泰宁获得梁思成建筑奖的这一年，他申报院士的进程也在进行。

这话要从 1997 年《当代中国建筑师 程泰宁》出版座谈会说起。就在这次座谈会上，传来了钟训正先生当选为中国工程院院士的喜讯。大家获悉后纷纷向他祝贺，轮到程泰宁时，钟先生说："泰宁，你也可以评啊！"

我也可以么？

他之前可没想过。以他的条件又面临退休，评院士对他好像是痴人说梦，但当时院士无需退休，这对他太重要了，他想继续努力攀登事业高峰，那就试一试吧。

对于程泰宁参评院士，看好的人并不多。有人还预言说："他不去国有大设计院或知名高校，不可能评上。"

这话并非全无道理。与其他拥有优秀资历、良好业界人脉，以及所处平台加持的候选人相比，一个二线城市设计院的建筑师，既无留洋经历也没有高校或国有大院的背景光环，如今又走出体制自创设计所的"个体"建筑师，可谓"低门小户"，短

在聂兰生先生家中（2007 年）
左起：程泰宁、聂兰生、齐康、彭一刚

板明显，评不上很正常。迄今为止，在工程院院士通信录里，一个以自己名字命名的小设计所依然是独一无二的。

程泰宁至今清晰记得在评选前，他请关肇邺先生做他的院士评选推荐人时，关先生对他说的那句话："我非常愿意推荐你，但你要有平常心。"程泰宁在电话里当即回答："您说到我心里了。能评上，正常；评不上，也正常。"

短短两句话，看上去很轻松，但分量有多重，只有他自己最清楚。他真心希望自己能把握住这最后的机会。回想此前入选国家中青年专家，他是踩着年龄线上的（55 岁）；当选中国勘察设计大师也是赶的末班车（65 岁）；这次他已经 69 岁，已是申报院士的年龄上限，还会有这么好的运气么？

尽管对结果充满期盼，但出于自尊，程泰宁在这次评选中没有请托任何人。他只是在征求钟训正先生的认可后，向几位院士送出了几部他的个人作品集。

在第二轮终审的关键时期，程泰宁因出差在首都机场候机走廊上偶遇也在候机的齐康院士。齐先生告诉他吴良镛先生❶也在里面休息，问他要不要进去打个招呼。

程泰宁与吴先生已相识多年。1987 年，程泰宁作为中国建筑师代表团

---

❶ 吴良镛（1922 年 5 月 - ），江苏南京人。清华大学教授，中国科学院院士，中国工程院院士，中国建筑学家、城乡规划学家和教育家，人居环境科学的创建者。

成员去英国参加国际会议时，担任团长的就是吴先生。程泰宁一上飞机就开始画画，引起吴先生注意并主动提出看看他的画，随即聊了起来。1997年，吴先生来杭州开会，特意提前致电给学会负责人，希望下飞机后请程泰宁能陪他看看杭州。那正是程泰宁最困难的时候，连参会资格都没有，学会好不容易找到他。程泰宁只能用借到的一辆桑塔纳车去接吴先生。吴先生兴致勃勃，一路看了黄龙饭店和胡庆余堂。他对黄龙饭店评价很高也提了些看法，殷殷之情，让程泰宁难忘。两年后，清华大学召开地域文化国际学术讨论会，程泰宁又收到吴先生邀请，那时程泰宁只是杭州院建研所的所长。吴先生只认学术、不论门第的做法，一直让程泰宁引为同道。

这次在机场遇上吴先生，按理说，程泰宁进去看看他再正常不过，而且他知道申报院士如果能得到吴先生支持，胜算肯定更大。但正是想到了这一点，他犹豫了。过些天就是院士终选的日子，他不想带着这种念头去见吴先生。他对齐先生说："我不进去了，下次再去看他。"

2005年12月21日晚上，程泰宁当选院士的消息公布了。最早得知这个消息的钱江晚报记者章清给他家打电话，接电话的是徐东平。她说丈夫去西安出差，这会儿应该还在回来的飞机上。晚上11点，一身疲惫的程泰宁才从萧山机场出来。

在吴良镛院士主持的清华大学人居科学院成立会上（2015年）
前排左三：常青　左四：王瑞珠　左六：孟兆祯
左七：吴良镛　左八：程泰宁　左九：何镜堂

第十七届院士大会在人民大会堂召开（2014 年）
左起：关肇邺、崔愷、程泰宁、王小东、张锦秋、江亿、马国馨

后来章清问他开不开心，他说家人似乎比他更开心。妹妹说父亲在得知喜讯后笑得像个孩子，因病卧床九年已基本面无表情的母亲，晚上向陪睡在她身边的大儿子，艰难地竖了一下大拇指。

评上院士后，许多人都向程泰宁表示祝贺，其中不乏"溢美之词"：有人说他当初不肯做官是有先见之明，夸他聪明；也有人说他为了评院士调到中联公司这步棋走得高明；还有人说他大器晚成硕果晚熟，如今终于功成名就了。对于这些议论，他往往一笑了之，不予置评。

还有些宣传说程泰宁"不爱钱、不爱权"，仿佛已不食人间烟火完全超脱于名利之外。这也不符合客观情况。在他心里，名与利都是中性的。只要不把追求名利当作目标，只要不把取得的名利用于钻营谋私，就无可厚非。名利不是洪水猛兽，也绝不应是前行的方向和动力，而是人生路旁的鲜花与面包。看不到它，也要一路前行，哪怕征途漫漫、道艰且阻；如果有幸路过，摘取一些补充给养，支撑自己继续前行，也很正常。在程泰宁看来，让对社会作贡献的人名利双收，符合资源的优化配置。他常说，人最好的状态，就是得到的比应该得的要少一点。过少有失公允，过多则可能产生压力包袱。他之所以把梁思成奖的 10 万元奖金悉数捐赠给四川省教育基金会，不是因为他多有钱，而是觉得自己得到的"多了"。对他来说，精神鼓励更

217

重要。他觉得，在人生时光的旅行里，最好的奖励莫过于峰回路转后卸去压力的从容和轻快。

这就是程泰宁的名利观。

评上院士，程泰宁即将踏上新的征途，他说：

我希望当选院士能支撑我走一条自己的路，一个中国建筑师的路，这不仅是出于我对中国文化的了解和钟爱，以及认识到在跨文化发展的过程中，趋同性和多元化永远是一枚硬币的两面，更重要的是，通过自己的创作实践，我相信这条路是可以走出来的。❶

❶ 谷伊宁. 专访我省新科院士［N/OL］. 浙江在线 - 钱江晚报，2005-12-14.

5 渐入佳境

作为改制试点的大师所，在成立伊始就是一个极具个人色彩的特殊存在。

它承载着程泰宁的梦想与使命，是一个兼具"学术性""现代型"和"市场化"特色的工作平台，也是一支集产、学、研于一体、拥天下英才共创大业的追梦团队。

为了清晰说明大师所的特色，程泰宁画了一个三角形，把"学术性"放在最上面，下面是"现代型"和"市场化"。他说，"学术性"是大师所的核心价值和使命、是公司管理的目标和抓手，是区别于其他设计机构的特质，他希望大师所能依托学术领先参与市场竞争，凭借学术创新引领建筑设计行业发展；"现代型"是指开放型的混合所有制股权结构机制，是大师所渴慕人才的诚意体现；"市场化"是大师所立足生存的根本，是支撑大师所运作的资源保障。

2017—2018 年会股东致辞合影

在龙岩党校项目调研（2020 年）
左起：张莹、程泰宁、吴妮娜、胡新、
殷建栋、黄斌毅

在新迁办公室（2018 年）
左起：赵曼、程泰宁、王幼芬

按照"现代型"理念，公司不仅陆续完成了三轮股权开放，新引进周旭宏、薄宏涛、胡新、郑庆丰、殷建栋、王大鹏、于晨七位自然人股东，还在2011 年更名为中联筑境建筑设计有限公司（以下简称"筑境"）。

更名后的筑境，虽然淡化了程泰宁的个人色彩，但对吸收更多更优秀的高层次人才、对发挥董事和股东的积极性，都是非常有利的。而对程泰宁来说，做经营、搞管理，向来不是他的诉求，他一直希望能把精力都投入创作中，只是苦于物色不到合适的人选。

胡新就是在这样的情况下于2005 年加入公司的。此前他在王董国际（香港）工程设计公司工作，对香港建筑师事务所和国内设计院的运作机制比较熟悉，对主创建筑师的核心诉求也很清楚。他勤奋务实、思路清晰、责任心强、综合素质很好。

加入后，胡新从总经理助理做起。那时他刚三十出头，样貌清秀、文质彬彬，但工作起来却像"拼命三郎"。为了让他尽快进入角色，程泰宁对他说得最多的，就是三句话：一要有大局观，二不要怕矛盾，三要有执行力。

与作设计一样，程泰宁对管理要求也很高。起初，胡新没少"挨批"，但他不发牢骚不撂挑子。对于认准的事，他有一种想方设法坚持下去的执着，要么努力说服程泰宁要么努力转变自己的思想认识。渐渐地，两人的管理理念与思想方法越来越接近，工作配合愈发默契，经常"换位思考""相互成就"。程泰宁会为了支持胡新的经营工作出席一些他本不想参加的活动，胡新也会想方设法为程泰宁争取更好的项目机会。尤为难得的是，胡新的工作投入和经营管理能力也得到了公司核心建筑师团队的一致认可。要知道优秀建筑师都很有个性，能做到这点很不容易。

功夫不负有心人。两年后胡新顺理成章地出任了总经理，全权接手了筑境的管理事务。2021年，程泰宁又将筑境法人变更为胡新，接替他成为筑境的新任董事长。2023年，程泰宁不再担任董事。

有人说，这种"大撒把"式的放权是因为程泰宁不想把精力放在管理上。这话只说对了一半，更主要的还是胡新的投入、能力和经营业绩，赢得了程泰宁的信任。

筑境的管理事务由董事会负责决策，经理层负责贯彻执行。程泰宁只关注大方向。他会在每年一次的董事会上不断重申"学术性、现代型、市场化"的三角定位，因为要大家都能理解并在日常运营管理中落实下去，并不像他想象的那么容易。有一年，有位董事负责的生产单元在市场竞争中遇到了困难，在公司年会发言时就"创新"地将程泰宁的三角转了一下——把"市场化"放在了最顶端。程泰宁能理解他是有感而发，但还是在董事会上及时拨乱反正。

机制理顺了，公司在董事团队和运营团队带领下发展很快。2012年获得由中国建筑学会颁发的"当代中国建筑设计百家名院"荣誉称号，2013年入选年度中国最具影响力建筑设计机构。截至2022年底，公司年产值超3亿元，人员规模达到500人，在北京、上海、南京、杭州、青岛、厦门、成都等地设有分支机构。公司获奖项目累计近百项。8位建筑专业股东，除程泰宁外全部是硕士以上学历，其中博士4人。他们中，有浙江省设计大师1人（王幼芬），获中国青年建筑师奖两人（薄宏涛、王大鹏）。特别是在近几年，随着连续中标一些大型项目，以及在文化建筑、高铁车站（站城融合）以及首钢工业遗存改造等领域取得的骄人业绩，"筑境设计"已成为业内颇具知名度的设计品牌。

对于公司发展呈现出的良好态势，有人和程泰宁开玩笑说他是"坐享其成"。他心下暗喜，他要的就是这样的效果。与其花心思做管理，他当然更愿意在一线冲锋陷阵、身先士卒。

他迅速回归到建筑师岗位，而且一直是筑境科研力、生产力和年纪最高的一位。只要经营团队给他合适的任务，他就心无旁骛，即使再忙再累也身心愉快。

他和其他人一样称胡新为"胡老板"。拿到新任务时，他常和胡新开玩笑说："我就像个杂技团里表演抛球的猴子，你胡老板给我一个项目，就如同抛给我一个球。我要接住也要让手上的球都能抛起也能接住。你尽管给我吧！我不怕球多，再多的球我都能让它们稳稳地抛起来，保证一个都不会掉到地上！"有段时间特别忙，有心的同事帮他统计了一下，他当时操作的项目，从前期方案、施工图到施工图修改以及现场选材效果控制和协同景观、室内设计的不同阶段，一共有 16 个之多。

程泰宁和他创建的筑境，终于迎来了属于他们的顺意佳境。

厦门同安新城中标方案（丙洲片区）（2015 年 中国·福建·厦门　实施中）

西安交通大学科技创新港科创基地 8-9 号楼（2017 年 中国·陕西·西安）

青岛（红岛）铁路客站（2016 年 中国·山东·青岛）

湛江文化艺术中心　国际招标中标方案（2014 年 中国·广东·湛江）

6 重返母校

自 2007 年开始，程泰宁陆续接受了浙江大学、东南大学和西安建筑科技大学聘任，成为其客座教授、研究生导师。2008 年，他又通过母校领导努力正式调入东南大学。入校后，母校希望他能多承担些科研工作，这正合了他此前"两条腿走路"的想法。2008 年 9 月，由他领衔的东南大学建筑设计与理论研究中心挂牌成立。

中心成立后，得到了学校历任校长和书记的支持。与中心渊源最深的建筑学院，对中心的工作也提供了大力的协助。

中心在成立后的十余年内，先后承担了多项国家重要科研项目，其中包括中国工程院重大、重点咨询项目，国家"十三五"重点研发计划课题和住建部政策研究课题；举办了中国当代建筑设计与发展战略国际高端论坛、程

东南大学建筑设计与理论研究中心成立的揭牌仪式（2009 年）
第一排从左往右：钟训正、张钦楠、刘先觉、吴明伟
第二排左二起：陈薇、钱强、王建国、王幼芬、顾小平、程泰宁、王保平、金磊、王路、黄居正、胡新
第三排左五起：唐斌、冷嘉伟、安宁、龚恺、费移山、刘捷

泰宁建筑作品展等重要学术活动和展览；牵头成立了中国建筑学会建筑文化学术委员会，为推动建筑文化事业发展搭建平台。

中心在建筑界非常活跃，在学术界也颇有影响力。但很少有人知道，中心其实只有几位核心教师。他们多才、强干、各有所长。

协助程泰宁全面主持中心工作的副主任王静老师，兼具科研、教学与工程设计等多方面经验和成绩。她头脑清晰，组织协调能力很强，除承担科研任务外，还承担了大量策划、组织和协调工作，在中心开展的重大科研项目以及学术活动的组织中发挥着重要作用。

有着较好文化素养的费移山老师，是程泰宁重要的学术助手。作为骨干成员，她参与了中国工程院重大咨询研究项目、"十三五"重点研发计划课题和自然科学基金等多项科研工作。她还协助承担了"程泰宁建筑作品展"的系列策展工作并具体负责展陈设计。

坚持学术研究与实践创作并重的蒋楠老师，在程泰宁的影响下，一直关注基于文化传承的当代建筑创作以及文化遗产保护利用，除参与中心多项课题外，还主持参与了多项建筑工程实践，获省部级奖项 20 余项，设计及教学成果受邀参加 2021 上海城市空间艺术季、中国建筑艺术双年展等重要展览。

有了东南大学的科研平台支撑，有了精干得力的科研团队，程泰宁的学术研究再也不是"单打独斗"了。

师者，传道授业解惑也。尽管程泰宁并非学院派出身也没有学过教育学，但他知道为人师者既要教书也要育人。面对与自己相差一代人年纪的大学生，他很自然地待之以"父母心"，他希望这些中国建筑事业的接班人，在年轻时就能立志做好中国建筑，未来成为国家的栋梁之才。

他常对学生说："我希望你们做好中国建筑，不是狭隘的民族主义。不要总是跟在别人后面，我们为什么不能做得比别人好呢？我们做好了，对世界建筑发展也是贡献啊！"

在教学过程中，程泰宁不愿采用同质化的培养模式，像蒸馒头一样，一屉屉都一模一样。他会根据学生的不同特点因材施教，为他们的长远发展提供各自不同的建议。他也会根据自己的学习和工作体会，寓教于"熏"地向学生传授建筑学的"术"与"道"，希望帮助他们在理解和思考的基础上形成自己的建筑观。

程泰宁很注重对学生自主学习内容的引导，会要求学生在建筑学科外多学习古今中外包括哲学、国学、美学、绘画和历史等文化领域的人文知识，加强人文修养和批判意识。他在《南方周末》上看过香港建筑学者罗庆鸿写的一篇文章，文中细述了自己四次申请入读加拿大英属哥伦比亚大学（UBC）建筑学院均告失败的"惨痛"经历。其中讲到最后一次面试他的是建筑学院主任 Chuck Tier 教授。当被问到是否学过心理学、社会学、人类学而罗先生回答说没有后，教授说，当前西方建筑学术理念相当混乱，许多教授也不知道这条路该怎么走，所以希望招收的学生中能有一些与建筑学看似毫不相关的专业学位，这样或许有利于学院从多方向、多角度进行探索。程泰宁觉得，Chuck Tier 教授的想法和学院的做法，与他的想法是相似的。

除了要求学生广泛涉猎自主学习之外，程泰宁还要求他们重视积累生活体验、工程体验和审美体验，努力在各种体验中提高悟性。

硕士研究生的学制一般为三年，程泰宁把它分成三个阶段：第一年在学校修学分。第二年为实践期，跟他做工程，这比空讲理论的效果好得多。不过，与带同事作设计不同，在与学生作设计时，他不会只出草图交代做法，而是尽可能多地和他们交流，听取他们的想法，分析指出其中的利弊，然后把他的思考过程告诉学生。他希望在这个过程中给学生输入一些设计之外的理念，让他们理解建筑是什么，应当如何作设计，过程中要考虑哪些问题，

东南大学建筑设计与理论研究中心的同事和学生们（2019 年）
左起：戴文诗、刘鹤群、刘青、苏夏、费移山、王静、程泰宁、张天钧、仲梦丽、蒋楠、戴一正、米锋霖、刘焱

让他们在实践中领悟到作设计不是只有一种模式，要针对不同情况区别对待。在实践期，还可以引导学生结合所做的项目确定研究生论文题目，这样第三阶段便可正式开题并完成论文撰写，直到论文答辩通过。

这种教学模式拉近了教与学、产学研的距离，也拉近了导师与学生的距离，可以让学生对建筑学有更全面的理解。不少学生在毕业多年后，都谈到了这段经历给予他们的影响和帮助。

程泰宁和他的学生们保持着密切的沟通和联系。尽管他的学生在读研时大多只有二十多岁，是他孙辈的年纪，但他们交流无障碍。程泰宁反应快、思维敏捷，与学生总有聊不完的话题和谈资。学生们常惊讶于他知道的比他们想象的多得多。对于当下的流行音乐和歌手，对于热门影视甚至网络用语，他都能听得懂、说得出。

程泰宁在生活上也很关心每个学生。他会挂念因意外受伤的学生，也会八卦地询问他们是否有男女朋友，还时常像哄小孩一样拿好吃的招待学生。他很少参加饭局却从不会拒绝与学生一起吃饭，常被学生们戏称为"80后"。

学生们和程泰宁的感情很好。每年教师节或者他过生日，天南地北的学生都会尽量赶来相聚。他们会精心准备礼物，有时是一台留声机，有时是一本饱含心血的纪念册。见面时热热闹闹，宛如一个大家庭。师生们边吃饭边聊天，分享各自的情况，其乐融融。这也是程泰宁最幸福的时候。

2019年，为祝贺老师生日，学生们自发编制了一本《师承泰宁2007/2019》的纪念册。纪念册的第一页是程泰宁题写的16个字："快乐工作，天天向上。爱你们，我的孩子们。"这本册子编入了近百位学生和老师在一起的照片并写了各自的感言。这些感言在一定程度上反映了程泰宁对他们的学习、工作以至人生的影响。

他们把跟随程泰宁学习，看成"是我一生中最值得铭记的日子"，"是我最难忘的人生经历"。

"老师的创新思维、不断学习的精神，对工作执着热爱的态度，已经在潜移默化中影响了我。"

"心摹手追，持之以恒，止于至善。是老师做建筑的态度，更是老师言传身教给我的人生态度，执此信念，无畏远行。"

教师节与学生相聚（2017 年 9 月 10 日）

"是我人生道路上的一盏明灯，希望能追随您的脚步，成为一个更好的自己。"

"我不是最有出息的学生，但我会一直记得您对我说的那句坚持做对的事情。"

如今仍在程泰宁身边工作的学生则说："在老师身边学会的最重要的两件事：不拘周遭，眼里有世界；无畏时间，心中有少年。""与老师相伴春夏秋冬，与老师共历酸甜苦辣，愿未来如您所愿，与建筑不离不弃。"

……

在程泰宁看来，师生间不是单方面的"授业解惑"，学生们的朝气，包括他们在跟他作设计、写论文时生发出来的思路和创意，也会反过来激发他的创作和生活激情。

程泰宁的学生在毕业后，许多成了单位里的技术骨干。他们取得的每一份成绩都让他感到欣慰，他常说学生就是他的骄傲。

第九章
泰宁尺度
（2009—2023）

　　"泰宁尺度"，源自于 1997 年张在元发表在《建筑师》杂志的文章题目。所谓"泰宁尺度"，不仅是一种恰如其分的建筑尺度，也是程泰宁对建筑设计过程中整体性与恰到好处的"分寸感"的把握。有了基于自己的建筑哲学、东方美学与创作经历的"尺度"，才有创作境界可言。

1 用作品说话

　　作品是创意工作者最好的名片，也是他独特人格、审美、修养、哲思与创作力的综合呈现。用作品说话，体现了他对这份工作的最大尊重。至今仍活跃在创作第一线的程泰宁就是这样做的。

　　年至耄耋却依然中气十足的他，在新世纪的二十余年中以每年平均一到两个实施项目及三四个方案的增速，不断刷新自己的作品清单：上海中心（方案）、龙泉青瓷博物馆、南京博物院二期工程、宁夏大剧院、西安大明宫遗址博物馆（方案）、上海君康金融广场、临沂沂蒙革命纪念馆、湘潭博物馆与规划馆、温岭博物馆、浙江黄岩博物馆、苏步青纪念馆、苏州越城遗址博物馆、湛江文化艺术中心（方案）、天津美术学院（方案）、南京美术馆新馆、青岛红岛铁路客站、北京副中心城市设计与建筑（概念方案）、长春世界雕塑艺术博物馆、厦门新体育中心与新会展中心城市设计、厦门新会展中心、北京新国展二三期城市设计及建筑概念方案、西安交通大学科技创新港科创基地8及9号楼、南京北站站房暨站城融合核心区设计方案、杭州西站枢纽城市设计与建筑设计、厦门超级总部（方案）、国深博物馆（概念方案）、北京城市副中心大剧院（概念方案）、江阴中华国乐中心、徐州宕口酒店、淮安中国水工科技馆、西昌电影博物馆聚落中国电影发展馆、四川凉山州博物馆、北京协和医学院天津校区、衢江姑蔑古国考古遗址公园博物馆、长沙湘江科学城核心展示区标志性建筑……

上海中心方案（2007 年 中国·上海）

北京城市副中心城市绿心起步区详细规划及剧院、图书馆、博物馆建筑设计方案 国际设计竞赛入围（2018 年 中国·北京）

这些项目，有的在建成后获得了国家和省部级大奖，有的正在建设实施，有的则是以"全华班"阵容在国际顶级竞赛中赢得了设计权。

程泰宁向来不怕与国外建筑师同台竞技。对手越强，他劲头越足、斗志越高。从古巴吉隆滩胜利纪念碑算起，这样的同场竞技已有近 20 次。其中既有胜出的黄龙饭店、浙江美术馆、南京博物院、南京美术馆新馆、湛江文化艺术中心、厦门一场两馆新会展中心、杭州西站枢纽、长沙湘江科学城核心展示区标志性建筑等项目，也有输掉的项目，如古巴吉隆滩纪念碑、上海南站、上海中心、北京副中心大剧院、国家自然博物馆等，胜负差不多五五开。

落选的原因错综复杂，程泰宁不想分析技术之外的缘由，但他想做个技术性复盘，出本书。他不想让这些凝聚着心血的原创方案付之东流，哪怕能为其他建筑师提供一份参考也好。他更希望他们愿意接受挑战，勇于面对竞争，用实力证明自己不比国外建筑师差。

对于程泰宁在这个年纪还这样"拼"，许多人都很难理解。他们劝他"悠着点，只做点精品"就好了。他何尝不想这样呢。可是，一个项目能否成为精品是很难提前预知的。方案是否出彩，投标能否中标，设计能否完善，建造能否实现较好的完成度，都存在不确定因素。

仅以设计而论，不仅需要天时（此时）、地利（此地）、人和（自己），有时还要靠"神助"，如加纳剧院的改址契机、浙江美术馆的失而复得。为此，

231

程泰宁常用"文章本天成，妙手偶得之"来形容建筑精品的得来不易。他认为建筑也是"本天成"的，但即使是妙手，也只能通过多做才可能多出精品。

究竟什么样的建筑，才能算作精品甚至成为一代经典呢？

程泰宁是这样说的：

一个建筑，要想成为精品乃至经典，既要典型反映其所处时代的历史特征和文化风貌，也要能够代表当时最高或较高的建筑艺术水准和建筑技术成就。它应该是其所处环境的产物和记忆，因而无法复制也不可超越。❶

在程泰宁心中，这样的经典当属巴黎圣母院、印度泰姬陵、朗香教堂、悉尼歌剧院、布达拉宫以及没有形制束缚却与自然浑然一体的浙江、云南、川西、贵州以至西北的中国民居……

厦门新体育中心、新会展中心城市设计及建筑设计（2019年 中国·福建·厦门 施工中）

---

❶ 乔辉，陈敬，佟金恒. 搞科研既要有"野心"，也要有一颗平常心［OL］. https://tech.qq.com/a/20190808/003954.html.

江阴中国国乐中心（2018年 中国·江苏·江阴 施工中）

　　以泰姬陵为例，他在读大学时就知道它的建筑比例很美，细部也很精致，但真正打动他的，还是多年后从一部电影中目睹它"真容"的那一刻。纯洁美丽的泰姬陵，在皎洁的月光下，宛如一位仪态万方的皇后般楚楚动人。他当时就在想象，建造这座皇陵的莫卧儿王朝皇帝，在看到如同复活了的"皇后"时，会是怎样的心情？谁能不被这段凄美的爱情故事打动呢？

　　这就是经典建筑的魅力。它们以其蕴含的历史性与故事性构成一个时代和所处环境的永恒记忆，以其强烈的艺术感染力把人们带入某种意境和心境的体验中，从而唤起人们对"记忆、意义与未来"的永恒思索。

　　建筑师的时代性，决定了他们通常只能代表他所处的时代。然而，总有极少数建筑师可以做到传承时代。波兰建筑师、纽约世界贸易中心重建项目的总体规划建筑师丹尼尔·李布斯金在他的《破土：生活与建筑的冒险》一书中曾立下豪言，说他的建筑"呈现了过去，对未来发声"。程泰宁也表达过类似的心愿。他说，我做建筑不求流行，但求流传。

　　对他来说，用作品说中国话，用建筑讲中国故事，在亲手营造的建筑理想国里找到自己的精神家园，似乎圆了他年少时的文学梦。他生命中的"记忆、意义与未来"，幻化为创作中的"灵感、意象、通感、直觉"，频频闪现在他眼前，在恍兮惚兮中等待被他捕捉，继而通过他的画笔，以布局、光影、几何、材料、空间、色彩……予以呈现，最终转化为一张张草图、一个个模型、一座座建筑。

凉山州博物馆（2022 年 中国·四川·西昌 施工中）

衢江姑蔑古国考古遗址公园博物馆（2022 年 中国·浙江·衢州 施工中）

　　用作品说话，不只是一种态度一种追求，最重要的还是如何用作品说话。

　　我小时候听过一个故事，说四川有一个人，年轻时跟他爸爸做石匠。他立志要在山崖上凿出一尊很大的佛像，于是每天用绳子从山顶上吊下一块木板站在上面工作，从年轻一直做到很老。就在雕像快要完成的那天，人们都来了。他在最后雕佛像鼻子的时候，不知道是因为太激动太紧张，还是年龄大了，手上力气不够了，结果一不小心把鼻子上面碰掉了一块。他一下脸色大变，拿斧头砍断绳索，让自己坠入悬崖……

　　我不知这是不是真的，但其中蕴含的工匠精神，那种一辈子只专注做一件事情并做到完美的精神，给了我极大的震撼，至今不忘。许多现代建筑外表看起来不错，仔细看看却是非常粗糙。没有细部，没有精巧的节点，施工问题更多。比如建筑内部刷漆一般要求刷四遍到五遍，但是经常只刷一遍，结果没两年就掉漆了。很多我们设计师想做的，在具体建造过程中却做不出

来，或做出来很粗糙，最大的问题是工匠精神的缺失。过去的很多建筑规模宏大，但是雕琢特别细致，都是匠人一锤一锤做出来的。❶

一辈子只专注于一件事，并把它做到完美。这就是程泰宁追求的工匠精神。对他来说，没有最好，只有更好。"增之一分则太长，减之一分则太短，着粉则太白，施朱则太赤"，这句用来形容美女身材和肤色恰到好处的话，很适用于他对建筑尺度和色彩的把控。

金都华府是程泰宁创业初期的第一个项目，项目组初次与他配合，不知道他对建筑尺度的控制精度，将庭院柱廊的柱子尺寸按照结构专业规范的独立柱尺寸设计为 300×300。而他因当时工作太忙忽略了这件事，直到去现场时才发现。他本可以含糊过去，但为了建筑效果他还是争取到了项目经理的支持，最后将这些已经伸出地面的柱子裁去，统一改为 180×180。

对于建筑材料的选择亦如此。2007 年，黄龙饭店因经营需要准备扩建 5 万 m²。因扩建规模太大，对原建筑群的空间形态有所破坏，程泰宁谢绝了黄龙饭店的设计委托。扩建工程最后是由一家美国设计机构完成的，但对原有建筑部分的外立面维修和改造是由程泰宁控制的。由于能烧出"黄龙蓝"的窑土没有了，改建时只好采用颜色比较接近但色彩稍重些的"孔雀蓝"替换。

为了寻找新的外墙面砖，他专程与建设方一同赴日本去选材料。到日本伊耐公司时，厂里已经拿出许多样品。程泰宁拿着样品趴在地上看，拿到阳光下看，让日本厂商感慨地说："您是我们碰到的这么能'折腾'的第二个人，第一个是 30 年前的矶崎新。"一同前去的建设方对他这么"折腾"不理解，私下议论说是不是他的色彩感觉太个人化了。等到了爱荷达陶工厂挑选瓷砖时，他口中报出的几组样品色彩和反光度偏差范围，居然与厂家用测试仪器测出的数据完全相符，令在场的人啧啧称奇、心悦诚服。

这样的例子不胜枚举。只要是能把控的环节，程泰宁都希望做到完美。然而，建筑师与故事里的石匠不同，建筑不是一个人的艺术，它的工程属性

---

❶ 程泰宁：文化传承重在"传神"［M］//江苏省住房和城乡建设厅，江苏传统建筑研究中心主编．传统营造大师谈 I．南京：东南大学出版社出版，2018. https://www.sohu.com/a/253428008_488812.

在日本爱荷达公司挑选黄龙饭店面砖材料
（2007 年）

在浙江美术馆工地（2006 年）

决定了必然受制于各种条件，受到各种干扰。

以浙江美术馆项目为例。由于是限额设计，项目总投资只有两亿元，也就是说造价要控制在 6200 元 /m² （最后结算是 5850 元 /m²），而贝聿铭先生设计的苏州博物馆造价达 16000 元 /m²。在这样的预算控制下，即使在设计时已对构造技术、节点设计、材料选择做出极为细致且最经济的考虑，但因外遮阳造价太高，无法采用，建成后的玻璃屋顶隔热效果仍不理想，至于构件连接节点不够精致，也完全不是设计问题，但不了解的人就会把这些遗憾怪罪到建筑师头上。又如，对于杭州铁路新客站站房的建筑造型，有不少人嫌它过于单薄，不够气派，殊不知在弹丸之地的场地条件下，要想实现"站房与酒店"于一体的功能，还能有更好的答案么！

这就是建筑师必须面对的两难选择。只追求工程顺利建成而没有对品质的匠心追求，诚不可取；只追求完美却无法实现，在碰壁时灰心丧气、听之任之，亦不足取。程泰宁认为，建筑师是一个"戴着镣铐起舞"的职业，尽管客观条件和话语权通常有限，尽管建筑常被称为"遗憾的艺术"，但建筑师仍要游走在理想与现实之间，通过努力找到最恰当的平衡点，从而最大程度地追求完美、减少遗憾。

他说，追求完美是一种工匠精神，坚守底线也是一种工匠精神。

　　　　有了工匠精神还是不够的。

任何行业只有工匠精神而缺乏文化，最多只能成为能工巧匠，建筑设计尤其如此。作家丁七玲在她的《儒匠——程泰宁传》中，称程泰宁"知识渊博、学养深厚、能画善文、风度儒雅，谓之儒；思想深邃、见解独到、不断探索、求变创新，谓之大匠。"这样的评价很准确。他作品中体现出的"中国的""当代的"特征，是基于他所理解的以东方哲学和美学思想为支撑的建筑文化精神。而他的"文人气"精神内核，让他的作品"得势""得韵""得性"，让他的创作以归于自然的生命智慧和丰富蕴藉的人文情怀，营造出中国道禅哲学的情意世界，启发了中国人文建筑的省思与探究。

从业一个甲子有余，程泰宁设计建成的作品数量已有近百项，这些作品都很强调"创新性"和"唯一性"，因为他的设计没有固定的风格。有位同行更是在一次学术讲座上直接说他"善变"。确实，人们很难从"形"上去定义他的"风格"。他的设计没有程式化的"符号和套路"，也没有某些建筑师那样的"招牌性"辨识度，但细细揣摩就会发现气质上的与众不同。

很难用一些简单的概念来定义程泰宁的设计风格，他那些建筑作品看上去既不贴近"传统"，又不是异形怪状的"超前"：他既不是任何新潮理念的实践者，也不是原教旨文脉主义的拥趸……所有贴标签式的建筑实践都与他无缘。❶

对此，程泰宁的解释是：变化是必然的，设计题目不同，项目所在地的自然和文化环境不同，技术经济条件不同，时代不同，建筑师的个人素养不同，设

在杭州西站工地（2023 年）
左起：郭雪飞、金智洋、严彦舟、陈立国、程泰宁、于晨、张莹、郑庆丰

❶ 文敏. 话语缠绕中的沉思——程泰宁院士访谈［J］. 书城，2011（1）.

计出的建筑怎么可能一样呢？因而，他反对"招牌式"或程式化的设计。他认为，作设计的最高境界是"自然"，即建筑应该是在不同环境和条件下的"自然生成""浑然天成"。

每次面对新工程，他都会先"归零"，清空过去，然后怀着敬畏之心从头开始。他会忘掉他人的"特色"忘掉自己的"套路"，新的项目该怎么做，想怎么做，他就会那样去做。

文如其人，建筑亦如其人。在同行眼中，程泰宁的作品，儒雅、精致、内涵丰富，恰如他给人的第一印象。翻开他的作品集，一个个形象迥异的建筑迎面而来，散发着浪漫的诗画意境和文人的书卷气息，让人能体会到建筑师贯穿其间的对中国文化精神的不懈探索。

实中有虚、化闭塞为空灵的黄龙饭店，通过自然围合出的庭园，营造出江南园林"移步换景"的意境体验。通过建筑传达的文化意象，包括陶渊明的"悠然见南山"以及华灯初上后的《韩熙载夜宴图》长卷，都让人心动；

依山傍水，错落有致，虽为人造，宛如天开的浙江美术馆；粉墙黛瓦，坡顶穿插，黑白构成的江南流韵，营造出了中国水墨的画境与杏花春雨的诗境；

吸收了中国传统建筑布局精神的金都华府，以"五院一轴一中心"的格局悄悄诉说着"庭院深深深几许"和"人文的月光照庭院"的人居情怀；

"鹭起鸥落、云卷云舒"的悦海湾酒店，以独特弧形板式造型创造了"面向大海，春暖花开"的诗情画意，诠释了"天人无二，不必言合"的境界；

北望老山、南眺长江的南京美术馆，不规则的回字形平面轮廓，宛如金陵山水间的一片云霭；架空 18m 的 3 层主体结构，宛如云中山水，将自然、城市与建筑融为一体，体现了鲜明的中国调性。

除了诗画意境和书卷气息，程泰宁的作品也很容易让人看得清，听得懂。

集"晶体之美与滩涂辽阔之美于一身"的中国海盐博物馆，像不像"一捧盐洒落在滩涂上"？

"让瓷韵在田野上流动"的龙泉青瓷博物馆，似不似考古发掘中层叠的青瓷器物破土而出，而后自然放置在田野之中？

宛如"穴居"的越城遗址博物馆，不就是程泰宁幼年时用被子撑开的"洞穴"么？

"晚风拂柳笛声残，夕阳山外山"中的"水上青莲"弘一大师纪念馆，可否借以象征"华枝春满，天心月圆"的人生境界？

……

相隔万里且语言不通的加纳国家剧院和马里会议大厦，又该作何解释呢？

浙江美术馆（2003年 中国·浙江·杭州）

建成后的效果就是最好的解释。事实证明，他的建筑作品早已跨越了地理、语言和文化的差异，得到了加纳人民和马里人民的接受和喜爱，也获得了美国学者和南非建筑师的欣赏和推荐。这不正是世界精品的魅力与魔力，是走在创新大路上的中国建筑师值得自信和自豪的成就么？

正因为程泰宁的作品"说"的，是中国建筑师在这个时代想要说、也必须说出来的"中国话"，人们才能感受到一种"自然而然"和"浑然天成"，即程泰宁追求的"意"与"理"。2022年，在参观完"追梦·山水间"程泰宁建筑作品展（上海站）后，同济大学建筑与城市规划学院李振宇先生将程泰宁的作品归以三个关键词："儒雅、自然、江南"，并以诗相赞。《建筑学报》执行主编黄居正先生，则称他"器大者声必闳，志高者意必远"。❶

以浙江美术馆为例，在开展第一天，美国人 Daniel Sanders 就夸张地连用了三个"impressive（印象深刻的）"来形容浙江美术馆❷；国际米勒艺术基金会代表专家考察后评价："建筑优美，设备完善。"以凯利·莱尔斯与简·艾尔弗特曼为团长的美国艺术访华团一行参观浙江美术馆，对浙江美术馆一流的馆舍环境和展览设施赞不绝口。

俗话说，内行看门道。聂兰生称赞浙江美术馆"就像一片矿石上面点缀着许多宝石结晶"，灵巧、剔透，宛如浙江的山水画。中央美院原院长潘公凯对程泰宁说，你设计时一定想到了

厦门悦海湾酒店（2012年 中国·福建·厦门）

❶ "追梦·山水间"程泰宁建筑作品展·上海站盛大开幕［OL］. 筑境设计，2019-4-10. https://www.sohu.com/a/307144233_713735.

❷ 林梢青. "莫拉克"也不能阻挡近万人对"美"的向往［N］. 今日早报，2009-08-10.

南京美术馆新馆（2016 年 中国·江苏·南京）

山石的意象。清华大学建筑学院院长张利，则把这个建筑与瑞士建筑师瓦尔特·弗厄德勒的瑞士库尔圣十字教堂相比较，认为他们都明确以创新拒绝平庸："两个建筑都令人信服地对本地的山水自然（历史）识别性给予优雅的回应与加强（浙江美术馆是对西湖、山麓与雷峰塔，库尔圣十字教堂是对库尔的雪山）；两个作品又都不动声色地把本地的识别性与外部空间的诗意无缝地延续到室内，借助中央的光线形成令人难忘的空间高潮，体现着一种兴起与繁盛，给予观者印象深刻的心灵愉悦。这种独特的文人式自在，是中国当代建筑最令人感动的气质之一，也在建筑文化自信方面提供着鲜明的说服力。"

浙江美术馆还得到了国外顶级建筑师的高度认可。奥运会"鸟巢"的设计师、瑞士建筑师德·梅隆在浙江美术馆设计招标时曾来过杭州，诚挚希望能有机会把浙江美术馆打造成如梦似幻的"雾气"，以缭绕西子湖的"空山新雨"，直到看到建成后的浙江美术馆，他心悦诚服，向程泰宁表达了热烈的祝贺。❶ 对美术馆设计发出由衷赞赏的，还有法国建筑师保罗·安德鲁。

安德鲁比程泰宁小三岁，毕业于法国高等工科学校、法国道桥学院和巴黎美术学院，代表作品有巴黎戴高乐机场候机楼和中国国家大剧院等。2010年，他到杭州参加学术活动，主办方想邀请程泰宁去参加一场有关建筑的文化对谈，被他婉谢了。他觉得，国外建筑师对中国不了解，这种对话往往是单向的，无论是恭维还是批评都没什么意义。没想到安德鲁再次托主办方转告说，他此行专程去参观了浙江美术馆，看完很有感触，想与程泰宁当面交

❶ 周天晓、王婷、严粒粒. 浙江美术馆，一个文化地标惊艳世人的背后：丹青不渝　美美与共［N］.
浙江日报，2017-10-10.

海盐博物馆（2007 年 中国·浙江·杭州）

流一下。这就有了平等对话的基础。程泰宁接受了邀请。

一见面，安德鲁就对浙江美术馆连连称赞，出于礼貌，程泰宁也表达了对他作品的赞许。估计是看出了他的客套，保罗先生表情突然严肃起来，他把手放到胸口，郑重地说和程泰宁见面很高兴这句话是由衷的。这一来倒让程泰宁有点不好意思。他们当天聊了很多很大的话题，他们的谈话《城市·建筑·文化——与保罗·安德鲁先生对话》刊登在 2010 年 7 月 53 期《HOME 绿城》杂志上。

在交流中，程泰宁发现安德鲁与他有许多观点很契合。例如，安德鲁说："尊重文化传统与历史，是因为它能给我们滋养，就像一个沙发上的垫子一样，可以让人舒服地倚靠，但我不可能回过头去拔一根毛或者剪一块布下来，我肯定得往前走。"安德鲁还说："从某种程度上说，中国建筑师和国外的建筑师已经基本属于一种平等对话的状态。"程泰宁听了，对安德鲁的好感增加不少。他说很感谢保罗先生的这番话，如果这番话能让更多的人听到并在社会上形成一种共识，中国建筑师就太高兴了，只可惜现实相差太远。

同一座浙江美术馆，因表现力的丰富给人带去不同的审美体验，恰如一位同行所说的"这就是原创的魅力"。天津大学建筑系黄为隽教授是程泰宁的好朋友，他认为程泰宁的设计个性鲜明，品位高格，功夫老到，风格沉稳，考虑细致且能够突破时代的局限。他说："程先生的作品有自己的风格，而非固定的套路，在杭州有杭州的江南韵味，在加纳也有加纳的异域风情。

上：龙泉青瓷博物馆（2007 年 中国·浙江·龙泉）
下：弘一大师纪念馆（2001 年 中国·浙江·平湖）

浙江美术馆、海盐博物馆、重庆美术馆（未建成）、鲁迅博物馆、假日酒店，
每个作品都细腻精致，很耐看，非常见功底。"❶

如果说山水怡情、诗画悦性，那么让人泪目的建筑，一定是直击人心
的。位于四川建川的"不屈战俘馆"就是这样的作品。

2006 年，王石来到博物馆参观战俘馆时，大声痛哭，对樊建川说了一
句："感动、震撼，非常非常非常感染人。"❷

"去了建川博物馆聚落，印象最深的一个馆是不屈战俘馆，程泰宁设
计。整个文物没有瞅一眼，单单建筑的空间，已经享用不尽了。参观完，
感觉特别奇怪。像是被空间给震撼了，又像是被一种很粗糙的又夹杂着细

❶ 黄为隽. 师友眼中的程泰宁［N］// 袁佳麟，周少聪. 程泰宁：半个世纪的坚守. U.E.D 城市·环
境·设计，2001（4）.

❷ 来源：http://www.pinlue.com/article/2018/03/1621/075796528727.html.

建川博物馆·战俘馆（2003 年 中国·四川·安仁）

腻的东西给感动了，好像心里有千条虫子在爬，四周的空气都在挠我一样……" ❶

　　"抗日战俘，虽然不美好，但却无法逃避，也是历史真实的一面。这是国内唯一一个为战俘修建的博物馆。暗红色墙体围起来的是碉楼，外边是三角形的放风场地。从入口处开始，走了不到 20 步，就不禁赞叹：设计师真棒……" ❷

　　"公元 2011 年 7 月 24 日，余同仆射老弟再次共游建川博物馆聚落，已是时隔 6 年之余，仆射老弟言：每次去不屈战俘馆心里都很沉重，泪眼婆娑，出来沉甸甸的，余同感……" ❸

　　究竟是什么样的设计手法，能让这个位置偏僻且面积只有 700m² 的博物馆如此打动人心，在一众建筑名家的作品中赚足眼球？

---

❶ 来源：http://blog.sina.com.cn/s/blog_64ae81eb01011yoq.html.

❷ 来源：http://blog.sina.com.cn/s/blog_4c8017520100097n.html.

❸ 来源：http://blog.sina.com.cn/s/blog_503ccfbd0100skk9.html.

　　建川博物馆聚落包括 30 余座分馆和 2 个主题广场，是著名收藏家樊建川投资建设的民间博物馆聚落。建设之初，他邀请了日本建筑师矶崎新、美国建筑师建筑协会前主席切斯特·怀东、邢同和、张永和、刘家琨、彭一刚、马国馨、程泰宁以及后来的李兴钢等中外建筑名家担纲设计。不过，程泰宁分到的不屈战俘馆规模小，位置也不好，孤零零地吊在基地的东南角，并不在连续的参观流线上。

　　先天不足的设计条件，反倒是激发了程泰宁对战俘馆设计创意和建筑意象的深入思考。他觉得，抗战中那些被俘的战俘虽然没有"玉碎"但也绝非"瓦全"。他们像一块石头，在不可抗拒的外力冲撞撕裂下有了裂纹、有了扭曲，但仍保持了完整的人格和惨淡的清白。这就是他想传递给参观者的。

　　石头，虽然局部破损变形，但仍保持方整的形体；富于张力的褶皱般的平面肌理，勾勒出了建筑的整体构架；清水混凝土粗糙的墙面隐喻着他们的灰色人生，而暗红色的顶部，既象征着他们曾经遭受的苦难，似乎又昭示了那颗坚贞而又流血的内心；建筑形体虽有破损，却仍然棱角尖锐……高墙夹峙的曲折通道；断裂、扭曲的肌理；迂回曲折的空间序列；墙上开出的很小的洞口；不规则的高窗、窄小的天井以及墙面上乱置的小孔。❶

南京博物院（2008 年 中国·江苏·南京）

❶ 程泰宁. 无形·有形·无形：四川建川博物馆战俘馆建筑创作札记 [J]. 建筑创作，2006（8）.

正是基于对战俘的独特理解引发的博物馆建筑意象，强而有力地撞击了参观者的心灵。

更难的设计题目，莫过于在历史建筑之旁的重新构建。

位于南京市中山门内的南京博物院，中华人民共和国成立前称"中央博物院"，是中国最早创建的国家级博物院，与北京故宫博物院、台北故宫博物院并称中国三大博物院，馆藏地位极高。南京博物馆的藏品最初有 100 万件，其中 60 万件随国民党撤退运往台湾成为台北故宫博物院的馆藏主体，剩下的近 20 万件在新中国成立后运往北京故宫博物院。

南京博物院的主馆被习惯称为"老大殿"，它是第一代中国建筑师设计的重要历史建筑，也是南京家喻户晓的历史文化记忆。它的建造是在蔡元培等人的倡议下，于 1933 年 4 月正式启动的。1935 年中央博物院建筑委员会邀请李宗侃、李锦沛、徐敬直、杨廷宝和童寯等 13 位留学回国的建筑师参与设计图选送（相当于现在的邀请投标），并聘请了由梁思成、刘敦桢、杭立武、张道藩及李济组成的 5 人审查委员会（相当于现在的评标组）。对应"中国固有式"的设计选送要求，徐敬直以其带有明清建筑形式风格的方案入选为实施方案。在建造过程中，筹建处分管建筑设计的梁思成对其进行了设计调整，把主馆改成了仿辽式风格，故而有人把老大殿说成是梁思成的作品。南京博物院的建造历经血雨腥风，从抗日战争到解放战争断断续续共耗时十余年，直至 1950 年新中国成立后才投入使用。随着时代发展，"老大殿"的建筑形象和场所特征已经为广大市民所认同，可惜由于规模有限、功能陈旧，无法适应现代博物馆的展陈要求。

2006 年 3 月，南京博物院二期工程正式立项。由于事关"在太岁身边动土"，设计难度极大。两年里通过多轮次国际招标征集到的 30 余个方案都无法令各方满意。程泰宁就是在这样的压力下参与了最后一轮竞标，并最终以"补白、整合、新构"的设计理念完成了一个矗立在经典之旁有着明显的"中国味"，在气质和调性上与"老大殿"十分相融的新经典。

南京博物院建成后，得到国内外及业界内一致好评，随即变成了南京的城市文化客厅，每年接待参观人数大幅增长，直到 2019 年达到 416 万人次。参观完的许多同行说，这个建筑大气、精致、耐看，只有功力深厚的建筑师才能完成，国外建筑师无论如何也做不出来，国内年轻建筑师也很难仿效。

市民们则说，这个建筑没有传统建筑中常见的坡顶柱廊或斗栱等建筑构件变形，却充满了"中国味"，它的外立面有玉琮、青铜器、筒瓦、竹简的影子。

这就是程泰宁在设计中追求的难度极大的"和而不同"。一方面，为了凸显老大殿在场地中的重要地位，他接受合作者王大鹏的建议，"胆大妄为"地将老大殿整体提高了3m；另一方面，为了让新馆在气质和调性上与老大殿协调，他又"谨小慎微"地压抑住张扬一下的想法。事实上，克制比张扬更难，尊老推新更是难上加难。从建成效果来看，他的追求都实现了。

只做"中国的""当代的"建筑，让作品说"中国话"，是程泰宁的追求，也是他作品的特有风格。

从杭州黄龙饭店到浙江美术馆，乃至加纳国家剧院，对于不同地域、不同文化、不同建筑的体例，他与建筑始终维护着一种友好的界面：一种文化意义上彬彬有礼的克制与焊接，一种源于对建筑不同边际充满敬意的自我界定。这种建筑并非是那种虚张声势的建筑，不是那种被放纵的美学虚构，而是一种全神贯注的秩序勘探。❶

看程泰宁先生的作品集，单就形象说，有的地方大刀阔斧，泼辣奔放，如大块文章，如泼墨山水；有的地方精雕细刻，抓得很细很紧，秀美可爱。他的"戏路"宽广，做什么建筑项目都游刃有余，能从容推出有新意的构想，这是长年下过大功夫，厚积薄发才做得到。

宋代陆游介绍一位文人的成就时写到："其诗文，汪洋闳肆，兼备众体，间出新意，愈奇而愈浑厚，震耀耳目，而不失高古。"（陆游《吕居仁集序》）程先生的作品给我的印象也是如此。

他是一位学术并茂，文武双全的建筑大匠。❷

---

❶ 黄石，归零. 程泰宁建筑十年展导言［R］. 2012 "筑境·山水间" 程泰宁建筑作品展导言.

❷ 吴焕加. 究天人之际，通古今之变，推创新之作［M］// 程泰宁. 程泰宁建筑作品选. 桂林：广西师范大学出版社，2017.
吴焕加（1929-），清华大学建筑学院教授，外国建筑史与外国近现代建筑史与建筑理论知名专家。

作为建筑师，程泰宁并不认为自己的职责仅在于为民众提供公共文化基础设施。他将自己看作一个促成者——致力于寻找一种建筑形式，以唤起民众对于地域特征与集体身份的认知。对他来说，设计的目的是"究天地人文之际，通古今中外之变，成建筑一家之言"。从江南文化古老而宏大的宇宙观和世界观中，程泰宁凝练出自己的空间建构手法，并将其与现代生活贴合。这使得他的作品恰当地出现在场景中，并与历史意象紧密相连……程泰宁所倡导的建筑，是在理解建筑现实现状与问题的基础上，去改变现实。他认为，我们需要建构理论思想体系，深入地理解理念、心理与历史的本源，因为它们正是现代信仰、幻想与追求的起点。事实上，这一观点可以直接地应用于西方的建筑（学科）现状。❶

早在 1997 年，武汉大学建筑系创始人张在元先生，就直接将程泰宁放在世界建筑师行列中观评，他在《泰宁尺度》一文中，把程泰宁与日本建筑师矶崎新和黑川纪章加以比较并写道：

你有你的。

我有我的。

矶崎与黑川的"光辉"，挡不住程泰宁的轮廓。

矶崎与黑川在日本"存在"。

当然，程泰宁同样在中国"存在"

……

在 20 至 21 世纪的中国建筑师之列，将有"程泰宁"一席之地。历史将记录他在坎坷人生道路上的上下求索过程。在人类建筑学的基本定义及国际建筑师地位"天秤"上，程泰宁获得了成功的平衡。其意义并不仅局限于他的作品如何精彩，更重要的是他在奉献这些作品过程中所作出的科学探索和精益求精的不懈努力。

---

❶ 亚历山大·佐尼斯. 建筑、思想与视界：关于程泰宁建筑作品的一些思考 [M] // 程泰宁. 程泰宁建筑作品选. 桂林：广西师范大学出版社，2017.

2 立一家之言

当一个人全身心地热爱一项事业时，他不仅会努力做到最好而且一定会想越做越好，这就是"总结、思考和提升"的自然而然，也是立一家之言的基础。

自参加工作以来，程泰宁早早养成了创作实践与理论思考相互印证前行的工作习惯。每个项目做完后，他都会结合创作体会进行总结、提炼和反思，并将之发表出来与大家分享。据不完全统计，截至 2022 年，程泰宁发表了 70 余篇学术论文和署名文章。这些文章刊登在《建筑学报》《世界建筑》《建筑师》等专业媒体或《人民日报》《文汇报》等大众媒体上。此外，他还出版了 6 部作品集，主编了 3 部学术著作。通过这些文章和图书，他的建筑思想发展脉络被清晰记录下来。

仔细阅读这些文章可以发现，程泰宁的思考认识有个逐渐深入的过程，但其主要思想则一以贯之。早在 20 世纪 80 年代，他就提出：

"任何一种流派都只能从一个时期、一个侧面去认识建筑，以一隅之见拟万端之变是不可能的。在建筑创作领域，没有金科玉律，任何一种流派、理论都只能是一家之言；建筑学领域的许多理论思想都与其所处的时代背景，包括科学技术水平、对世界的认识等有关；从当代的角度来看，一些西方经典理论，很多可能已经不适用了。"❶

既然西方经典理论已经不再适用，何不建构中国自己的建筑理论？从那时开始，程泰宁从自己实践创作中的思索出路，结合理论学习，逐步搭建自己的建筑创作理论。四十年间，大致经历了三个重要发展阶段。

---

❶ 程泰宁，费移山. 语言·意境·境界：程泰宁院士建筑思想访谈录 [J]. 建筑学报，2018，10（601）.

1）三个"立足"

20世纪80年代，国内建筑思潮刚刚活跃，建筑师们渴望在创作上有所突破。但是，面对五花八门的思潮流派和光怪陆离的建筑作品，不少人产生了新的惶惑。对此，程泰宁在《建筑学报》1986年第3期上发表了《立足此时 立足此地 立足自己》一文，表明自己的创作态度。他从历史发展的横纵两个剖面分析比较了绘画、文学和建筑等艺术发展历史，提出："流派的对立和形式风格的多样化不是混乱，而是艺术发展的规律。……为了建筑创作的繁荣发展，必需自觉遵循艺术发展的规律，鼓励不同观点、不同流派的争鸣。"关于大家特别关注的"如何对待传统，如何在传统与未来中自处"，他给出的答案是：立足此时，立足此地，立足自己。

1986年，全国建筑创作大会召开，这是"文化大革命"后第一次全国建筑学术会议，程泰宁在大会上做了"立足此时、立足此地、立足自己"的发言。由于时代局限，这次会议的基调仍是强调民族风格，并把风格问题提到政治高度。回来后，程泰宁写了一篇很有针对性的文章，最初刊载在香港《建筑》杂志上，后由张钦楠先生推荐在《建筑学报》上全文发表，题目为《在历史与未来之间的思考》。他在文章中明确提出："人类文化是在一个由纵向（历史传承）和横向（外来文化）所构成的十字坐标系中发展演变的。任何一种文化都需要在这个坐标系中，不断调整自己的运动轨迹以求得发展。……中国现代建筑的发展和突破，如果不和西方进行交流，绝无可能。"

2）三个"合一"

然而，到了20世纪90年代，中国建筑界发生了报复性转变，由强调传统整个一边倒向西方。"现代式""欧陆风"泛滥成灾，随之而来的，还包括西方建筑师的创作理念和价值观的大流行。1997年，程泰宁有感而发，在1997年海峡两岸建筑学术交流会上做了《面向未来，走自己的路——在历史与未来之间的再思考》（该文发表在《建筑学报》1997年第1期）主题发言，对此提出反思和批判，认为中国建筑文化应该重新调整自己的运动轨迹，面向未来自主发展。

为了探索未来之路，程泰宁在对"东西方文化比较与跨文化发展"的多年积累和思辨基础上又看了很多书，于2005年发表了《东西方文化比较与建筑创作》，搭建了以"天人合一"为认识论，以"理象合一"为方法论，以"情境合一"为审美理想的比较完整的建筑创作理论框架。他希望提出一个有对比、有思辨、有系统分析的观念，能够让中国建筑从西方的阴影中走出来。

这篇文章的写作过程，他至今清晰记得。那时正值他创业初期，千头万绪，写作只能断断续续进行。直到 2005 年春节回到上海家里时才有了相对完整的写作时间。白天，父母家人多热闹，他索性晚上住到妹妹庆芳家里。拉上窗帘，伴随着窗外的爆竹声声，闷头开了几个夜车，一口气完成了最后阶段的写作。这篇文章的发表，标志着他的学术理论进入到一个新的阶段。

3）语言·意境·境界

到了 2010 年以后，程泰宁感到，对于中国建筑理论的思考，如果仅仅停留在中西方文化的比较层面以及对建筑创作的认识论、方法论和审美理想的分析层面还是不够的。如果想要摆脱文化上"被人同化而不自知"的状态，真正走出西方化、同质化的怪圈，需要系统全面地建构中国建筑文化学术理论体系，即进一步建构中国自己的话语体系，再以理论带动实践创新。

他在过去研究的基础上，将自己的创作理论放到哲学、美学与建筑语言三个层面加以思考，并于 2014 年 10 月以《语言·意境·境界——东方智慧在建筑创作中的运用》为题，在第十届亚洲建筑国际交流会上作了主旨发言。他从哲学和美学层面出发，打通古今、融合东西，建立了一种基于中国当代情境的，以"境界"为哲学基础，以"意境"为美学特征，以"语言"为媒介的建筑理论体系。2019 年 5 月 17 日，程泰宁在《人民日报》发表了《让当代创作更具中国气派》，将自己的理论进一步提炼为："以'境界'为哲学本体，就是从自然、自我角度出发，追求主客体和谐共生，追求建筑与大环境'浑然天成'；以'意境'为美学特征，就是要从人的情志和心理感受出发，超越物象束缚，追求'象外之象''境外之境'，使建筑更具艺术感染力；以'语言'为载体和手段，就是要摆正'语言'在创作中的位置，避免片面追求形式的倾向，同时通过'语言'的不断转换创新，追求它与境界、意境的内在契合。"这可以看作是程泰宁建筑思想发展的第三个阶段。

回顾程泰宁的学术思想发展历程可以发现，从认识的循序渐进到思想的逐渐萌发、成形，再回归到书本中去寻找印证与共鸣，从而逐渐交织形成完整的思想框架，整个过程可谓瓜熟蒂落、水到渠成。

与"学院派"不同，长期的一线创作实践以及期间经历的困惑和感悟，是程泰宁建构自己的建筑理论的一个特别优势。他认为，实践创新与理论思考是相依相生、彼此参照的。建筑设计中的"思（理论）"，不是抽象的玄思，是实践中的思考；建筑设计中的"做"，是建筑师所"思"所想的产物，是对"思"的验证与呈现。两者是相互推进的螺旋上升。他的"思"，虽离不开对西方理论的系统学习与研究，但他能跳开西方的局限，回归到中国文化中寻找出路，并且在建构中国哲学与东方美学的基础上去"做"，从而完成"融通中外，转换提升，化入心中"的攀升循环。

立一家之言，在程泰宁心中还有一层更重要的含义，那就是要立中国的"一家"之言。而立中国的"一家"之言，不是要和西方唱反调，而是在整个人类社会陷入"现代性困境"的当下，中国学者需要从世界文化发展的大趋势出发，给出自己的思考与解答。

北京协和医学院天津校区方案设计招标第一名（2022 年 中国·天津）

这里所说的"现代性"，是指西方在 17 ~ 18 世纪启蒙时代以来，新的世界体系生成的一种以"科学理性"（赛先生）和"以人为本"（德先生）的核心价值观，它通过人的主体性的确立和科学精神的弘扬，推动了人类社会向前发展。然而，到了 19 ~ 20 世纪，人们忽然发现世界似乎陷入"现代性困境"。最早对现代性危机进行剖析的德国学者韦伯，在 1919 年的两篇演讲中指出："人的主体性确立与科学理性的发展，并没有使人们找到世界的本质意义。"此后百年来西方学者的激烈争论（诸神之争）也都未能找到出路。

"现代性困境"在诸多领域都有表现。如片面强调"科学理性"，把"科学理性"演变成"分解""还原"，即通过对研究对象不断分解，把复杂问题分解为一个相对简单的部分，从而获得对一个个局部问题的准确认知，再将这些局部性认知拼合起来，试图形成对复杂对象的完整诠释，却忽视了万事万物的整体性。这样的一种思维方式放到建筑学领域中，必然将世界建筑推向了支离破碎、片面无解的死胡同。

哈佛大学教授亨廷顿在《文明的冲突》中写道：西方文明已经"从高峰下滑……非西方化的现代格局正在形成"。然而，许多国人还把西方文明当作普世文明，还在拾人牙慧，"唯西方马首是瞻"。

加拿大女王大学一位华裔教授梁鹤年先生，在其《西方文明的文化基因》一书的序言中有一句话：这本书"是想帮助中国人看清楚被人家同化了百年的自己"。我们现在确实处在"被人同化而不自知"的境况，特别是建筑领域。现在是提出这个问题的时候了，"是建构中国建筑文化体系的时候了。"❶

程泰宁常说，中国建筑之所以不能走出一条自己的路，根源就在于缺乏自己的话语体系。为了从源头解决问题，必须在弄清中西方文化发展的历史和现状基础上完成建构，才有可能扭转当前价值取向和创作实践中的种种乱象，中国建筑才能实现"创造性转化，创新性发展"。他也深信，中国的

---

❶ 程泰宁：让中国建筑堂堂正正地走向世界 [N]. 有方人物专访，2022-10-24.

一家之言，中国的新建筑文化，一定能够对世界建筑文化发展作出应有的贡献。

建构中国的建筑理论和话语体系，就是程泰宁呼吁的立一家之言。他要立的，不仅是他的一家之言，更是中国这一家的一家之言。

3 破立并举

改革开放以后，随着经济的飞速发展，中国建筑领域所取得的成就是有目共睹的。但是作为这几十年快速发展的亲历者，程泰宁对于城市建筑领域中各种问题的存在也感受最深。一方面，广泛诟病的"千城一面、万楼一貌"的现象一直让他深感不安；另一方面，那些在商业利益的趋势下出现的媚俗建筑也让他深为不耻。而更让他担忧的是当代中国建筑缺乏自身文化特色问题，近几十年来，中国建筑一直在"复古"与"崇洋"之间反复摇摆，让他不平的是有些人对于西方建筑师的盲目追捧，使得中国建筑师无法获得平等的竞争机会。

程泰宁在 2022 年 10 月 24 日接受《有方》人物采访时说："中国建筑师今日的创作环境，比 10 年前甚至是更差了。"这可能是一种冒天下之大不韪的表达，但确实反映了程泰宁对建筑界近年来各种乱象和积弊的痛心。

重重困局、种种乱象，到了亟待解决的时候，严峻的形势呼唤着破局者和建构者。就是在这样的时代背景下，程泰宁挺身而出。他要为中国建筑的健康可持续发展，为改善中国建筑师创作环境寻求策略。

2011 年，感于多年的亲身经历，本着"问题导向"的原则，程泰宁向中国工程院申报了第一个咨询研究选题"当代中国建筑设计现状与发展研究"。

题目报上去，立项时就遇到了困难。有人说这个选题太宏观，难度大，很难完成，也有人认为现状中的矛盾都是陈年积弊，"说不明白，说了也白说"，不仅吃力不讨好，还可能得罪人。

程泰宁的倔劲上来了，"白说，也要说！许多问题不说不行，公众不理解，领导乱指挥，建筑师自己再不发声，就更积重难返了。"

课题立项需要先在中国工程院的学部内通过。程泰宁所在的土木、水利与建筑工程学部，是由土木结构、水利工程与建筑学三个学科组成，包括不少非建筑专业的院士。为了得到更多院士的支持，他在学部会议上主动要求发言，并用大家容易明白的电影阿凡达举例说明。他说，阿凡达在美国上映初期，因其震撼的视觉效果赢得了一片褒奖声，国内影评也随即跟风喝彩。然而不久美国本土就出现了批评的声音，认为这部电影除了视觉效果之外，在故事情节、人物表达以及电影思想上都没有任何创新或经典之处。此时，刚刚写完许多吹捧文章的国内影评顿时失去了方向，不知该怎么写了。院士们对这个话题很感兴趣，程泰宁接着说，这个例子至少说明两个问题，一是任何艺术形式，包括建筑在内，都不能单纯地追求视觉效果；更重要的是，一定要有自己的价值评价体系，不能拾人牙慧，跟着西方跑。作为建筑师，如果不能正确认识建筑创作中的种种问题，就无法改变中国建筑现状，更谈不上创新发展。

生动形象的举例，让非建筑专业的院士们频频颔首，课题最终顺利立项，并列为当年中国工程院重点咨询课题，由程泰宁领衔东南大学，协同清华大学、同济大学和南京大学等高校的学者共同完成。

2013 年 11 月，"当代中国建筑设计现状与发展研究"课题组在南京举办了"中国当代建筑设计发展战略国际高端论坛"。这是中国工程院最高级别的学术论坛，也是新中国成立以来第一次由国家最高学术机构主办的有关建筑的高级别学术论坛。程泰宁非常重视这次论坛，参与了筹备阶段的全程策划。

在考虑嘉宾人选时，除了作为特邀嘉宾的 13 位两院院士以及多位国内知名高校的建筑学者、知名设计机构的建筑师，其中包括几位独立建筑师和优秀中青年建筑师代表，还邀请了来自中国香港、中国台湾以及美国、瑞士和荷兰等地的著名学者及建筑师。

程泰宁之所以作出这样的选择，是因为在建筑界长久以来一直存在着体制内外、年龄层次与背景资历上的种种界限，由此产生了各自的优势与局限。同时，他也想打破"关起门来自说自话"的现状，加强与境外建筑师的交流。为了打破这些有形无形的界限，他希望借用课题和论坛，这个最合适的"粘合体"让广大建筑师都能通过学术研讨促进彼此间的交流与融合。他希望这次课题的研究成果可以获得有关中国建筑未来发展的广泛共识。事实

当代中国建筑设计发展战略国际高端论坛（2013 年 南京）

证明，这种想法和做法颇具大局观和远见。这次论坛后来被新闻媒体称作是"一次多年未见的打破体制、年资和境内外的业界盛会"。

在论坛开幕式上，程泰宁作了"希望·挑战·策略——中国建筑现状与发展"的开场主旨演讲。这是一篇思路清晰、逻辑缜密、语言精彩的万字讲稿。在这篇论文中，他为中国建筑的发展提出了"理论建构"与"制度建设"两条根本策略：没有理论建构作为基础，中国建筑就没法走出跟随西方人云亦云的老路；而没有制度建设作为保障，中国建筑领域也不可能健康发展。

论坛取得了圆满成功。许多人跟程泰宁说，这次会议的意义，堪比1955 年和 1986 年召开的两次全国建筑创作大会。

论坛在建筑界引起了轰动，其议题的持续发酵在社会上也引起巨大反响，得到广泛关注，引发了人们对建筑问题的热议，被媒体评论为"一石激起千层浪"。除建筑专业媒体外，新华社、中新社、人民日报、光明日报、新华日报、浙江日报、瞭望、南方周末和文汇报等众多媒体都作了相关报道。其中，新华社的稿件《多位院士痛批中国建筑乱象：求快、求洋、求怪》播发后被 30 多家报纸转载。新华社后续还发了多篇有关内容的内参，其中一篇被中央领导在上面批示了两百多字，批评了"贪大、媚洋、求怪"的建筑乱象，后来在文艺工作座谈会讲话中也提到不要搞奇奇怪怪的建筑。

2021 年底，继"当代中国建筑设计现状与发展研究"结束十年后，程泰宁启动了中国工程院重点咨询项目"基于中国文化创新性发展的建筑理论体系建构与发展战略研究"。2022 年，他又接受中国工程院委托，担任"基于文化自信的中国建筑创新性发展战略研究"的课题负责人。这两个课题都可看作是第一个课题的延伸，是他基于原有研究的基础上对中国建筑"现代性"的新构。

如果用最简单的词语概括这个建筑理论的中国特色，大概就是"回归自然"。

"回归自然"，就是回归建筑学的本体。这可以从四个层面来理解：哲学层面，或者说认识论层面，"道法自然"的"道"，指的是一种规律性，而"自然"，就是建筑学所蕴含的内在规律；思维方式层面，用一种自然而然而不是工具理性的思维方式去解决问题，可能会取得更好的结果，因为很多问题都不是"分解—还原"的方式能解决的；美学层面，"自然之美""美在自然"，应该是中国建筑师的文化基因吧；再就是技术层面，技艺为术，自然为道，我们经常讲的可持续发展，就是技术与自然的关系。❶

回归自然，是程泰宁在中国哲学基础上建构的对于建筑的认识论。与（西方）"现代性"对世界的认识完全不同，在中国古代先哲的眼里，世界是一个混沌如一、密不可分的整体，是"以天地万物为一体"的整体性思维。所谓"道法自然"，是从"究天人之际"的角度，探索建筑、城市与世间万事万物包括大自然之间的关系，寻找万物和谐共生、实现可持续发展的道路。

他所提出的方法论，是承认建筑学具有的复杂性、多义性、开放性和模糊性，在理性和逻辑之外，将建筑创作中的形式、功能、意义、结构、物质文化环境、经济、安全、生态、节能、市场分析甚至业态策划等诸多因素，看作是多维立体网络中一个个相对独立的节点，让思想在这个网络中游走，通过直觉、通感、体悟以及理性与非理性的不断复合、相互转化，找出一个恰到好处的切入点，从而激活整个网络，使得各个问题都能得到相对合理的解决。根据这种整体性的思维方式创作出来的作品，才能做到"自然生成""浑然天成"。在提到自己的创作方法时，程泰宁说：

❶ 程泰宁：让中国建筑堂堂正正地走向世界 [N]. 有方人物专访，2022-10-24.

作设计，当然有科学理性层面的思考，但不应遵循甚至强求某种类型或范式；而是应该根据项目的不同特点、不同条件，自然地生成设计方案。如果你开始就有一种思维定式，根据任务书把影响设计的元素拆解开来分出主次，划分哪个因素是"基本范畴"或"派生范畴"（"建筑理论"卡彭），这是我所不能接受的。因为我们接触的项目条件有时非常复杂，不同的项目面临如此多问题，怎么能用"三要素""四原则"去概括呢？作设计，我从来不这么想。❶

中国工程院重大（重点）咨询项目结题后　出版书籍

"科学为术，自然为道。"
"语言为术，境界为道。"
"技艺为术，人文为道。"

这是程泰宁对中国建筑"现代性"的诠释与新构，是他为建筑也为科学、文艺等其他领域应对"现代性困境"提供的一份参考。为了更清晰地说明这一点，他还修改了一位学者的观点，说出了："人类因为科学理性而聪明，因为知道科学理性的局限而智慧。"

中国工程院重大咨询项目"当代中国城市可持续发展战略研究"结题会

❶ 程泰宁：让中国建筑堂堂正正地走向世界［N］．有方人物专访，2022-10-24．

中国工程院 2023 年度重大咨询研究项目"中国特色城市群协同发展战略研究"项目启动会（2023 年 7 月　南京）

也正是这些课题研究，使得程泰宁的研究视野扩展到了更为宽广的建成环境中。

在 2017 年和 2023 年，中国工程院分别将工程院两个重大咨询项目"中国城市建设可持续发展战略研究"和"中国特色城市群协同发展战略研究"的研究工作交到他手上。这些项目都需跨学科跨学部才能协同完成。以"中国城市建设可持续发展战略研究"为例，要跨越土木、水利与建筑工程学部、环境与轻纺工程学部、信息与电子工程学部"和工程管理四个学部多个学科，协同 25 位院士和 300 余位团队成员，可谓工作浩繁，难度巨大。

接到"点将"之初，程泰宁有些意外也有些犹豫，但以往的工作与研究经历，也使他深刻地体会到今天建筑学科的许多问题，与土木、交通、水利、机电、智慧运维等相关领域有着密切联系。建成环境是一个大的系统性问题，而要解决这些问题，必须走出"舒适区"，打开眼界和思路，也需要做好顶层设计。尽管与第一个课题相比，他的责任更重，难度和学习量也更大，但他还是把这个任务接了下来。2019 年 6 月，中国城市建设可持续发展战略研究课题顺利结题，研究成果于 2021 年入选《中国工程院建党百年百项优秀咨询项目汇编》。

　自 2011 年至 2022 年的 12 年间，程泰宁作为第一项目负责人，共承担完成了 4 个中国工程院重点咨询项目和 2 个工程院重大咨询项目，其中还包括 2019 年启动 2021 年结题、研究成果业已出版的重点咨询课题"中国'站城融合发展'战略研究"。这是他结合多年的铁路客站工程实践以及年轻时编写"铁路客站建筑设计"的经历，为中国的城镇化建设与高铁事业发展而输出的新理念和新理论。在此期间，住建部将"关于提升建筑设计水平的政策措施研究"与"充分发挥注册建筑师在工程项目全过程管理中的作用"两个课题交给东南大学建筑创作与理论研究中心。课题的研究成果得到了住建部领导与建筑设计领域内众多专家的肯定，程泰宁受邀参加了有关部委的决策论证会，为政府的"制度建设"提供了许多切实可行的意见和建议。

程泰宁的课题研究一个接一个，密集程度令人咋舌，而工程院对此并无要求。由于课题往往针砭时弊，有人称他为具有批评精神的学者，也有人觉得他有些"愤世嫉俗"。这其实是对他的误解。尽管他不乏批评精神，却恰恰是一个理想主义者。他的批评，是因为对世界抱有更高的希望，渴望用好的替代不好的。他相信，人类对于世界的认识是在"不破不立，破中有立；边破边立，不立不破"中不断加深的。

他确实做到了。12 年间，从第一个咨询项目到第六个咨询课题，他不仅完成了从"提出问题、给出战略"到"战略执行、解决问题"的闭环，也兼任了破局者和建构者。

4 以启山林

　　了解程泰宁的人都知道，他看似性格开朗，很有亲和力，但其实很怕出头露面，更不愿浪费时间。

　　早些年时，包括张在元在内的朋友就曾说他"低调、输出信息太少"。如今，除了作设计、看书、写文章，他依然习惯独处。除了偶尔和两三知友喝茶，谈谈文艺、建筑，或和学生吃吃饭聊聊天，他推掉了无用社交，包括许多请他去做会议主宾或评标主席的邀请。即使出差开会，哪怕远在北京、重庆，他也尽可能当天往返。为此，学生们开玩笑说他"社恐"，妻子徐东平则说他"很封闭"。

　　这就是程泰宁的真实状态。然而，为了让更多人关注、参与到中国建筑的健康可持续发展中来，他不得不克服"社恐"，走出舒适区。特别是近廿年来，他在报纸期刊上屡屡发表文章、接受采访，他做讲座、办展览、搞论坛，牵头组建"中国建筑学会建筑文化学术委员会"，参加社会公益……这些活动时常需要他在聚光灯下亮相、发声，而他又常常观点鲜明，言辞犀利，以至于中国美院的两位老师在看了《南方周末》对他的访谈后，曾调侃他说，如果在特殊年代，建筑界第一个被揪出来的，就是你。他只好苦笑着说，我也不想这样啊，但不说不行啊！

　　为了唤醒"被人同化而不自知"的集体无意识，程泰宁很乐于将他的独立思想与全社会分享。例如，他不赞成建筑"弘扬传统文化"的提法，也不认为"文化自信"只是一句口号，而是愿意结合作品和创作过程诠释中国文化精神，呼吁中国的文化自觉与文化自信。

　　除了在专业领域内著书立论，他还在大众媒体上频频发声。2018年1月19日，他应人民日报约稿在其副刊《名师谈艺》专栏上发表了《以文化自觉激发文化自信——从中国当代建筑创作谈起》。2019年5月17日，又在人民日报上发表了《让当代创作更具中国气派》。谈论"文化"这样的大题目，又是在人民日报上，影响自然很大。上海的三家主要纸媒，解放日报、文汇报、新民晚报，都以整版篇幅做了有关他和他的作品的报道，央视《大家》栏目组和上海纪实频道也分别对他做了电视专访。

在参与重大项目评标时，对不正常的价值取向和审美取向予以纠偏和重建，属于程泰宁的"借题发挥"。这其中最富戏剧性的，当属上海世博会中国馆的评审过程。很少有人知道，著名的"东方之冠"，居然是他从"冷宫"中"捡"回来的！有关"捡"的过程以及为什么要"捡回来"，他在 2007 年 10 期《建筑学报》的《中国建筑师走在自主创新的路上》一文中给出了诠释和解读。

为了缩小公众（包括领导）对建筑学基本原理及美学基本原则的理解偏差，程泰宁还做讲座、办展览、搞论坛。

来请他做讲座的很多，他会根据对讲座效果的预判，只接受少量来自高校、学术机构或政府部门的邀请，有时也会跨越到规划和城市设计学科。他的讲座通常只有一个半小时左右，演讲发言时间更短，但里面满满都是"干货"。

"跟程先生出去参加的学术会议很多，但每次听起来还是感觉不一样。每当觉得这些东西我已经听懂了的时候，再次聆听，发现同样的东西又会引发更多的思考……先生对问题理解之深，远远超过我的想象。我的感觉是，每当你的认识水平提升一个水准，上一个台阶，推开下一扇门的时候，先生那儿还有更多的东西等着你。"❶

2004 年，程泰宁通过朋友牵线，接受了美国耶鲁大学建筑学院院长罗伯特·斯特恩❷邀请，赴美开办了"保罗·鲁道夫（耶鲁大学原建筑系主

❶ 薄宏涛. 院士印象［M］// 建筑院士访谈录：程泰宁. 北京：中国建筑工业出版社，2014.

❷ 罗伯特·斯特恩（1939—），犹太人。在哥伦比亚大学及耶鲁大学获学士、硕士学位。毕业后曾在理查德·迈耶事务所短暂供职后创立个人事务所。1998 年以前供职于哥伦比亚大学建筑规划和保护学院。1998 年 9 月任耶鲁大学建筑学院院长。代表作品：布什总统图书馆、厦门湖心岛等。

"追梦·山水间"程泰宁建筑作品巡展　南京站（2018年　南京博物院）
左起：冷嘉伟、刘伟庆、宋昆、陈薇、赵辰、李晓峰、龚良、王建国、唐海英、程泰宁、
张广军、周岚、崔愷、丁沃沃、薄宏涛、孟建民、韩冬青、李兴钢

任）"传统荣誉讲座。这个讲座每年只有一场，扎哈·哈迪德、安藤忠雄 ❶
和张永和此前都来讲过。作为中国籍建筑师，程泰宁是第一个，也是继安藤
忠雄之后第二位用母语演讲的外国建筑师。在美期间，他还去了麻省理工学
院讲学。由于效果很好，距离很近的哈佛大学随即向他发出邀请，可惜时
间不允许未能成行。这次国际学术交流，让美国同行看到了中国设计。他
们说，程泰宁做的东西很有中国特色，让他们对中国建筑文化有了全新的
认识。

　　在传播建筑文化的活动中，工作量最大的当属一系列的展览和论坛。

　　2011年5月15日到6月14日，"程泰宁建筑作品展暨论坛"在北京中
华圣公会教堂举办。展览结束后，《城市·环境·设计》2011年第52期的
人物专栏里刊登了《程泰宁：半个世纪的坚守》专题报道。

　　2012年9月4日到11日，"筑境·山水间——程泰宁建筑作品展暨筑
境建筑十周年展"在浙江美术馆举办。为期一周的展览以主题演讲、沙龙研
讨、陪同参观等多元形式展开，嘉宾们围绕多个建筑创作热点议题展开深度

❶ 安藤忠雄（1941—），生于大阪，以自学方式学习建筑。1969年创立安藤忠雄建筑研究所。
1995年获普利兹克建筑奖。1997年担任东京大学教授。代表作品：住吉长屋、万博会日本政府
馆、光之教会等。

"追梦·山水间"程泰宁建筑作品巡展　上海站（2019 年　同济大学博物馆）
左起：张利、阮昕、王骏阳、张彤、曾群、卢永毅、张蓉伟、柳亦春、蒋楠、黄居正、
金荣、潘玉琨、李振宇、程泰宁、汪芳、郑时龄、蔡永洁、彭震伟、张海翱、薄宏涛、
陈强、李翔宁、谢振宇、王静、李华、章明、王凯、刘刊

的研讨。

特别是，自 2018 年至 2019 年，程泰宁在南京、上海和北京举办了以
"追梦·山水间"为主题的建筑作品巡展。

第一站在南京博物院举办，展览通过"问境、寻境、入境、化境"四
个篇章，集中展现了近年来程泰宁对于"境界、意境、语言"三者的探索与
思考。

第二站在上海同济大学博物馆举办。

第三站在北京中国国家博物馆举办。

参展项目涵盖了程泰宁在不同地域、不同文化、不同建筑类型中的创作
实践，以视频、模型、图片和文字等多种方式呈现，展现了他对中国当代建
筑创作实践与理论建构的思考。5 月 12 日，"当代中国建筑的理论建构与实
践创新"学术论坛在国博如期举办。中央电视台（综艺频道）在《文化十分》
栏目中也做了相关报道。

这些战略和论坛的成功举办，对普及建筑知识、传播建筑文化，起到了
非常重要的作用。仅从知网空间中就可查到，由观展而引发思考的论文就有

"追梦·山水间"程泰宁建筑作品巡展　北京站（2019年　中国国家博物馆）
后排左起：张彤、刘景梁、张大玉、孙彤宇、马岩松、李兴钢、崔彤、孙一民、孟建民、
刘力、王建国、程泰宁、王瑞珠、张永和、崔愷、庄惟敏、何镜堂、孔宇航、梅洪元、
陈薇、王洪礼、支文军、姚仁喜、黄居正、汪芳、金旭炜
前排左起：薄宏涛、张利、周恺、倪阳、胡越、吴晨、毛晓兵

数十篇之多。❶

　　此次程院士作品展览的举行必将进一步扩大中国当代建筑文化的传播与宣传，也必将进一步扩大中国建筑师在国内外的影响力，也期待展览能够进一步引发全社会更广泛的、对我们建筑行业的关注。（中国建筑学会理事长修龙）

　　展览体现了程院士对中国建筑文化的深度探索，期待展览能够进一步推动中国当代建筑创作向前发展，并向世界发出更多的中国声音。（中国工程院院士何镜堂）

　　今天的展览有一个特殊的意义，它会促使每一个今天在中国实践的建筑师对当今中国的建筑创作态势有一个更好的认识，也能够帮助大家建立起中国建筑的传承网络。（非常建筑事务所主持人张永和）❷

　　借用讲座和论坛，为建筑界提供交流、探索、共谋发展的契机，是程

❶ 筑梦山水间：程泰宁建筑作品展学术研讨会 [J]. 建筑学报，2019（10）（李翔宁，张利，张彤，卢永毅，阮昕，柳亦春，2019-4-9）.
❷ "境"：程泰宁建筑作品展在中国国家博物馆盛大开幕 [N]. 建筑档案，2019-5-13.

中国建筑学会建筑文化学术委员会成立大会暨第一次委员会
2020.10.28 深圳

中国建筑学会　建筑文化学术委员会成立大会（2020 年 10 月）
前排左起：胡越、李晓峰、汪孝安、周恺、崔愷、修龙、程泰宁、孟建民、陈薇、邵韦平、李存东、韩冬青

泰宁举办个展的主要目的。尽管这些活动需要投入巨大的人财物资源，说"劳民伤财"也不为过，但他希望动员尽量多的人参加进来，特别是给年轻人以机会。他希望交流者各有"一家之言"，大家一起"谈"。他愿意把自己看作是一颗打破平静、能激起浪花和涟漪的"问路石"，也希望有更多这样的"石头"。

正是基于这个原因，程泰宁在 2020 年领衔成立了中国建筑学会建筑文化学术委员会。这个委员会的主旨是团结广大建筑从业者，从事建筑文化理论研究与价值体系建构等相关工作。成立后，将组织开展建筑文化研究的学术交流、研究探索和社会服务工作；也将发挥社会纽带作用，通过委员会平台凝聚各方资源，积极推进建筑文化事业的发展。

"中国建筑文化论坛 2022"接受媒体采访
（2022 年　南京）

2018 年秋，程泰宁接到腾讯基金会的约请，邀他与包括杨振宁、饶毅、施一公、潘建伟在内的 14 位科学家以及腾讯基金会主

席马化腾先生共同发起"科学探索奖"。

科学探索奖是为鼓励45周岁以下的青年科技工作者在九大基础科学研究和前沿核心技术与交叉学科领域探索未来而设立的，属于非官方公益性质，10亿元奖项基金由腾讯基金会出资。评选活动由14位在本领域有杰出贡献的科学家主

在腾讯"科学探索奖"酒会上（2018年）

持，每位科学家领衔一门学科。担任科学物理组评委的是杨振宁，由程泰宁与何华武领衔的交通建筑技术组，除建筑学外还包含土木结构、桥梁隧道、水利工程、海洋工程和绿色技术等专业领域。

对于自己为何会被邀请，程泰宁并不清楚，但"面向未来、奖励潜力、鼓励探索"的主题词，与他一生的追求是相通的。他衷心希望"科学探索奖"能为中国科技振兴助力，也希望借此能提升建筑学在人们心中的分量。因此，尽管明知做好这件事要花费时间和精力，他不仅欣然接受，还满怀信心地憧憬说："若干年后，要是能从获得科学探索奖的青年科学家队伍中，走出了诺贝尔奖、菲尔兹奖（数学）、普利兹克奖（建筑）的获奖者，该有多么令人振奋！"

在此后五年里，共有248位青年科学家（平均年龄还不到40岁）获得科学探索奖。2019年8月，程泰宁在接受腾讯科技专访时，对于如何理解建筑学科，建筑哲学与西方哲学的根本区别，什么是经典建筑以及对青年科学家和科技工作者的寄语等问题，作了生动细致的回答。这也是程泰宁第一次在媒体上公开提及"野心"和"平常心"。

青年科技工作者在自己的专业发展上一定要有"野心"，同时也要有一颗平常心。"野心"，意味着敢想人之不敢想、敢做人之不敢做的事情。不崇洋，也不要盲目崇拜权威。对自己要有自信，要相信自己能够在这个学科

东大建院院士工作站成立的签字仪式
（2020年　南京）
后排左起：高嵩、孙晓文、刘青昊、万发
苗、顾小平、王建国、黄大卫、崔愷、梅洪
元、倪阳、沈迪、钱方
前排左起：韩冬青、程泰宁

中国建筑标准设计研究院有限公司　程泰
宁院士工作站成立（2023年　北京）
左起：曹彬、胡新、李存东、孙英、程泰
宁、崔愷、刘东卫、薄宏涛

里做到最好，要有能把本学科提升一个高度的"野心"。我觉得，一个科研人员在学术上没有点"野心"，是很难做出大成就的。也许是"年少轻狂"吧，我这个人年轻时就有点"野心"。当我决定把建筑作为自己的终生事业后，我就一直希望并且相信自己能在建筑领域做出一些成就。也正是凭着对建筑的热爱和这份"野心"，我这个普通人能够在对建筑学科的发展探索路上走到今天，并且还将继续走下去。

搞科研还需要有一颗平常心，特别是对于青年科技工作者来讲尤为重要。科技工作是一项长期、艰苦、十分"烧脑"的工作，其间会遇到各种各样的困难和挑战。如果没有一颗不急不躁的平常心，就会把短期结果看得过重；在遇到困难时，就会纠结、苦恼、泄气，甚至一蹶不振，从而无法做到对所在领域的持续专注。❶

近百个设计创作，数十个建筑精品，上百万字的学术思想与体系建构，致力中国建筑文化传播，程泰宁对中国建筑的贡献可谓是"沉甸甸"的。对他来说，只要对中国建筑发展有利，哪怕有些事已超越他的本分，哪怕做这些事会占据他最宝贵的时间和精力，哪怕为之付出的努力暂时还看不到成

---

❶ 这次对话内容经整理后发表在 2019-08-08 的腾讯科技，题目是《搞科研既要有"野心"，也要有一颗平常心》，作者乔辉、陈敬、佟金恒。

效，他都会主动去做，持续去做。在他看来，这些都是他的责任。

与此同时，作为新中国第三代建筑师的代表和中国建筑界的领军人物之一，他的影响已经走向世界。

2015 年，程泰宁收到澳大利亚视觉出版集团 Images 的出书约请。这家出版集团在国际建筑设计图书出版领域声望很高，其"大师系列"包括西萨·佩里，特里·法雷尔，墨菲·杨，黑川纪章，摩西·萨弗迪，艾森曼事务所以及 SOM 设计事务所等分册，在业内都获得了很高评价。程泰宁是被选中的建筑大师系列丛书最新分册的第一位也是迄今为止唯一的中国建筑师。按照计划，他这本书将与安德里安·史密斯、贝聿铭、扎哈·哈迪德等分册一起在全球发行。

2017 年 9 月，这部精装 600 余页的巨著顺利发行，随即成为中国建筑师在国际建筑交流平台上的一次重要展示和发声。Images 创始人保罗·莱瑟姆称赞此书说："将是一部经得起时间检验的作品，奠定程大师在 21 世纪全球建筑界的重要地位，这位杰出人才和他的天才创想，无疑将让今后的许多作品从中受益。我也希望视觉出版集团能够与这位建筑奇才在这伟大的征途中继续并肩前行。"

2016 年，筑境总经理胡新到美国波士顿旅游，在带女儿逛书店时，意外发现了一本少儿读物《世界建筑地图》（ATLAS of Architecture）。这本 16 开

程泰宁建筑作品选（Images·建筑大师系列丛书）

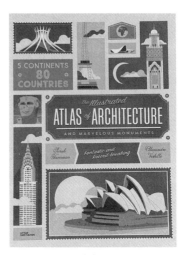

《世界建筑地图》（ATLAS of Architecture）

本的硬皮画册，不太厚，里面收入了 80 个国家的 100 多个经典建筑，有埃及金字塔、巴黎圣母院、万里长城……还有加纳国家剧院，上面注明了建筑师的名字——程泰宁。这个发现让胡新很惊喜，他特意多买了两本，回来送给程泰宁和他的孙女。

自己设计的建筑，能与金字塔、巴黎圣母院和万里长城并列一书，让程泰宁后来在接受记者采访时更有底气。他说："结合近年来一批中国建筑师在国际上的表现，我想让中国建筑堂堂正正地走向世界的心愿正在实现。"

亚洲建筑师大会作主旨报告（2021 年）

第十章
让中国建筑堂堂正正走向世界

（2009—2023）

这是程泰宁自青年时期就有的心愿。为此，他在耄耋之年仍然每天准时上班，拖时下班，全年无休。很多人对他这种工作状态不相信也不理解，谓他何求？为了中国的建筑事业，多做些、再多做些，一直是他自愿肩负的责任。他常说，只要身体允许，他就会把建设更美的中国更美的世界这条路，继续走下去。

1 谓他何求

关于程泰宁，人们如今的问话通常是这样的：

"他还上班吗？他还作设计吗？还亲自做吗？"这是问得最多的问题。

"都当上院士，功成名就了，干嘛还要管那么多？不累吗？"这是不理解的声音。

"都这把年纪了，为什么不爱惜身体享受生活呢？钱是赚不完的！"这是不了解的疑问。

"为什么不少作点设计呢，只做点精品不就行了？"这是贴心的建议。

"双休日休息一天不行吗？"这是家人的"抱怨"。

程泰宁依然在上班，而且上得"无法无天"——没有劳动法，没有休息天。一年 365 天，属于他的法定休假日只有春节的三天和国庆节的两天。其余的日子全部是"九七七"——早九点上班，晚七点（后）下班，一周无休。若遇出差，"九七七"可能还会变成"六〇七、五〇七"。同事王大鹏曾写过一篇与他出差的短文：

2010 年 1 月 21 日，早 7:40；呵气成霜，与程工因湘潭博物馆项目出差湖南，已抵达杭州萧山机场。

10:00；飞机在长沙落地，出机场，乘车至湘潭。

约 11:30；与当地相关人员交换工作意见。午餐，稍作休息。

13:30-15:00；讨论工作、汇报前期工作，各抒己见，大体确定方案。

15:30；参观齐白石纪念馆。程工对展厅内木雕赞许有加，另于悬有印章图案之展厅驻足良久，并自语道："小小印章一经放大，感觉真不一样！"此感觉后被带进博物馆构思。

20:00；长沙返航，飞机晚点 90 分钟。与程工在候机室讨论南京博物院二期工程事宜。

次日凌晨 2:00，飞抵杭州，至程工住处已 2:30。程工道："回去快休息，明天晚点到公司。"司机提醒现已是"明天"，程工笑着摇头上楼。

次日 12:30：余因之前加班又出差晚归，午饭后到公司，正遇程工。同事告知程工上午 9:30 已至公司……❶

这不过是程泰宁众多出差日的一个缩影。他曾创造过一天奔赴五座城市的出差纪录。不出差的日子，他在办公室也忙个不停。他房间的门是一直开着的，找他的人很多，有时还要排队，以至于他想创作或写文章只能闭门谢客。

当选院士后，程泰宁的工作强度比之前有增无减。

他要做更多挑战更强的项目，要协调解决的工程问题也更复杂。

他要深化和完善他的建筑理论体系，要引领中国话语体系建构。

他要为改善中国建筑师的创作环境付出行动。

他还要培养学生，要为（建筑）文化自觉和文化自信发声。

……

如此，忙、累，自然是程泰宁的常态。回到家，有时累得连话都懒得说。在为杭州西站枢纽项目修改方案的那段日子，一连熬了好几天。早上起来，他高兴地对妻子说："不知为什么，这两天晚上都睡得特别好！"

妻子瞪了他一眼，说："你也不看看，自己累成什么样了！"

他一直以为自己是"铁打"的。若非十几年前那次突然生病住院，让他错失了世博会中国馆的投标，也给他的健康敲了警钟，他早就忘记了年纪和体能的极限。

他的健康牵动着全家人的心。程家有个家人亲属的微信群，为了让他工作悠着点，儿子程戈奉家族之命监督他。但是程戈了解父亲，他说："父亲的工作状态，对他的身体是有益的，如果没有这样的工作状态，他的身体状态，也许不会保持得这么好。"

自从那次生病住院，程泰宁开始加强锻炼。每天晚饭后，他都先陪妻子看会儿电视，然后下楼运动四十分钟。这通常已是九点以后，邻居都已回家，他可以独享满园的静谧。作为回报，他会为美丽幽静的夜色增添一组或

---

❶ 王大鹏. 程工的一天 [J] // 袁佳麟，周少聪. 程泰宁，半个世纪的坚守. U.E.D 城市·环境·设计，2001（4）.

在钟先生家中（2021 年 5 月）
前：钟训正
左起：徐东平、程泰宁、江三林（同
班同学钟先生夫人）

在张钦楠先生家中（2023 年 4 月）

做操或疾走的运动剪影。

　　程泰宁的工作时间雷打不动。2021 年 7 月，台风"烟花"光顾杭州和上海时，恰逢周末。他依然风雨无阻地到公司忙了一整天。为他出行担忧的，有上海的小姑姑杏官、弟妹徐阶平、表妹钟萍、钟雯以及分布在各地的晚辈。大家在群里吵翻了天，他也只是含糊地回复一句"争取早点回去"，以至于表妹带头质疑他是不是"脑子被台风刮'进水'了"，引起大家一通玩笑话，他却不敢还嘴。他知道对于亲人的苦口婆心，自己属于"屡教不改"。可是，他怎么敢懈怠呢，后面还有满满的日程等着他呢！

　　很多人对程泰宁的工作状态不相信也不理解，谓他何求？面对善意的规劝，程泰宁常用人们容易理解的方式回答："我做工作和你们喜欢旅游、打牌一样，也是累并快乐着啊！"

　　喜欢，的确是程泰宁至今仍"自奋蹄"的原因之一，但更多的是责任和心愿的驱动。因为建筑于他，早已不只是立足于世的职业、创新创造的快乐源泉，更是他为求社会进步而生的忧患与担当，是渴望为世界留点什么的终极信仰。一句话，建筑就是他生命意义的全部载体。

　　对于"功成名就"一说，程泰宁从来不认同。他常说，"我的人生没有目标，只有方向。如果一定要说当上院士有什么不同，那也只是让我更能沉下心来专注创作，更有条件为中国建筑做更多的事罢了。庄子说'人生天地之间，若白驹之过隙，忽然而已'。虽然我不知道我能走到哪，但只要条件

老朋友聚会（2018 年）
左起：钱伯霖、陈忠麟、程泰宁、徐东平、
叶湘菡、陈大钊、王英

与原建研所部分同事合影（2020 年）
左起：丁洗、陆皓、程泰宁、
王幼芬、何峻

允许，我就会一直向前走。"

　　不设目标，只有方向。这是程泰宁与众不同的人生哲学。他认为，有了具体的目标，人就容易产生"妄念"，人生的"动作"就可能变形；而方向，体现的是未来，是远方，是一种价值观，是应该全情拥抱的。于是，"用出世的心态，做好入世的事情"，就成了他追求的人生境界。

　　每个人都应该把自己当作是世界的一部分，主动介"入"这"世"界，而不是时下流行的"躺平""摆烂"，去认真做事，去贡献价值，让世界因自己来过而变得更美好。与此同时，做事时要带着一份超脱和淡定，要懂得"人生短短几个秋"，世事多无常。在这个亦真亦幻、亦实亦空的世界上，要学会在繁花落叶、风声云影中淡看得失、宠辱不惊，始终保持一颗纯净的赤子之心。如此才能吞得下委屈、耐得住寂寞，即使身处逆境，也能把一份事业坚持做下去、并且做好它。❶

　　程泰宁的人生选择，得到了对他比较了解的师长和朋友们的理解。尽管经历不同，但相近的人生观和价值观让他们一直互相激励、携手前行。

　　没有无缘无故的幸运，也没有随随便便的成功。程泰宁取得的每一分成就，来自于他数十年如一日的付出，也包括家人的支持与奉献。当他把能量全部投放到工作中，无暇顾及的"其他"，就都落到了家人的肩上。

❶ 乔辉，陈敬，佟金恒. 搞科研既要有"野心"，也要有一颗平常心. 腾讯科技. 2019-08-08.

程泰宁、徐东平与父亲在
杭州合影（2010年10月）
（两个月后父亲在上海去世）

与妹妹庆芳合影
（2011年春节　台北）

东南大学校园，为孙女程诗然当
导游（2020年5月2日）

对他来说，这是一个充满温馨、友爱和亲密的大家庭。

程泰宁评上院士后，有一次回上海父母家。晚上，到了要为父亲洗脚的时间，弟弟刚要起身去打水，妹妹庆芳叫住他，然后对程泰宁说："你去。"父亲和弟弟都连忙说"不用他、不用他"，妹妹却坚持说："一定要他去。在家里他不是院士，他就是儿子、哥哥，就该尽尽孝道。"

妹妹说得一点都没有错，事实上她也最有资格这么说。

作为程家唯一的女孩，妹妹是全家的骄傲。她漂亮，聪慧，成绩好且多才多艺。无论是唱歌、唱戏，她样样拿得起。京剧、越剧、沪剧都能客串。退休后她和上海高校业余京剧社演出《贵妃醉酒》，她扮演的杨贵妃，扮相好，唱功好，一出场就赢得了满堂彩，被称为上海高校京剧"第一青衣"。

妹妹从上海第一医学院（今复旦大学上海医学院）毕业后，先后在复旦大学附属肿瘤医院和复旦大学附属眼耳鼻喉科医院工作，是眼耳鼻喉科医院放疗科创建人和首任主任，享受国务院政府特殊津贴专家。在同事眼中，她爱岗敬业，医术精湛。在病患口中，她医者仁心，深受爱戴，说她"待病人如家人"。由于工作表现突出，她曾有望成为上海市副市长的梯队培养人才，但她毫不犹豫地谢绝了，其中一个主要原因就是程家的"拖累"。

由于程家三兄弟都先后考到外地上大学并参加工作，妹妹成为唯一留在上海的子女，也自然而然地成为全家的主心骨。兄弟们都说"她在哪里，家在哪里"。她要帮助照顾年迈的父亲和卧床十年的母亲。作为姐姐，她把房子让给调回上海的小弟弟住而自己一家挤在亭子间里。她还是亲朋好友的

"私人医生"。在家人和亲友心目中，程家就是庆芳、庆芳就是程家，他还是程泰宁长子程抒的"干妈"，次子程戈的"妈妈"，而徐东平和程泰宁则是"山西妈妈"和"山西爸爸"。提起她，无论领导、同事、病患还是亲朋好友，都有一句共同的评价：她心里承载了太多，唯独没有她自己！

这样的妹妹说的话，程泰宁岂敢不听！

他连声说"我来、我来"，在妹妹"监督"下完成了给父亲洗脚的任务。别看妹妹"怼"他最多，他与妹妹感情最好，以至于在很长一段时间内，他都无法接受妹妹已于2013年因病过世的事实。在他心里，那个从小跟在他后面唱着歌唱着戏的妹妹，那个被患者称为"悬壶济世"的妹妹，那个被他的两个儿子称为"妈妈"的妹妹，那个扛下了所有只把最好的一面留给大家的妹妹，一直活生生地出现在他的梦里！

都说男人不善于表达感情，程泰宁却清晰记得他在河南新乡远郊的干校时，大弟弟永宁在夜间冒雨从新乡火车站摸黑徒步十多公里来看他，也记得小弟弟遐宁到干校来看他。离开时，遐宁站在最后一节车厢尾部的台阶上向他拼命挥手的情景至今历历在目。弟弟们虽然也都因读书工作先后离家，但后来都调回上海共同承担起照顾父母的责任。

谈及父亲，程泰宁充满感情，他说，自己从小"顽劣"，父亲却对他一直寄予厚望。从他读大学离家，父亲对他的关心就一直伴随着他。父亲在他刚参加工作时的来信中那句"你以一身系全家之安危"让他曾经很惶恐。此后，他人生每走一步，父亲都会慈祥地提出自己的看法。他当选院士后，已经95岁高龄的父亲夜不能寐，半夜起来，用工整的字体写满了十张信笺。信中有喜悦，有鼓励，也有诚勉。父亲在2011年去世，程泰宁含泪写道：世上最疼我的人走了……

他的两个儿子出生后都留在家里抚养，照顾他们的重担主要落在母亲、妹妹还有外祖母身上。在母亲已经65岁时，每天哄年幼的满床爬的程戈睡觉时，祖孙俩都要经过一番"战斗"，直到两人都累得筋疲力尽才算结束。至于半是战友半是保姆的妻子徐东平，更是对他支持扶助最多的一位。无论环境多么困难，她从不抱怨后悔。还有他的小姑妈杏官、弟妹徐阶平，如今几乎隔天就要发来短信，督促他不要加班，早点回家。表妹甘楠则一直是把他取得的每一点成绩都转述给他父亲的使者……

春节与家人亲友团聚（2009年，上海）

家是最小国，国是万千家。一个上进、和谐的家庭，就是程泰宁的情感归宿，也是他能全身投入事业的坚强保障和动力补给。他很少用语言表达对家人的感情，但他知道家人对他的支持既有对他的爱，也有对这个大家庭的大爱，他们也都在各自的岗位上作出自己的贡献。

"一个人有了坚定的信念，并愿为这个信念奋斗终生，就犹如心中有了一盏明灯。这盏灯不仅能照亮世界，也能照亮他前行的道路。"浓浓的家国情怀，怎能不让耄耋之龄的程泰宁，仍然要"撸起袖子加油干"！

2 日日新又日新

如果说信念是程泰宁前行的发动机，那么，创新求变就是助推他不断前进的双桨。

在那种动辄得咎的紧张的政治气氛下，程泰宁的创作个性受到很大的制约。然而，在程泰宁的一生中，从未妥协过，可以说叛逆就是他的人格的底色主调。武侠小说所蕴含的反抗与叛逆精神对他产生了很大的影响。武侠小说中的英雄，往往凭着一股气锄强扶弱、为国为民，以天下为己任。这股气是侠气、正气、义气、浩气，与程泰宁性格中的傲气、志气、骨气相融、碰撞，自然而然地氤氲出一种强大的力量，最终汇集成三个字"不服气"。这种不服气的叛逆心理，从深层次来讲，是想变得比别人更好的渴望，不仅带来了竞争意识，也是程泰宁不断前进和事业发展的动力……

他的身上有着最宝贵的创新的基因，就是叛逆人格。缘于这份鲜活的叛逆，他从不迷信权威，思想的独立成为促使他奋发向上的最大内驱力，也造就他在建筑界的传奇。当然，相较于青少年时期的容易冲动，现在的程泰宁可以心平气和地解决问题，他已能较好地适应环境，不过心中仍隐埋着叛逆的种子，一旦遇到适当条件，就会显露其叛逆的本性，而此时这叛逆下潜伏着的，其实是强烈的创新意识。❶

程泰宁常说，创新是建筑创作的灵魂，特别是在人工智能高速发展的今天，建筑师如果缺乏创新意识，就会被这个时代抛弃；他坚定地认为，只有依靠创新性思维，建筑师才能超越语言和技术，抵达人类的心灵层面，说到

---

❶ 丁七玲. 儒匠: 程泰宁传［M］. 南京: 江苏人民出版社，2023.
  注: 本书由中央电视台"大家"栏目与凤凰传媒联合打造，纳入国家新闻出版署向全国青少年推荐书目。

底，"诗与远方"永远是建筑创作的核心追求。基于此，他在创作中不会受拘囿，更不屑于抄袭别人和重复自己。这很合乎他性格中的叛逆基因。对他来说，如果没有新的想法，他宁愿不做。直到今天，88 岁的程泰宁仍保持着极强的创新意识，这可以从他近年来的作品中反映出来。温岭博物馆、杭州西站及城市综合体，以及徐州的宕口酒店，就是他在近年来设计建成的三个全新作品，长沙湘江科学城则是他刚刚在国际投标中标的最新方案。

温岭博物馆是程泰宁 2011 年的作品，采用的是"非线性"语言，但它的立意却与众不同。

整个建筑如同石夫人山下一块散落的山石，不仅与自然环境相融，也能将这一重要的公共建筑从城市环境中凸显出来。❶

温岭博物馆（2010 年 中国·浙江·台州）

❶ 台州新闻综合频道直播，2019-1-11。

　　该馆整体设计理念立足于温岭石文化，建筑外形犹如一块灵动的巨石，落在双桥河边；内部空间又如长屿硐天一般，流动交错……极具动势的体量和建筑造型，体现了温岭石文化特色，具有强烈的视觉冲击力和时代感。❶

　　温岭博物馆不仅仅"长得酷"，这个特殊造型也是功能空间"自然生成"的结果。设计采用架空和悬挑的手法将建筑底层掀开，预留出大面积的城市公共活动空间。这样，从南面过来的人流，就能够穿过建筑底部到达北面的双桥水岸。在走过亲水栈道时，可以回望水中建筑斑驳、灵动而纯净的倒影。从远处看，博物馆这块"巨石"向北展开了一个巨大的洞口，北面的自然气息与南面的城市景观互相渗透，宛如当地的长屿硐天奇景一般流动交错。而站在四层的户外观光台上，参观者又能充分领略到双桥河沿岸的自然美景。在这个项目中，创作团队探索了数字化时代非线性语言的适宜性运用。如果不借助 RHINO 犀牛软件和 BIM 等现代技术作支撑，这个项目无

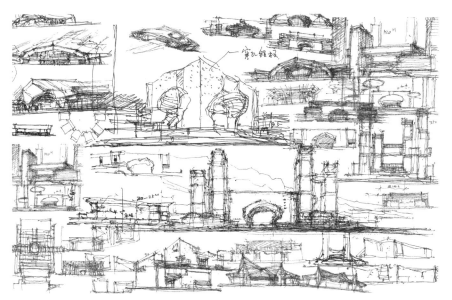

杭州西站 云门群组 手绘

❶ 黄晓慧，温岭博物馆三大看点 [R]. 台州日报，2018-12-27（5）。

法实现。但如果被这些"语言"和工具所裹挟，就可能流于非线性建筑的同质化。而在当前流行的非线性建筑中，温岭博物馆无疑是别具一格的。

杭州西站是程泰宁2017年通过国际招标承接的设计项目，2022年已建成投入使用。人民日报记者姚雪青在看完后是这样描绘它的：

> 方中取圆、古朴厚重的"站前云门"，由一块块几何形结构拼接而成、状如云雾的"云端候车厅"，上下结构融合敞亮、拥有通透天光大把洒落的"云谷站台"——远远望去，好一团"巨型云朵"！

对于杭州西站，只要理解了"云"所蕴含的江南的、未来科技城的文化背景，就不会觉得它的造型只是为了吸人眼球。建成后许多人对它的"未来感"很欣赏，有位网友将自己用无人机拍摄的西站视频发到YouTube上，引来美国、法国、意大利、俄罗斯、日本等十几个国家众多网友的评论和留言。有人用"疯狂""惊人""美丽，有一种外太空未来主义的味道，伟大的中国"为之点赞，也有网友质疑"这是真的吗""这是假的，是电脑做的"，然后下面有人回复说"我去过中国，这是真的，位于中国杭州。"有位美国网友留言："看到这些只有好莱坞电影里才有的中国科幻建筑，居然

杭州西站枢纽综合体（2017年 中国·浙江·杭州）

徐州宕口酒店（2020 年 中国·江苏·徐州）

是他们的一个超速铁路站。再看看我们美国的火车站，肮脏，阴暗，老旧，垃圾堆，没有人在乎。"法国和意大利网友留言："中国人已经生活在未来的 2050 科幻世界里，这难道是外星人帮他们建造的吗？"新加坡网友说："这些像极了外星球的建筑让我太惊讶了。"泰国、印度尼西亚、巴基斯坦、尼泊尔、印度、越南等国网友也纷纷表示："这个超级铁路站太科幻了，像外星基地。中国在崛起，中国应该把它的建造技术分享给亚洲国家，带动亚洲成为世界的中心。"❶

　　业内同行对这个项目也很关注。2023 年 12 月 8 日，建筑学报专门为这个项目组织召开了探索站城融合发展的杭州西站设计学术研讨会，崔愷、李晓江、韩冬青等多位学者在参观后感到"很震撼"，认为把"腰部落客"变为"腰部进站"，以"云谷"作为进出站主要空间，不仅大大缩短了旅客行走距离，也打造了一个极具特色的内部空间，成为高铁站房一种全新的建筑构型。这是"第一个"。

　　2023 年刚建成的徐州宕口酒店也是程泰宁运用"中国智慧"完成的一个创新作品。在这个设计中，他一反国外建筑师用建筑把矿坑、宕口遮蔽起

❶ 老外看中国：杭州西站，在老外眼里成了"外星基地"！［N/OL］. 搜狐视频. https://travel.
sohu.com/a/663270558_120517683.

湘江科学城　核心区建筑　国际招标中标（2023年 中国·湖南·长沙）

来的做法，而是把宕口，这个大自然的"伤口"，稍作处理后与建筑组合，以虚实相生、相反相成的理念，塑造了一个自然生态的大景观，很有新意。而最近在国际招标中中标的湘江科学城核心展示区标志性建筑采用极简洁的三角形造型组合，塑造了一个极有创新性的建筑聚落。

遗憾的是，有些创新探索未必都能落地实现。尽管技术标评审名列前茅，但"北京新国展二、三期城市设计及建筑概念设计方案"和"南京北站站房暨站城融合核心区设计方案"两个国际招标以高票入围后还是落选了。不过，在这两个方案中都可以看到程泰宁的设计创新。在"北京新国展二、三期城市设计及建筑概念设计方案"中，他不仅采用了"花开盛世、国色牡丹"这个极具中国文化调性的建筑意象"，还创新性地打造了有别于传统鱼骨式展览模式的庭院＋向心式布局，营造出具有"中国院子"特色且充满未来科技感氛围的观展体验。在"南京北站站房暨站城融合核心区设计方案"中，除了"产城一体 光谷落客 高效候车 多点进站 理性开发 绿色低碳 站城共圆"等理念创新外，犹如"飞碟"的建筑造型为人类飞天之梦注入了酷炫的未来科技感。

在无边无垠的建筑学海中，总能有新发现新思路，是程泰宁至今仍活跃在创作一线的重要原因，哪怕他已年过耄耋。他说：

　　　　建筑之于我，始终有一种神圣乃至神秘的感觉。设计的项目愈多，接触的东西愈多，愈觉得在建筑学的大海中游泳，实在是无边无垠，而又深不可测。这个感觉大概就是庄子所言的"人生有涯，而知无涯"吧。对我来说，以有涯逐无涯，实在是不亦乐乎！❶

北京新国展二、三期城市设计及建筑概念设计方案（2019年 中国·北京）

南京北站站房暨站城融合核心区概念设计（2021年 中国·江苏·南京）

❶ 程泰宁．"以有涯逐无涯"，不亦乐乎！［N］//名师自述．北京：中国建筑工业出版社，2008.

3 文人气之养成

天下武功，套路易练，内功难修。所谓"外练筋骨皮，内练精气神"是也。

建筑设计亦如此。建筑师的创新创作，离不开对技法的持续学习与训练，但更多还是源自于他的综合素养、审美品位和人文气质。对程泰宁而言，阅读文学、欣赏绘画、聆听音乐、观看戏剧与舞蹈，都是他修炼内功的心法秘诀，是他的"功夫在诗外"。

文学本就是他的"初恋"。他喜欢中外文学，很早就接触了托尔斯泰、巴尔扎克、雨果、左拉、梅里美、茨威格等人的作品。现代如川端康成、村上春树等蕴含着日本文化意蕴的作品，对他也有不小的影响。但对他创作影响最大的，还是如梦如歌的中国诗词。在历代诗词大家中，他最喜欢苏东坡、辛弃疾的豪迈与潇洒，也喜欢柳永和纳兰容若的清丽与婉约。2002 年，他曾在一次建筑师与文学家的交流会后写过这样一段话：

> 在生活中，建筑与文学是那样相通，以至我们总是能够感受到它们之间无处不在的联系：不论是苏轼"大江东去"的恢宏博大，还是秦观"雾失楼台"的婉约迷蒙，似乎都可以在建筑的形象和空间里得到表现。海明威纵横恣肆的风格常使人想起柯布西耶；而读川端康成的"古都"，那浓得化不开的"日本味"，使人仿佛置身于桂离宫……读一首诗，读一部文学作品，对我来说，常常是一种意境的体验、一次哲理的思索、一类文化的感悟，这种潜移默化的积累，对于我的建筑创作是多么重要啊！ ❶

文学的讲述与描绘，不仅可以让人领略到意境之美，也能让人阅遍大千

---

❶ 程泰宁. 相通、相携、相成：我看建筑与文学［C］. 2002 年 9 月第二届"建筑与文学"学术研讨会纪念集.

世界，体验万般情感，从而拓展个体生命的宽度和广度。喜欢读书的人，心胸是被打开了的，他们善于从典型文学人物的性格和行为中寻找契合，自觉或不自觉地融入自身的气质。这就是"悟"与"化"的过程，是文学特有的魅力与魔力，也是程泰宁一直建议他的学生多多读书的根本原因。

在中国传统文化中，诗画是不分家的。如果说诗词歌赋的文学修养属于程泰宁的童子功，绘画就是他的看家才艺。

在中国近代和现代画家中，程泰宁比较欣赏张大千、林风眠、李可染，因为他们都有将中国传统水墨与现代构成手法相结合的探索。在他欣赏和喜爱的"画家"名单中，还有一个特别的存在，那就是他的好友、著名建筑师张在元。他的画，构图简单，充满想象力，对色彩的感觉和光影的运用都特别棒。

2007年，张在元送给程泰宁一本他的画册《天地之间》。程泰宁打开画册后，发现每幅画都堪称精品，特别是蜡笔画《甘孜藏》更是给他带来震撼。他看后非常兴奋，马上打电话给张在元，开口就是掩不住的叹羡："你到底是做建筑师好呢，还是做个艺术家？"张在元在电话那端也立刻回敬他说："你也不要谦虚！你随便手勾的曲线，可是连许多画家也画不出来的！"程泰宁叹了口气说："与你相比，我只能算个建筑画匠！"

然而，就是这个自称"建筑画匠"的建筑师，凭借他的书画功力，在浙江美术馆方案市民投票中一路遥遥领先。从现场传来的消息说，许多市民对

浙江美术馆　手绘图

美术馆的设计过程和设计创意未必理解，但他们喜欢那三张"画"（手绘草图）中扑面而来的美！和他一起竞标的许多建筑师，也对那三张不同于专业画家和书法家的"书画作品"心悦诚服。

除了诗画，听音乐是程泰宁在工作时唯一可以一心二用的事。办公桌上学生们送他的电唱留声机是他加班时的好伙伴，里面的唱片都是他喜欢的古典音乐或某位喜爱的歌手专辑。这些音乐总是能拨动他的心弦，令他震撼、愉悦和感动。

他至今常听的，还是卡拉扬指挥的《命运交响曲》，时而激昂时而沉郁的旋律，一直在敲打着他。他也会沉浸在莫扎特、德彪西作品的音乐意象中，那些意象似乎总能和他创作中的建筑意象结合起来。在中国歌手中，他喜欢来自草原的旋律，蒙古族女中音歌唱家德德玛带有典型蒙古长调曲风的歌声，总会给他一种开阔自由之感。对于西方歌唱家，除了著名的三大男高音的美声唱法之外，他还喜欢包括惠特尼·休斯顿、席琳·迪翁、阿黛尔和恩雅在内的风格完全不同的女歌手。

虽然不懂舞蹈，但不妨碍他把探索舞蹈艺术的发展方向作为一种文化现象去观察比较。他看了几遍林怀民的《云门舞集》（现代舞表演），反复体会那种"让舞蹈如水墨般自如挥洒"。

从对文学、绘画、音乐、舞蹈等艺术形式的欣赏中发现变化、寻找规律、探索前路，也是程泰宁修炼内功的一部分。

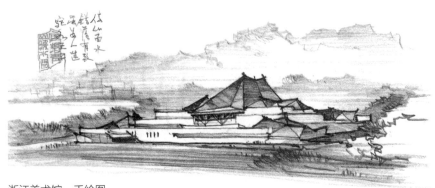

　浙江美术馆　手绘图

以绘画为例。他一直在思考和研究从文艺复兴到安格尔、德拉克拉瓦、莫奈、马蒂斯、莫迪利尼亚直至西方现代绘画发展的演变历程、发展规律和前景。他不喜欢毕加索、达利，不欣赏某些"行为艺术"，但从鱼龙混杂的西方现代艺术作品中，能够强烈感受到画家们为拓展艺术边界所做的不懈努力。他很早就注意到：

19世纪50年代，法国画坛从思想到创作极其活跃，当时被视为保守的学院派元老、高年的安格尔仍然保持自己的强大影响力，正值盛年的浪漫派的旗手德拉克拉瓦和现实主义大师米勒则处于艺术上的成熟期，而"西方现代艺术之父"的年轻的塞尚也开始显露自己的才华。他们之间艺术观点争论之激烈是人所共知的。各派的追随者们、艺术评论家们把这种争论归结为新与旧、保守与革新之争。随着岁月的流逝，这场旷日持久的争论终于逐渐平息下来。一百多年后的今天，我相信绝大多数人都会同样欣赏那些艺术大师的名作《泉》《希阿岛的屠杀》《晚祷》和《静物》，而不去计较它们的新与旧、革新与保守。这些大师都以他们的成就在世界绘画史上取得了应有的地位。❶

音乐发展亦如此。从以贝多芬、莫扎特为代表的古典乐派到以肖邦、舒曼等人为代表的浪漫乐派，从德沃夏克的民族乐派到印象主义鼻祖德彪西，也经历了从古典时期的高贵严肃到更富有想象力更注重情感表现的浪漫时期，直至更关注音乐瞬间效果的印象主义。尽管程泰宁无法欣赏现代音乐，但他会带有探究目的地去选听一些流行歌曲和时下的先锋音乐。他会关注

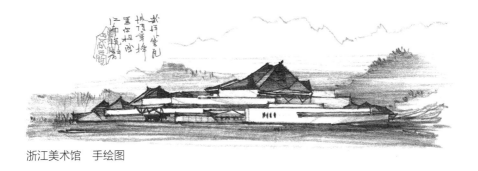

浙江美术馆　手绘图

---

❶ 程泰宁. 我的建筑哲学［J］. 当代中国建筑师, 1988（1）.

著名音乐人谭盾的走向，会留心"流行美声"等英美现代组合唱法的融合和变化。

通过观察文学、绘画、音乐和建筑的发展历史演变，程泰宁发现，古今中外的文化艺术发展都有相近的规律，不同类别的文化艺术之间是可以相互引证、相互借鉴的，即"流派的对立和艺术形式风格的多样化，必然促进理论和创作的繁荣，艺术的长河在浪花的冲撞中生发、流动"❶。一个建筑师，他的成就不在于他属于何种流派、风格，而是取决于他能否在熟知各种流派后依然有自己的独立思考，是否拥有自己的建筑哲学思想、艺术美学修养和创作表现能力，是否能够作出自己对于这个时代与环境最恰当的解答并使自己的作品打动人心。在他看来，时间是检验一切艺术作品的标尺。

永远保持好奇心和"闲情逸致"，是程泰宁对自己的要求。即使只有片刻时光，他也会让自己的心闲下来、静下来。他会将目光停留在自然光投射形成的影像变幻中，停留在雨滴落在窗上的曲折走向上，从一片落叶的纹路肌理与颜色的深浅不一感受自然界的美妙与神奇。

如今，阅览依然是程泰宁获取信息、补充养分的重要渠道。他极少上网，但有每天读报、看书和看电视文化频道的习惯，而且保留了年轻时的剪报习惯。不过，由于时间和精力有限，他的阅览通常比较节制，关注的也主要是历史、哲学、文学、艺术和社会学相关内容。他的阅读有时会带有一定目的性，如为了寻找思想印证或希望受到启发。不过，对于那些"心有戚戚焉"的文字，他是无法抗拒的。他的目光会被勾留住，他的心会流连忘返。偶尔，他也会重新翻看喜爱的武侠小说，让心灵驰骋在天马行空的武侠世界中。

程泰宁的创造力和想象力还有一个秘密来源，那就是独处。闭上眼睛，去放空，去感受，去冥想，在无法抵达之处去体会诗意。这是他为自己心灵充电的过程。睁开眼睛，他重又能量满满。

或许，在程泰宁这个"文人"眼里，万物皆可入画、入舞；在他耳中，万籁皆可入乐、入韵；在他心中，万境皆可入诗、入词。而所有这一切，在他笔下，最终都可化入建筑。

❶ 程泰宁. 我的建筑哲学［J］. 当代中国建筑师，1988（1）.

4 浪与潮

"把握生命里的每一分钟 / 全力以赴我们心中的梦 / 不经历风雨怎么见彩虹 / 没有人能随随便便成功。"歌曲《真心英雄》里的这几句歌词，可以看作是对程泰宁的写照。

如果把成功定义为努力实现自己的选择，把英雄定义为不怕困难一直向着自己选择的方向前进，那么他就是一个走在风雨和彩虹中的真心英雄。

为了中国建筑堂堂正正走向世界，多做些、再多做些，一直是他自愿肩负的责任。他常说，只要身体允许，他就会把青年时代的理想，把建设更美的中国，更美的世界，这条建设之路继续走下去。

自称永远在路上的程泰宁是一个"造屋者"。有人说，他是一个集实践与理论于一身的"强者"，也有人说他是一个心怀敬畏一路向前的"行者"，一个为建筑而生的"筑梦者"。而他自己是这样说的：

> 凌波学海风拍浪，极目寰宇剑倚天。
> 跳出三界觅新路，化入自然境为先。
> 精骛八极开心宇，学究天人探文源。
> 唤醒东风化春雨，笑对青山续新篇。❶

带着匠心与侠义，当年那个"镇三山辖五岳踏浪无痕鬼见愁小诸葛"程泰宁，如今已在他亲手构筑的建筑理想国里把自己活成了一代"建"侠。他的探索路径和诸多成果，将在中国建筑的历史进程中留下印记。

能在这个年纪还从事自己钟情的事业，程泰宁是幸运和充实的。他常说，前路漫漫，虽已不再修远，但"吾将上下而求索"是不会变的。只要

---

❶ 程泰宁. 程泰宁建筑作品选［M］. 北京：中国建筑工业出版社，2022.

第十届"紫金奖·建筑及环境设计大赛"职业组主评（2024年2月28日，南京）

身体允许，只要不觉得已经"江郎才尽"，他就会继续做下去。到什么时候不能做了，就算是达到人生目标了。

对他来说，最好的榜样是奥斯卡·尼迈耶。这位巴西建筑大师在2012年12月去世时已经106岁高龄，手上还有20多项任务没来得及完成。这样的谢幕方式，不是再好不过了吗？

建筑师是个长寿的职业，年过90岁依然坚持创作的建筑大师俯拾皆是：102岁的美籍华人建筑师、1983年普利兹克奖得主贝聿铭，101岁的德国建筑师、1986年普利兹克奖得主戈特弗里德·玻姆，94岁的印度建筑师、2018年普利兹克奖得主巴克里希纳·多西，106岁的巴西建筑师、1988年普利兹克奖得主奥斯卡·尼迈耶，93岁日本建筑师、1993年普利兹克奖得主槙文彦……在他们面前，程泰宁只是一个晚辈。属于他的探索之路还会继续下去，关于他的人生故事或许还有许多。

如果说年轻是"心灵中的一种状态，是头脑中的一个意念，是理性思维中的创造潜力，是情感活动中的一股勃勃朝气"（引自《年轻》，德裔美籍作家塞缪尔·厄尔曼），程泰宁无疑还很"年轻"。对于未来，他始终怀着赤子般的渴望，他的"心灵电台"总能从浩瀚宇宙中接收美好、希望、欢欣、勇气与力量的信息，再把它们发射出去。

当然，并非所有人都会理解程泰宁的选择。就好像有人会半真半假地对他说，您这个"前浪"是不是该让位给"后浪"，去沙滩上"休息休息"了？

对于这样的调侃，程泰宁不仅不喜欢，而且很介意。

我是前浪吗？

他闭上眼睛，在心里默默地问自己。恍惚间，仿佛已身处海边。在天水与共的那片辽阔里，他看到波浪翻卷，潮水在高高潮头的引领下奔涌向前。他看着，想着，忽然意识到了什么。

我是潮，不是浪。

浪和潮似乎也听到了他的自白。浪骄傲地笑了，问潮也似在问程泰宁，"我们同为海水，有何区别？"

潮想了一会儿，回答说："你我确实都是海水。不过，我是在天体引力下的自发涌动，永远不会停歇；而你是被海风吹起的波动，被岩石撞击的水花，若是没有风也就没有你。我们怎么可能一样呢！"

浪听完，低下骄傲的浪头。海面上重归风平浪静，但潮汐依旧。

睁开眼睛，程泰宁对"前浪后浪"一说已全然释怀。潮也好，浪也罢，自己就是一滴海水。如果说真有什么与众不同，那就是，只要梦想尚在彼岸，他就一定还在涌动的路上……

2023 年生日与学生相聚（2023 年 12 月 9 日）

尾声

人生有答案吗？

有，也没有。

有，是因为每个人都要用一生作答。

没有，是说没有标准答案。

在这场设于天地间的开卷考试中，只要你我愿意，何妨在交卷前"对对答案"呢？

Q1： 如果用两句话概括您的人生，您会说什么？

选择一项自己喜欢的事业并尽全力做好它。

爱和感恩。

Q2： 可是，并非人人都能像您一样，把梦想与热爱都寄于事业。对一些人来说，工作是为生计所迫，梦想却在别处，于是过得很纠结。

梦想不是与生俱来的，有时也不是我们最初的选择。

我在读大学前，兴趣是写作，梦想是"走文学的道路"。我从没想过要学建筑。我不会画画，对建筑一无所知。后来有人说我是建筑天才，我只能笑笑。如果不是大学四年的熏陶和自己的努力，我不可能爱上建筑学，更不可能将建筑作为自己毕生的事业。

大学四年让我的梦想转弯落地了，也让我认识到，付出与爱可以相辅相成。因为爱而付出，因为付出而更加热爱。这就是为什么人们常会爱上为之付出最多的。对人如此，对事业亦如此。

所以，能否爱上自己的工作，首先要问问我们的付出是否足够。

试着再多付出一些吧。或许能在"为生计所迫"中找到乐趣。即使不能，也不影响我们在工作之外的业余时间追寻自己的梦想。刘慈欣创作《三体》时，还在电厂工作。今年凭借科幻小说《时空画师》拿了"雨果奖"的海漄，因为不知道写小说能否"维持生计"，至今还留在银行工作。这些都是现实的例子。

Q3： 如果选择好一项事业，接下来不是该设定一个个目标吗？为何您又说"我的人生没有目标只有方向""用出世的心态做入世的事"。这些与主流价值观不尽相同的表达，对我们有参考作用吗？

你这个问题让我想起了四十年前，我在做完黄龙饭店和加纳国家剧院时，一位亲戚对我说"你可是功成名就了"。我当时特别惊讶，心想，我的工作刚刚起步，怎么就"功成名就"了？后来，不时有朋友也对我这么说，我都无言以对，只能无奈地笑笑。

在我心里，学术研究不应论"功名"，也不可能有"成就"的终点，特别是对建筑学科而言。但我们可以有"心中的远方"。远方就仿佛天边绚丽的彩霞吸引我们向它奔去，越接近越能感受到它的神秘与美好，但我们只能不断接近，却永远不可能到达。

请问，这世上哪位建筑师可以声称自己已经达到了目标？

没有。大家都在走向"远方"的路上。

所以，最好不要给自己设定"目标"。这样就不会产生执念甚至妄念。也不会在得不到时失望、消沉，甚至愤世嫉俗而迷失初心，忘记了"心中的远方"。

至于"做入世的事"，是我对自己的要求，是我的人生选择，因为我不想"过小日子"。用"出世的心态"，是因为我懂得，拥有出世的心态是一个人的智慧。它教我们跳出三界（古今、中外、人我）以外，从全局全时着眼，帮我们放下"贪欲""执念"，与万物圆融，让内心清澈、宁静，从而"无为无不为"。

Q4：说到了"无为"，我想借用一下。您对"躺平""摆烂"怎么看？另外，与"躺平"相对，现在还有一个词叫"内卷"。面对激烈的竞争和生存压力，更多人的现状是"卷也卷不动，躺又躺不平"。

对于个人选择，我不予置评。每个人的经历不同，谁都不能以人生导师自居，指手画脚。

但是，如果"躺平""摆烂"成为社会现象，那就需要反思。我一直相信，世界是在人们，特别是一些有理想的人推动下向前发展的。我们今天能够享受的一切，都是无数先人筚路蓝缕一点点奋斗出来的。如果大家都"躺平"了，人类社会如何向前发展？我想，没人愿意回到贫穷、落后甚至茹毛饮血的过去吧。

"躺平""摆烂"成为一种社会现象，是与时代和社会背景有关的。每代人都要面对不完美的时代和社会，这是无法选择的。

我这代人也一样。在最好的年纪不能放手做自己喜欢的工作，就是我最大的苦恼。在"特殊年代"的十年，我差不多就是你说的"卷也卷不动，躺又躺不平"的状态。当我埋头设计公共厕所、站台仓库，钻研"五小"工业厂房时，以前的同事们正在北京设计钓鱼台国宾馆、北京国际饭店。你说，我拿什么和他们"卷"？

但我没有躺平。古人说"穷则独善其身"。人，即使身处困境，也要自我修养身心，择善而为。这里的"独善其身"是指"慎独"，是"做好自己"，而不是后来常被误解的"只顾自己"。

要做到坚守自己的选择，并不容易。我后来经历"被退休""风评不好"的尴尬和孤独时，如果没有内心的坚定，也很难走到今天。中国有句老话：全力耕耘，静待花开。

Q5: 您从小就有"英雄情结"，有没有人说过，您有点自命不凡？

或许有吧，我不知道。论心气，我确实有点"心比天高"，哪怕我的人生经历只能属于"草根"。

不过，正是这些"草根"经历，让我常能得到更多纯真的爱与善意。我很感恩。我自知比不上《感动中国》里许多人的思想境界，但我会把这份爱与善良记在心里，时刻摆正自己的位置。

我心里没有优越感和层级感。我和单位里的同事包括工人的关系都很好，他们都很尊重我，我也很尊重他们。有位和我共事多年的清洁工师傅退休了，我们每年过年都会电话联系。直到最后一次问候时，他已经有点痴呆，不知道我是谁，只是在电话里一直念叨：你是谁啊？

你敬我一尺，我敬你一丈。与人交往，我很看重彼此尊重，而不是对方的阶层。你若盛气凌人，"自我感觉良好"，无论你是谁，我都当"不敬而远之"。

Q6: 在工作中，有些年轻同事，包括您的学生都说您很"霸道"，常常"虐"人，是这样吗？

（笑了）我确实听过这种议论。我就当是他们对我的善意调侃。

我想，他们都会了解我的工作状态，也知道我的"毛病"——追求完美。方案投标时，从创意草图到后期表达，包括多媒体和动画制作，我会一直"盯"到底，而且不断提要求，很严格，确实给他们带去了很大压力。但是，我们的对手都是国际顶级"大咖"，我们必须要尽力做到我们能够做到的极致，至少不能比他们差吧！

对我来说，作设计就是自己和自己较劲，因为我相信这世界属于有创造力的人。如果说是"虐"，首先要"虐"的，是我自己。

Q7：您认可您性格中的矛盾，或者说双面性吗？比如我用来描写您的那组对立词语：执着／超脱，强势／无奈，完美／妥协，激进／低调，喜新／守拙，大气／细节，自我／随和，荣耀／寂寞……

这是你眼中的"哈姆雷特"，无需我的认可。

我只能说，人性确实很复杂，何况人无完人。其实许多事情在对与错、好与不好之间有着宽阔的中间地带，不是非黑即白的。有时为了把事情做成，必要的弹性、妥协，是化解障碍的技巧，更是人的生命智慧。反之，耍小聪明，凡事反复计较利害的精致的利己主义者是做不好事情的。

当然，弹性、妥协不能伤及三观；变通、从权也要有底线思维。否则，几次突破底线，就会慢慢形成错误的价值取向，走上歪路。

Q8：叔本华说，生命是一团欲望，欲望不能满足便痛苦，满足便无聊，人生就在痛苦和无聊之间摇摆。您也在这二者之间摇摆吗？

我想我没有。

对我来说，建筑是我生命的一部分，是润物细无声的浸润，是在没有丝毫察觉中完成的。

静下心来想着建筑，色彩入目，空间入心，境界入梦，形神合一，很享受。

当我进入创作状态以后，常常能感受到刘勰在《文心雕龙》和陆机在《文赋》中所说的：

"故寂然凝虑，思接千载；悄焉动容，视通万里；吟咏之间，吐纳珠玉之声；眉睫之前，卷舒风云之色。"入此创作状态，很美。

"精骛八极，心游万仞……观古今于须臾，抚四海于一瞬。"入此创作状态，很爽。

这辈子，一直走在向远方的路上。虽然几度穿越风雨，虽然一路坎坷不平，但回头去看，"也无风雨也无晴"。现在的我，没有痛苦，也不觉无聊，反倒能够时时感受岁月之静好。

Q9：您介意谈论死亡吗？尼采说"人生本没有意义"，您怎么看？

完全不介意。

到了我这个年纪，见过太多生老病死和人生无常。我只希望自己能像尼迈耶那样在工作中戛然谢幕。到时候了，就"放下"。

当然，这些无法由我决定，只能顺其自然。这也让我更在意今天的自己。今天的自己，是否又向远方迈进了一步；手上做的项目，能否再有点新的突破……

这就是我活着的"意义"。我认为，每个人都可以用自己的"活法"赋予生命以意义。

"人过留名，雁过留声。"我觉得，人生一世，总该为世界留下点什么，让世界因为我们来过而变得更加美好吧。

Q10：假如有来生，您会改变您的人生态度吗？

按照量子纠缠理论，人死后魂魄会在太空中飘荡。假如真有来生，我想我会主动去接受它。因为回看来路，今生无悔。

附

录

附录 1

程泰宁大事年表

1935 年

12 月 9 日，出生于江苏省南京市。父亲：程子敏，民革中央顾问，上海市政协委员。母亲：甘月华，家庭主妇。

1939 年

9 月，就读于四川巴县鱼洞溪镇中心国民学校（1939 年 9 月—1944 年 7 月，一年级至五年级）。

1944 年

9 月，就读于四川重庆江北中兴小学（1944 年 9 月—1945 年 7 月，六年级至毕业）。

1945 年

7 月，毕业于四川重庆江北中兴小学。

9 月，就读于四川重庆江北私立志成中学（1945 年 9 月—1945 年 11 月），初一第一学期未完即迁往镇江。

1946 年

2 月，就读于江苏镇江私立京江中学初中预备班、初一至初二（1946 年 2 月—1948 年 7 月）。

1948 年

9 月，就读于江苏南京市立第一中学，初三第一学期（1948 年 9 月—1949 年 1 月）。

1949 年

2 月，就读于上海私立京沪（现名新沪）中学，初三下学期至毕业（1949 年 2 月—1949 年 7 月）。

5月，上海解放。

6月，从上海私立京沪中学初中毕业。

9月，就读于上海肇光中学（1949年9月—1952年7月，高一至高三）。

1952年

7月，毕业于上海肇光中学。

9月，就读于南京工学院（现东南大学）建筑系建筑学专业（四年制本科，1952年9月—1956年8月）。

9月，加入中国共产主义青年团（1953年2月转正）。

1955年

10月，获南京工学院"优秀生"称号。

1956年

8月，从南京工学院建筑系（现东南大学）本科毕业。

9月，分配到中国科学院土木建筑研究所，任研究实习员。

11月，因机构合并，改派到国家建委建筑科学院筹备处（1956年11月—1958年1月）。

1958年

1月，在反右派斗争后期，下放广东江门糖厂劳动锻炼。

8月，从江门调回北京。因国家建委撤销，调入建筑工程部建筑科学研究院城乡建筑研究室（1958年8月—1966年5月），任技术员。

1959年

研究国家体育场视线设计问题，与人合作写成《大型运动场视觉质量的研究》，发表在《建筑学报》1959年第1期。

1960年

参加南京长江大桥桥头建筑全国设计竞赛，入选成为两个方案之一。9月，代表建筑工程部建筑科学研究院与南京工学院钟训正等综合最后方案，该项目于1965年建成。

1月，共青团建筑工程部机关委员会颁发"1959年度工作显著成绩"奖状。

3月，中国共产主义青年团、中央国家机关委员会颁发"用毛泽东思想武装起来攀登科学文化高峰"奖状。

1961 年

北京市设计院、清华大学与建筑工程部建筑科学研究院联合对装配式住宅进行课题研究。作为建研院小组负责人，负责艺术组工作。论文《装配式住宅建筑艺术处理的探讨》发表在《建筑学报》1961 年第 8 期，此文编入《中国科技文摘》并译成英文外发。

3 月，共青团建筑工程部机关委员会颁发"1960 年红旗青年"奖状。

12 月，与徐东平结婚（结婚证颁发单位：北京市西城区人民委员会）。

1962 年

参加国家科学规划委员会组织的《1963 年至 1972 年科学技术规划纲要》（简称《十年规划》）的编写工作。

代表建筑工程部建筑科学研究院与铁道部专业设计院合作编写《全国铁路旅客站建筑设计》，耗时约 3 年。负责 20 多家参编单位协调、部分章节内容编写及全书绘图质量把关。1973 年由铁道部第三设计院重新出版。1975 年铁道出版社付印。

1963 年

参加古巴吉隆滩胜利纪念碑国际设计竞赛，在国内评选名列第一，方案选送出国。

1964 年

6 月，国务院科学技术干部局授予"中华人民共和国建筑师"证书。

7 月，在建筑工程部建筑科学研究院城乡建筑研究室晋升为工程师。

1965 年

2 月，29 周岁离团（中国共产主义青年团）。

4 月，《铁路旅客站建筑设计》送审稿印刷。铁路专业设计院文正工厂印刷。

5、6 月，参加建工部"四清"工作团，赴兰州西固部属建筑工程公司从事内查外调工作。

1966 年

4 月，从兰州西固建筑工地调回北京。

5 月，建研院城乡建筑研究室撤销，调入建工部标准设计研究所（1966年 5 月—1970 年 11 月），任工程师。

1969 年

5 月，下放河南省修武县建工部"五七"干校劳动（1969 年 5 月—1970 年 11 月）。

1970 年

9 月，河南干校解散。

年底，建工部所属的十个科研设计单位撤销。

11 月，分配到山西省临汾地区设计室（1970 年 11 月—1981 年 4 月），任工程师、建筑师。

1976 年

12 月，祖母王樸生去世。

1978 年

参加唐山 1500 座剧院设计竞赛，获优秀奖，未实施。后经国家建委审查并推荐为华北地区通用设计。

论文《东风饭店建筑设计兼谈中小型旅馆设计中的一些问题》发表在《建筑学报》1978 年第 4 期。

5 月，受邀赴广州出席全国旅馆建筑设计经验交流会，作大会发言，工程被选编入《旅馆建筑》一书（1979 年 5 月，中国建筑学会出版）。

1979 年

6 月，论文《中小型建筑创作小议》发表在《建筑学报》1979 年第 6 期。此论文译成英文摘要外发。

1980 年

参加全国中小型剧场设计竞赛，四个方案获佳作奖及表扬奖。

参加杭州百货大楼竞赛，方案获一等奖。

应中国铁道学会邀请任全国小型铁路旅客站设计竞赛评委会委员。

1981 年

主编《古建筑指南——山西篇》，中国建筑工业出版社出版。

3 月，中国共产党临汾地区直属委员会审批为中国共产党预备党员。

4 月，调入杭州市建筑设计院，任建筑师。

12 月，任杭州市建筑设计院建筑设计二室主任。

1982 年

4 月，中国共产党杭州市建筑设计院委员会审批转正。

当选浙江省第六届人大代表。

1983 年

12 月，论文《云山饭店建筑设计》发表在《建筑学报》1983 年第 12 期。

1984 年

12 月，任杭州市建筑设计院院长。

1985 年

2 月，赴北京出席建设部和中国建筑学会召开的中青年建筑师学术座谈会。《繁荣建筑创作座谈会发言摘登》刊登在《建筑学报》1985 年第 4 期。

12 月，赴广州出席全国繁荣建筑创作学术座谈会，在会上做大会发言《立足此时 立足此地 立足自己》。

12 月，论文《环境·功能·建筑观——杭州黄龙饭店创作札记》发表在《建筑学报》1985 年第 12 期。

1986 年

3 月，担任《建筑画》编辑部编委。

4 月，论文《立足此时 立足此地 立足自己》发表在《建筑学报》1986 年第 3 期。

1987 年

3 月，论文《杭州友好饭店建筑设计》发表在《建筑学报》1987 年第 2 期。

7 月，接受上海城市建筑学院聘请，出任兼职副教授。

7 月，绘画作品《加纳国家剧院》《黄龙饭店庭院内景》《山西五台山塔院寺》入选 1987 年《全国建筑画展览》。主办单位：中国建筑学会，中国建筑工业出版社。

7 月 13 日至 22 日，出席在英国的布莱顿及爱尔兰的都柏林举行的国际建筑师协会第十六次大会、第十七次代表会议，大会的学术主题为"房屋与城市——建设未来的世界"。

8 月 10 日至 15 日，出席在新疆乌鲁木齐举行的现代中国建筑创作研究小组第三届年会。

1988 年

7 月，建筑学报在杭州召开黄龙饭店建筑设计座谈会。研讨会论文《杭州黄龙饭店建筑设计座谈会》发表在《建筑学报》1988 年第 10 期。

10 月，出席在杭州的现代中国建筑创作研究小组第四届年会，全国知名中青年建筑师 50 余人出席，此次年会由杭州市建筑设计院作为承办单位。会后，文章《百花齐放的中国建筑学理论——现代中国建筑创作研究小组第四届年会后记：平等、民主、坦诚、热情》在《建筑杂志》会议导报上发表。

11 月，接受香港建筑与城市出版社聘请，担任《建筑与城市》月刊特约编委。

1989 年

代表中国建筑师赴阿根廷出席布宜诺斯艾利斯国际建筑双年会，在阿根廷国家剧院 CAYC 国际学术交流会上作大会演讲。这是我国首次派代表团出席此会。

被推荐为"中华人民共和国设计大师"候选人。

3 月，论文《在历史和未来之间的思考》发表在《建筑学报》1989 年第 2 期。

5 月，获 1988 年度杭州市有突出贡献的优秀科技工作者称号。

9 月，入选《中国当代文化名人辞典》（长城文化出版社），及《中国当代文化名人辞典》编委会。

12 月，接受中国建筑学会聘请，担任中国建筑学会学术工作委员会委员（编号：建会聘学字第 040 号）。

1990 年

1 月，浙江省人民政府授予"浙江省优秀中青年科技工作者"称号。

10 月，中华人民共和国人事部授予"中青年有突出贡献专家"称号（证书编号：9330010）。

10 月，入选《美术辞林·建筑艺术卷》（陕西人民美术出版社）及美术辞林编辑部。

11 月 20—23 日，出席深圳大学现代中国建筑创作研究小组第五届年会会议，会议主题为"回顾与展望"。

11 月，论文《理性与意象的复合——加纳国家剧场创作札记》发表在《建筑学报》1990 年第 11 期。

11 月，文章《自然 自我 建筑文化——江南传统建筑中的"理"》刊登在 1990 年 11 月 30 日《建设报》。

1991 年

申请辞去杭州市建筑设计院院长一职。

10 月，中华人民共和国国务院决定从 1991 年 7 月起发放政府特殊津贴并颁发证书。

1992 年

1 月，接受浙江美术学院聘请，担任环艺系兼职教授（聘字第 92002 号）。

7 月，接受浙江美术学院聘请，担任环境艺术系名誉主任。

7 月，应华艺公司之邀，去香港工作。

获杭州市科技重奖。

1993 年

访问美国田纳西州首府纳什维尔市，与杨小燕女士等商谈设计合作，该市市长出席了合作协议签字仪式。

2 月，从香港华艺返回杭州。

6 月，作为中国建筑代表团成员之一，出席芝加哥第 18 届世界建筑师大会及第 19 届国际建筑师协会代表大会。

7 月，作为中国大陆建筑师代表团成员（23 位建筑学者之一），首次赴台出席 1993 年两岸建筑学术交流会。

11 月，杭州建筑设计院与香港中旅建筑有限公司合资成立的泰宇建筑设计咨询有限公司开业。

1994 年

8 月，世界华人艺术报社授予"世界华人艺术家"称号，编入《世界华人艺术家成就博览大典》。

9 月，论文《竞争、市场意识与建筑师的职能》发表在《建筑学报》1994 年第 9 期。

1995 年

1 月，论文《时代 环境 人——议建筑特色的形成（提纲）》发表在《建筑学报》1995 年第 1 期。

1 月，加入传统建筑园林研究会。

5 月，论文《加纳国家剧场创作简介》发表在《世界建筑导报》1995 年第 2 期。

1996 年

2 月，论文《从加纳国家剧院创作想起的——漫议建筑创作机制与体制》发表在《新建筑》1996 年第 1 期。

9 月，在杭州出席第七次海峡两岸建筑学术交流会，并做《面向未来，走自己的路——在历史和未来之间的再思考》主题发言。

11 月，全国注册建筑师管理委员会准予注册"一级注册建筑师职业能力"（证书编号：963300072）。

1997 年

受邀出席第五届世界建筑贝尔格莱德三年展（The Fifth Belgrade Triennial of World Architecture）。其作品与（英）福斯特、（美）迈耶、（日）菊竹清训等人的作品一起，在"12 个国家的 12 位建筑师"栏目中展出。

收入《世界名人录》（中国国际交流出版社）。

1 月，论文《面向未来，走自己的路——在历史和未来之间的再思考》发表在《建筑学报》1997 年第 1 期。

8 月，接受张在元访谈，对话内容《"功夫"在设计之外》《泰宁尺度》发表在《建筑师》第 77 期。

10 月，《当代中国建筑师——程泰宁》出版（中国建筑工业出版社），入选《当代中国建筑师》丛书编委会。

12 月，在杭州出席由中国建筑学会组织召开的程泰宁建筑作品集座谈会。座谈会发言摘登在《建筑学报》1998 年第 5 期。

1999 年

论文《折射与导向——从"欧式建筑"的流行谈起》发表在《重庆建筑》1999 年第 1 期。

文章《"欧式建筑"何以盛行不衰》发表在 1999 年 6 月 1 日《城市周刊》。

2 月，黄龙饭店、联合国国际小水电中心、杭州火车站入选国际建筑师协会第二十届大会中国当代建筑艺术展。

4月，接受杭州市人民政府聘请，担任杭州市人民政府第二届专家咨询委员会委员。

6月，黄龙饭店、联合国国际小水电站、杭州火车站入选国际建协（UIA）第20届世界建筑师大会——当代中国建筑艺术展，获当代中国建筑艺术创作成就奖［颁奖单位：国际建协（UIA）第20届世界建筑师大会；当代中国建筑艺术展组织委员会］。

8月，受聘担任杭州市城市规划委员会委员。

12月，联合国国际小水电中心入选第九届全国美术作品展览（颁证单位：中华人民共和国文化部，中国美术家协会）。

加纳国家剧院和马里共和国会议大厦，双双入选《20世纪世界建筑精品选》非洲卷（中国建筑工业出版社）。

2000年

2月，由贺从容执笔的《走进现代的沉思——评当代中国建筑师程泰宁的建筑创作》刊登在台湾《艺术家》杂志《百年中国建筑专辑》中。专辑中评述了两位重要建筑学家：梁思成、程泰宁。

文章《感受上海》发表在《时代建筑》2000年第1期。

赴上海出席上海城市建设畅谈会，会议发言《危机与挑战——专家畅谈上海的城市建设》摘登在《时代建筑》2000年第1期。

64岁，中华人民共和国建设部授予"中国工程设计大师"称号。

8月，论文《理性与意念的结合——杭州铁路新客站建筑设计介绍》发表在《时代建筑》2000年第4期。

2001年

3月，接受浙江大学聘请，担任人文学院兼职教授（聘书编号：200124）。

7月，接受中国国际工程咨询公司聘请，担任中国国际工程咨询公司专家委员会委员（聘期两年，聘号0260）。

7月，《程泰宁作品选1997—2000》出版（中国建筑工业出版社）。

8月，接受金地（集团）股份有限公司聘请，担任荣誉专家。

2002年

6月，论文《重要的是观念——杭州铁路新客站创作后记》发表在《建筑学报》2002年第6期。

10月，接受东南大学聘请，担任兼职教授。

11月，接受中国建筑学会聘请，担任第十届学术工作委员会委员。

12月，从杭州市院离职。

2003 年

1月，与中国联合工程公司合作成立程泰宁建筑设计所。

1月，接受中国联合工程公司聘请，担任总建筑师。

1月，中华人民共和国建设部授予第二届梁思成建筑提名奖。

10月，论文《以简驭繁，寓"土"于今——海宁博物馆创作》发表在《建筑学报》2003年第10期。

11月，成立中联程泰宁建筑设计有限公司。

12月，中国建筑学会建筑师学会授予第二届建筑理论与创作委员会委员证书。

加纳国家剧院和杭州铁路新客站，收入德文版《二十世纪的建筑》（ *DIE ARCHITEKTUR IM 20.JAHRHUNDERT* ）（作者奥托·库特曼；出版社：Springer ）。

2004 年

1月，论文《环境·空间·建筑形象——浙江大学新校区第三组团设计》发表在《建筑学报》2004年第1期。

2月，赴美国耶鲁大学和麻省理工学院讲学，成为耶鲁大学荣誉讲座"保罗·鲁道夫讲座"请到的第一位中国籍建筑师，也是继安藤忠雄之后第二位用母语演讲的外国建筑师。

7月，接受中国房地产及住宅研究会人居环境委员会聘请，担任中国房地产及住宅研究会人居环境委员会专家组成员，任期三年。

10月，接受中国建筑学会聘请，担任中国建筑学会第三届建筑创作奖评选委员会委员。

11月，杭州中联程泰宁建筑设计研究院有限公司宣告成立，成为国内第一家以"名人与大院"合作组建模式成立的设计公司。公司资质为建筑工程甲级。

2005 年

1月，列入英国剑桥国际传记中心（ The International Biographical Centre,

Cambridge, England）杰出系列（Dictionary of International Biography ORDER OF EXCELLENCE）。

1月，8项作品收入《建造革命：1980年来的中国建筑》（*BUILDING A REVOLUTION Chinese Architecture since 1980*）（作者：薛求理；出版社：香港大学出版社）。

2月，论文《我的创作理念》发表在《城市环境设计》2005年第2期。

5月，中华人民共和国建设部、中国建筑学会授予第三届"梁思成建筑奖"。

5月，论文《东西方文化比较与建筑创作》发表在《建筑学报》2005年第5期。

6月，《程泰宁作品集2001—2004》出版（中国建筑工业出版社）。

6月，论文《面向未来 走自己的路》发表在《中外建筑》2005年第3期。

6月，69岁当选中国工程院院士（中国工程院颁发"中国工程院院士"证书，证书编号：NO.0734）。

2006年

1月，母亲甘月华在上海去世。

3月，论文《上海市公安局办公指挥大楼》发表在《建筑学报》2006年第3期。

4月，赴西安出席由中国建筑学会组织的黄帝陵轩辕庙祭祀大殿建筑创作座谈会。研讨会论文《黄帝陵轩辕庙祭祀大殿建筑创作座谈会》发言刊登在《建筑学报》2006年第6期。

5月，接受浙江理工大学聘请，担任浙江理工大学兼职教授。

5月，接受现代建筑设计（集团）有限公司、上海建筑设计研究院有限公司聘请，担任顾问专家。

8月，论文《无形·有形·无形：四川建川博物馆战俘馆创作札记》发表在《建筑创作》2006年第8期。

9月，论文《化而后创》发表在《建筑创作》2006年第9期。

12月，接受浙江大学聘请，担任求是讲座教授，聘期三年（聘书编号：2006088）。

2007 年

1 月，四川省教育基金会颁发感谢状，感谢捐赠人民币壹拾万元资助四川省贫困学生。

4 月，金都华府住宅小区被中国城市规划学会居住区规划学术委员会评为 2006 年度百年建筑优秀作品奖综合大奖。

5 月，论文《图书馆建筑设计理念的更新和发展——宁波高教园区图书信息中心的设计探索》发表在《建筑学报》2007 年第 5 期。

赴西班牙进行学术访问，在马德里大学发表演讲。

10 月，文章《感动与祝福》发表在《建筑创作》2007 年第 10 期。

10 月，论文《中国建筑师走在自主创新的路上》发表在《建筑学报》2007 年第 10 期。

10 月，赴东南大学出席建筑学院 80 周年庆典，于东南大学建筑学院中大院作题为《建筑的多样性和唯一性》的报告。

11 月，论文《杭州的房子——金都华府居住小区设计散记》发表在《建筑学报》2007 年第 11 期。

2008 年

3 月，接受浙江大学《空间结构》杂志编辑部聘请，担任《空间结构》杂志第三届编辑委员会高级顾问，聘期四年。

10 月，金都华府小区被全国工商联房地产商会、北京精瑞住宅科技基金会评为第五届（2008 年度）精瑞住宅科学技术奖。

调入东南大学。

2009 年

8 月，《程泰宁作品集 2005—2008》出版（中国建筑工业出版社）。

10 月，东南大学建筑设计与理论研究中心成立，担任中心主任。在东南大学南高院举行揭牌仪式。

10 月，接受浙江工业大学建筑工程学院聘请，担任建筑学与城市规划专业指导委员会主任委员。

12 月，杭州黄龙饭店、杭州铁路新客站、加纳国家剧院、李叔同（弘一大师）纪念馆、马里共和国会议大厦、上海市公安局办公指挥大楼、浙江美术馆，获 1949—2009 中国建筑学会建筑创作大奖"中华人民共和国成立

60 周年建筑创作大奖"。杭州国际假日酒店、四川建川博物馆·不屈战俘馆，获中国建筑学会建筑创作大奖入围奖。

2010 年

1 月，接受浙江大学建筑工程学院聘请，担任浙江大学建筑工程学院教学委员会顾问。

1 月，文章《悼光复》发表在《建筑师》2010 年第 1 期。

3 月，江苏省教授级高级工程师资格评审委员会授予教授级高级工程师资格证书（发证单位：江苏省人力资源和社会保障厅。证书编号：C3300103003）。

6 月，论文《通感·意象·建构——浙江美术馆建筑创作后记》发表在《建筑学报》2010 年第 6 期。

6 月，论文《从人居环境论城市的宜居问题》发表在《现代城市》2010 年第 2 期。

9 月，论文《低碳住宅，技术难题很多》发表在《中国高新技术企业》2010 年第 26 期。

11 月，论文《在"无限"中选择——中国海盐博物馆创作散记》发表在《建筑学报》2010 年第 11 期。

12 月，父亲程子敏在上海去世。

2011 年

1 月，《程泰宁文集》出版（华中科技大学出版社）。

1 月，《话语缠绕中的沉思——程泰宁院士访谈》发表在 2011 年 1 月《书城》（作者文敏）。

4 月，论文《实践·理念·跨文化发展》发表在《城市环境设计》2011 年第 4 期。

5 月，出席由《城市环境设计》杂志社在新华社报告厅举办的 UED 论坛。论坛一主题：建筑创作的时代性；论坛二主题：当代建筑创作的批判性解读。研讨会论文发表在《城市环境设计》2011 年 Z2 期。

5 月，出席由《城市·环境·设计》杂志社主办、北京墨臣建筑设计事务所协办的程泰宁建筑作品展暨论坛并发表演讲。

6 月，论文《跨文化发展与中国现代建筑的创新》发表在《世界建筑》2011 年第 6 期。

8 月，中联程泰宁建筑设计有限公司更名为中联筑境建筑设计有限公司。

9 月，江苏省人民政府授予"江苏省资深设计大师"称号。

9 月，文章《寻找中国建筑精神》发表在 2011 年 9 月 8 日《人民日报》副刊。

设立东南大学建筑设计与理论研究中心程泰宁奖励基金，捐赠总额为94 万元。

中国工程院重点咨询项目"当代中国建筑设计现状与发展"立项，研究工作启动，为期两年。

2012 年

4 月，论文《建筑·我：一生的邀请》发表在《科学中国人》2012 年第7 期。

5 月，接受浙江大学《空间结构》杂志编辑部聘请，担任《空间结构》杂志第四届编辑委员会高级顾问，聘期四年。

5 月，在上海出席 2012 城市建筑文化论坛·上海——传承与创新暨上海现代建筑设计集团 60 周年庆学术论坛并做主旨演讲。

6 月，在中国建筑西北设计研究院建院 60 周年学术报告会上做讲座。

9 月，程泰宁建筑作品展·筑境建筑十周年在浙江美术馆开展。

9 月，论文《换一种思路——南浔行政中心建筑群设计策略》发表在《建筑学报》2012 年第 9 期。

2013 年

4 月，论文《程泰宁·从 2012 看未来十年》发表在《城市环境设计》2013 年第 3 期。

8 月，论文《跨文化发展与中国现代建筑的创新》发表在《科技导报》2013 年第 31 卷。

10 月，论文《语言与境界——龙泉青瓷博物馆建筑创作思考》发表在《建筑学报》2013 年第 10 期。

11 月 22—23 日，作为执行主席，主持由中国工程院主办，中国工程院土木、水利与建筑工程学部和东南大学共同承办的 2013 中国当代建筑设计发展战略国际高端论坛。论坛邀请了 13 位两院院士及国内知名高校的建筑学者、知名设计机构的建筑师以及部分独立建筑师和优秀中青年建筑师代表，还邀请了来自中国香港、中国台湾、美国、瑞士、荷兰等地的著名学者及建筑师。

报告人依次包括 Mario Botta（瑞士著名建筑大师）、张锦秋、前国际建协主席 Louise Cox、美国 MIT 建筑与城市规划学院院长 Adèle Naudé Santos、中国香港著名建筑师严迅奇、中国台湾著名建筑师姚仁喜、沈祖炎院士、崔愷院士、戴复东院士、Alexander Tzonis（荷兰代尔夫特技术大学荣誉教授）、何镜堂院士、王辉、汤桦、InakiAbalos（哈佛大学设计学院建筑系主任）、张雷、朱光亚等。此外还组织了两场圆桌会议，就全球化语境下的中国文化传承与中国现当代建筑与创作环境与中国当代建筑设计展开研讨。

2014 年

1 月，文章《没有终点的航行——关于宝贵先生与宝贵石艺》发表在《建筑设计管理》2014 年第 1 期。

3 月，论文《希望·挑战·策略——当代中国建筑现状与发展》发表在《建筑学报》2014 年第 1 期。

4 月，出席由中央美术学院潘公凯工作室与《城市·环境·设计》（UED）杂志社合办的建筑师与艺术家的对话研讨会。研讨会论文《艺术介入建筑——建筑师与艺术家的对话》发表在《城市环境设计》2014 年第 5 期。

7 月，《建筑院士访谈录 程泰宁》出版（中国建筑工业出版社）。

9 月，赴苏州出席院士工作站揭牌仪式。

10 月，主编《中国当代建筑设计发展战略》出版（高等教育出版社）。

主编的《当代中国建筑设计现状与发展 基础研究（附录）》出版。

11 月，出席由中、日、韩三国建筑学会联合主办的第十届亚洲国际建筑交流研讨会，作"语言·意境·境界"主旨报告。

12 月，论文《文化自觉引领建筑创新》发表在《中国勘察设计》2014 年第 12 期。

2015 年

1 月，出席由中国工程院土木、水利与建筑工程学部、中国建筑学会主办，东南大学建筑学院、东南大学建筑设计与理论研究中心、东南大学出版社共同承办的"文化自信引领建筑创新"学术研讨会暨《当代中国建筑设计现状与发展》《中国当代建筑设计发展战略》新书发布会。

2月，《程泰宁作品集 2009—2014》出版（中国建筑工业出版社）。

4月，接受深圳大学聘请，担任荣誉教授，聘期三年（聘书编号：2015001）。

5月，赴南京博物院出席由中国建筑学会主办，筑境设计、南京博物院承办的南京博物院改扩建工程学术交流会。

6月，接受华中科技大学建筑与城市规划学院聘请，担任硕士研究生校外导师，聘期三年。

6月，受邀在武汉市国土资源和规划局承办的"提升城市形象与品质"行动学习讲座上做"文化自觉和建筑创新"讲座。同日，受邀在武汉大学珞珈讲坛第 109 讲上做讲座。

7月，接受苏州市人民政府聘请，担任苏州市古城保护专家咨询委员会委员。

9月，论文《补白 整合 新构——南京博物院二期工程建设创作访谈》发表在《建筑学报》2015 年第 9 期。

2016 年

1月，中国工程院院士文集《语言与境界》出版（中国电力出版社）。

1月，中国机械工业集团有限公司授予"科研领军人物"荣誉称号。

2月，论文《构建"形""意""理"合一的中国建筑哲学体系》转载于《探索与争鸣》2016 年第 2 期。

2月，接受中华人民共和国住房和城乡建设部聘请，担任城市设计专家委员会委员，聘期五年。

3月，出席由中国建筑学会在北京组织召开的建筑界专家座谈会。主题为"更多责权 更强能力 完善规则 有效监评"。座谈会纪实发表在《建筑学报》2016 年第 5 期。

3月 11 日，《提升文化自觉，做出有意境的建筑》发表在文汇报"文汇学人"专栏（记者于颖）。

4月，出席天津大学 2016 年当代中国建筑公开课第七讲，做"文化自觉引领建筑创新"演讲。

6月，受邀出席在"首钢"举行的北京首钢筑境国际建筑设计有限公司揭牌仪式，作题为"文化自觉引领建筑创新"的学术讲座。

9月，应邀出席北京国际设计周"绿色健康 智慧生活"论坛，并为主题论坛致开幕词。

10月，出席由建筑学报等单位主办的大报恩寺遗址公园博物馆设计研讨会。研讨会发言《金陵大报恩寺遗址博物馆设计研讨会》选登在《建筑学报》2017年第1期。

加纳国家剧院被收入《世界建筑地图》（*ATLAS of ARCHITECTURE*）（Published by Little Gestalten, Berlin, 2016）。

2017年

1月，主编出版《中国建筑设计年鉴2016（上册）》（辽宁科学技术出版社）。

1月，《THE MASTER ARCHITECT SERIES CHENGTAINING》出版（IMAGES）。

1月，《大师系列——程泰宁建筑作品选》（中文版）出版（IMAGES，广西师范大学出版社）。

1月，作为第一负责人启动中国工程院重大咨询项目"中国城市建设可持续发展战略研究"，为期二年。

4月，主持中国工程院重大咨询项目"中国城市建设可持续发展战略研究"项目启动会。

6月，央视人物访谈《大家》栏目系列之《建筑学家 程泰宁》在央视科教频道播出。

9月，赴长春出席由中国长春世界雕塑大会组织委员会及中国美术馆主办的"一带一路"引领雕塑文化交流第五届国际城市雕塑高峰论坛，并在该论坛作"漫谈建筑的雕塑感与雕塑化"主题演讲。

11月，出席上海市第六届金创奖颁奖典礼暨"匠·新"系列活动之程泰宁专题讲座报告，作"文化自觉引领建筑创新"演讲。

12月，杭州黄龙饭店入选第二批中国20世纪建筑遗产名录。

2018年

1月，文章《以文化自觉激发文化自信——从中国当代建筑创作谈起》发表在2018年1月19日《人民日报》副刊。

4月，《匠·新》纪录片第四集《儒匠：程泰宁》在 SMG 上海纪实频道播出。

9月，"追梦·山水间"程泰宁院士建筑作品巡展暨建筑创作的实践与思考学术论坛在南京博物院开幕。展览通过问境、寻境、入境、化境四个篇章，集中展现程泰宁近年来对于境界、意境、语言三者的探索与思考。

10月，《语言 意境 境界——程泰宁院士建筑思想访谈录》发表在《建筑学报》2018 年第 10 期。

11月，《"抽象继承"与博物馆建筑的创新》发表在《东南文化》2018 年 S1 期。

2019 年

1月，《程泰宁："建筑"本天成，妙手偶得之》发表在 2019 年 1 月 16 日《文汇报》（记者付鑫鑫）。

4月，"追梦·山水间"程泰宁建筑作品展·上海站在同济大学博物馆开展。

5月，"境·自在——程泰宁建筑作品展"暨当代中国建筑的理论建构与实践创新学术论坛在中国国家博物馆北一展厅举办。

5月，文章《让当代创作更具中国气派（高峰之路）——以建筑设计为例》发表在 2019 年 5 月 17 日《人民日报》。

5月，出席中国工程院重大咨询研究项目"中国城市建设可持续发展战略研究"结题评审会议。

9月，《建构自己的话语体系——中国工程院院士程泰宁谈建筑创作》发表在 2019 年 9 月 12 日《中国建设报》（作者任佳）。

2020 年

1月，《程泰宁：做建筑，不能"直把他乡作故乡"》发表在 2020 年 1 月 3 日《解放日报》（记者雷册渊）。

1月，《中国工程院院士程泰宁谈建筑乱象：做建筑，不能"直把他乡作故乡"》发表在《解放日报》。上观新闻刊登程泰宁建筑作品，视频同步上传《我的建筑意象是这样生成的》。

12月，《建筑文化理论探索丛书》出版（东南大学出版社）。

作为第一负责人，启动中国工程院重点咨询项目——中国"站城融合发展"战略研究，为期一年。

2021 年

1 月，《专注建筑空间设计 60 余年，程泰宁——赋予建筑人文的气质（讲述・一辈子一件事）》发表在 2021 年 1 月 12 日《人民日报》（记者姚雪青）。

6 月，《西交大创新港之"眼"——工程博物馆与多功能阅览中心设计》发表在《建筑学报》2021 年第 6 期。

7 月，主编的《当代中国城市建设可持续发展战略》（上、中、下三册）出版（中国建筑工业出版社）。

9 月，受邀在《2020/2021 中国城市规划年会暨 2021 中国城市规划学术季》做"格局与创造力——规划建筑师的职业素养"演讲。

9 月，《中国工程院院士程泰宁：十年过去，"外来和尚好念经"等建筑乱象并未明显改变》发表在 2021 年 9 月 28 日《每日经济新闻》。

10 月，《杨廷宝先生：20 世纪的建筑巨匠》发表在《建筑学报》2021 年第 10 期。

11 月，在第 19 届亚洲建筑师大会做"回归自然——建筑与现代性的哲学反思"主旨报告。

2022 年

6 月，主编的《站城融合发展论文集》出版（中国建筑工业出版社）。

6 月，主编的《站城融合之城市设计》《站城融合之综合规划》《站城融合之城市交通衔接规划》《站城融合之铁路客站建筑设计》出版（中国建筑工业出版社）。

9 月，应邀赴上海在 2022 世界设计之都大会主题论坛"设计共生・智慧赋能——国际建筑设计峰会"上做"面向未来，走自己的路——文化自信引领建筑创新"主旨演讲。

9 月，主持中国建筑文化论坛 2022 暨中国建筑学会建筑文化学术委员会学术年会，作主题报告"是建构中国建筑文化体系的时候了——'现代性'的反思和新构"。

9 月，《程泰宁院士："杭州西站是中国新一代火车站"》发表在 2022 年 9 月 22 日《浙江日报》。

9月，《回归自然——建筑与现代性的哲学反思》发表在《建筑学报》2022年第9期。

10月，《中国建筑的未来在"前方"，而不是"西方"或"后方"》发表在新华社客户端（2022-10-14，记者崔赫翾）。

10月，《程泰宁：中国建筑找出路，为什么要先反思西方的"现代性"?》发表在观察者网（观察者网记者依据中国建筑文化论坛2022暨中国建筑学会建筑文化学术委员会学术年会上的演讲现场录音整理）。

作为第一负责人，启动中国工程院重点咨询项目"基于文化自信的中国建筑创新性发展战略研究"，为期一年。

2023年

作为第一负责人，启动中国工程院重点咨询项目"基于中国文化创新性发展的建筑理论体系建构与发展战略研究"。

作为第一负责人，启动中国工程院重大咨询项目"中国特色城市群协同发展战略研究"。

4月，《程泰宁传——儒匠》出版（作者：丁七玲，江苏人民出版社）。

附录 2

程泰宁建筑作品年表

1958　北京人民大会堂方案　中国·北京　提供方案

国家歌剧院方案　中国·北京　提供方案，项目未落实

国家体育场方案　中国·北京　提供方案，项目未落实

1960　南京长江大桥桥头堡　中国·江苏·南京　入选方案之一、1965 年
建成

山东工业展览馆　中国·山东　未落实

1963　古巴吉隆滩胜利纪念碑方案　古巴·吉隆滩　国际设计竞赛参赛
方案

华南地区 1000 人铁路旅客站方案

1972　临汾铁路货运站及仓库　中国·山西·临汾　1973 年建成

1973　临汾柴油机厂方案　中国·山西·临汾　未落实

东风饭店　中国·山西·临汾　1975 年竣工

1974　邮电部第七研究所　中国·山西·侯马　1978 年竣工

1975　解放军 277 医院　中国·山西·侯马　1978 年竣工

1976　云山饭店　中国·山西·太原　1981 年竣工

1978　临汾石油公司办公楼　中国·山西·临汾　1980 年竣工

唐山 1500 座剧场方案　中国·河北·唐山　未落实

1979　山西省人大常委会办公楼　中国·山西·太原　1982 年竣工

1980　全国中小型剧场设计竞赛方案　三个方案获奖

杭州百货大楼参赛方案　中国·浙江·杭州　一等奖

1981　杭州百货大楼　中国·浙江·杭州　未落实

1982　山西省美术馆　中国·山西·太原　未落实

1983 黄龙饭店 中国·浙江·杭州 1986 年竣工 中国建筑学会建筑创作大奖（1949—2009）（2009 年 12 月），第二批中国 20 世纪建筑遗产名录（2017 年 12 月）

杭州友好饭店 中国·浙江·杭州 1985 年竣工

杭州中河路规划方案 中国·浙江·杭州 未落实

1985 加纳国家剧院 加纳·阿克拉 1992 年竣工 中国建筑学会建筑创作大奖（1949—2009）（2009 年 12 月）

1987 北京民族大厦方案 中国·北京 国内竞赛参赛方案

1989 马里共和国会议大厦 马里共和国·巴马科 1994 年竣工 中国建筑学会建筑创作大奖（1949—2009）（2009 年 12 月）

1990 河姆渡遗址博物馆方案 中国·浙江·余姚 国内竞赛参赛方案

达安大楼方案 中国·上海 未落实

1991 杭州铁路新客站 中国·浙江·杭州 1999 年竣工 中国建筑学会建筑创作大奖（1949—2009）（2009 年 12 月）

阿尔丁广场规划与建筑方案 中国·内蒙古·包头 未落实

1992 奈良中国文化村剧场方案 日本·奈良 未落实

天安国际大厦方案 中国·浙江·宁波 未落实

创律广场方案 中国·山东 未落实

包头市政府改建方案 中国·内蒙古·包头 未落实

大上海国际花园别墅方案 中国·上海 未落实

1993 杭州铁路新客站地区详细规划及城市设计 中国·浙江·杭州 部分落实

杭州铁路新客站地区南片城市设计 中国·浙江·杭州 部分落实

新西湖饭店方案 中国·浙江·杭州 未落实

1994 解百商城 中国·浙江·杭州 1999 年竣工

浙江联谊中心 中国·浙江·杭州 1998 年竣工

上海银舟大厦 中国·上海 主体施工完成

杭州国际梅地亚中心 中国·浙江·杭州 未落实

1995 杭州国际假日酒店 中国·浙江·杭州 1998 年竣工 2001 年浙江省建筑工程优秀设计（钱江杯）一等奖（2013 年 12 月）

海南商业广场方案　中国·海南·海口　未落实

乐阳大厦方案　中国·浙江·杭州　未落实

黑猫大厦方案　中国·浙江·杭州　未落实

浙金广场　中国·浙江·杭州　1998 年竣工

1996　联合国国际小水电中心　中国·浙江·杭州　1997 年竣工

1997　杭州市上城区体育商城方案　中国·浙江·杭州　未落实

合肥华侨饭店方案　中国·安徽·合肥　中标方案

鄞县中心区行政中心方案　中国·浙江·宁波　未落实

浙江省图书音像发行大厦　中国·浙江·杭州　未中标

浙江省丝绸集团公司科技培训楼方案　中国·浙江·杭州　完成扩初图纸

福托康复中心方案　中国·浙江·杭州　中标方案

1998　绍兴市民广场　中国·浙江·绍兴　2000 年竣工

上海金山区行政中心　中国·上海　2001 年竣工

元华广场　中国·浙江·杭州　2002 年竣工

1999　海宁博物馆　中国·浙江·海宁　2000 年竣工

昌明新城　中国·福建·厦门　方案竞赛二等奖（一等奖空缺）

杭州市国家税务局　中国·浙江·杭州　2000 年竣工

杭州大剧院方案　中国·浙江·杭州　国际招标入围方案

上海浦东发展银行杭州分行　中国·浙江·杭州　完成外立面改造设计

杭州职业技术学院　中国·浙江·杭州　中标方案

达盟山庄　中国·浙江·杭州　完成扩初图纸

墨香苑居住小区　中国·浙江·杭州　2002 年竣工

2000　上海市公安局办公指挥大楼　中国·上海　2004 年竣工　中国建筑学会建筑创作大奖（1949—2009）（2009 年 12 月）

温州鞋业博物馆方案　中国·浙江·温州　未落实

夏衍纪念馆方案　中国·浙江·杭州　未中标

上海南外滩沿江建筑方案　中国·上海　未落实

绍兴大剧院方案　中国·浙江·绍兴　未中标

2001 宁波高教园区图书信息中心　中国·浙江·宁波　2003 年竣工

弘一大师纪念馆　中国浙江平湖　2004 年竣工　中国建筑学会建筑创作大奖（1949—2009）（2009 年 12 月）

浙江大学新校区第三组团　中国·浙江·杭州　2002 年竣工

温州世贸中心方案　中国·浙江·温州　2002 年通过规划审查

上海铁路南站设计方案　中国·上海　参加国际招标

杭州市行政中心方案　中国·浙江·杭州　入围方案

2002 绍兴鲁迅纪念馆　中国·浙江·绍兴　2004 年竣工

耀江大酒店　中国·浙江·诸暨　2008 年竣工

鄞县文化中心方案　中国·浙江·宁波　未落实

曲靖会堂　中国·云南·曲靖　2004 年竣工

2003 金都华府居住小区　中国·浙江·杭州　2007 年竣工　2004 年中国人居环境金牌建设试点项目（2004 年 4 月）、2005 年中国科技地产年度名盘（2005 年 12 月）、2005 年亚洲国际最佳人居标准认证（2005 年 9 月）、2006 年度百年建筑优秀作品奖综合大奖（2006）、第五届（2008 年度）精瑞住宅科学技术奖建筑文化奖金奖（2008 年 10 月）

浙江美术馆　中国·浙江·杭州　2008 年竣工　中国建筑学会建筑创作大奖（1949—2009）（2009）、2009 年度浙江省建设工程钱江杯奖（优秀勘察设计）一等奖（2009 年 7 月）、2009 年度全国优秀工程勘察设计行业奖建筑工程一等奖（2010 年 3 月）、2015 年第十四届全国优秀工程勘察设计奖银质奖（2015 年）、第五批全国建筑业新技术应用示范工程（2008 年 8 月）

建川博物馆·战俘馆　中国·四川·安仁　2006 年竣工

鄞县商会大楼方案　中国·浙江·宁波　中标方案

2004 常熟理工学院逸夫图书馆　中国·江苏·苏州　2007 年竣工　2009 年度浙江省建设工程钱江杯奖（优秀勘察设计）一等奖（2009 年 7 月）

浙江宾馆商务别墅　中国·浙江·杭州　2007 年竣工

2004 江南春度假中心方案　中国·浙江·杭州　未落实

重庆美术馆　中国·重庆　未落实

116 工程方案　中国·浙江·杭州　方案入围后退出

2005　银川国际会展中心　中国·宁夏·银川　2008 年竣工　2012 年度
浙江省建设工程钱江杯奖（优秀勘察设计）综合工程一等奖（2012
年 8 月）、2013 年度全国优秀工程勘察设计行业奖建筑工程二等奖
（2013 年 11 月）

扬州市公安局公安业务技术用房方案　中国·江苏·扬州　未落实

银川市核心区人民广场规划设计　中国·宁夏·银川　国际投标
中标

绍兴咸亨村工程方案　中国·浙江·绍兴　未落实

无锡体育中心　中国·江苏·无锡　未落实

武汉市公安局办公指挥大楼方案　中国·湖北·武汉　未落实

沈阳城市应急救助指挥中心方案　中国·辽宁·沈阳　未落实

南浔行政中心　中国·浙江·湖州　2011 年竣工　2015 年度全国
优秀工程勘察设计行业奖建筑工程一等奖（2015 年 11 月）"

2006　城市芯宇居住小区　中国·浙江·杭州　2013 年竣工　2012 年度
浙江省建设工程钱江杯奖（优质工程）（2012 年 9 月）

华翔东方大厦方案　中国·浙江·绍兴　未落实

联合国国际小水电中心立面改造工程　中国·浙江·杭州　2006 年
竣工

温岭市城市规划展示馆方案　中国·浙江·绍兴　未落实

厦门西站概念方案　中国·福建·厦门　未中标

2007　上海中心方案　中国·上海　参加国际邀请设计竞赛

中国海盐博物馆　中国·江苏·盐城　2009 年竣工　2010 年度浙
江省建设工程钱江杯奖（优秀勘察设计）一等奖（2010 年 7 月）、
中国建筑学会创作大奖（2009—2019）优秀作品（2019 年 12 月）

龙泉青瓷博物馆　中国·浙江·龙泉　2012 年竣工

千岛湖天屿度假酒店方案　中国·浙江·千岛湖　未落实　第八届
中国威海国际建筑设计大奖赛优秀奖（2015 年 9 月）

大禹陵祭禹广场改造工程方案　中国·浙江·绍兴　未落实

　金都汉宫 E 地块公馆　中国·湖北·武汉　已竣工

温州 X 地块方案　中国·浙江·温州　未落实

2008　南京博物院　中国·江苏·南京　2013 年竣工　2017 年度全国优秀工程勘察设计行业奖公建类一等奖（2017 年 11 月）、2018 江苏省优秀工程设计一等奖（2018 年 2 月）、中国建筑学会创作大奖（2009—2019）优秀作品（2019 年 12 月）、2018 年度省第十八届优秀工程设计一等奖（2019 年 5 月）

杭州铁路东站方案　中国·浙江·杭州　未中标

2009　宁夏大剧院　中国·宁夏·银川　2014 年竣工

西安大明宫遗址博物馆方案　中国·陕西·西安　未落实

甬台温铁路专线方案　中国·杭甬线　未落实

宁波市中级人民法院方案　中国·浙江·宁波　未中标

北戴河铁路客站方案　中国·河北·北戴河　未落实

青川县博物馆方案　中国·四川·青川　未落实

2010　温岭博物馆　中国·浙江·台州　2011 年竣工　2020 国际建筑奖（欧洲建筑艺术设计与城市研究中心颁发）（2021 年 9 月）、2020 美国国际设计大奖 IDA—金奖（建筑设计—博物馆、展馆和展棚类）（2021 年 2 月）

中国港口博物馆　中国·浙江·宁波　2014 年竣工　2015 年度浙江省建设工程优秀设计奖（2015 年 6 月）

湘潭市博物馆及城市规划展览馆　中国·湖南·湘潭　2014 年竣工　2016 年度湖南省优秀工程设计一等奖（2016 年 9 月）

黄岩博物馆　中国·浙江·台州　已竣工

杭州师范大学仓前校区　中国·浙江·杭州　已竣工

建德博物馆及城市规划展览馆方案　中国·浙江·建德　未落实

2011　苏步青纪念馆　中国·浙江·平阳　2015 年竣工

沂蒙革命历史纪念馆　中国·山东·临沂　2015 年竣工　2017 年度浙江省建设工程钱江杯（优秀勘察设计）综合工程一等奖（2017 年 7 月）

莱州博物馆方案　中国·山东·莱州　未落实

夏宫酒店方案　中国·海南·陵水　未落实

宁波东部新城 B1—4 地块方案　中国·浙江·宁波　未落实

2012　昭山两型产业发展中心　中国·湖南·湘潭　2015 年竣工　湖南省
2017 年度优秀工程设计一等奖（2017 年 8 月）

太原晋阳湖展示馆方案　中国·山西·太原　未落实

悦海湾酒店　中国·福建·厦门　施工中

锡东新城文化中心方案　中国·江苏·无锡　未落实

杭州市博物院方案　中国·浙江·杭州　未落实

福建龙岩展览城方案　中国·福建·龙岩　未落实

龙岩市委党校搬迁建设工程　中国·福建·龙岩　已竣工

河西文化艺术中心　中国·江苏·南京　2014 年竣工

2013　越城遗址博物馆方案　中国·江苏·苏州　初步设计完成

君康金融广场　中国·上海　已竣工　浙江省勘察设计行业优秀勘
察设计奖（建筑工程设计类）一等奖（2022 年 7 月）

钱江金融城方案　中国·浙江·杭州　参加国际竞标入围

陵园新村旅游配套服务区　中国·江苏·南京　未落实

2014　湛江文化艺术中心　中国·广东·湛江　未落实

阜阳市科技文化中心　中国·安徽·阜阳　已竣工

长春国际雕塑博物馆　中国·吉林·长春　已竣工　中国建筑学会
创作大奖（2009—2019）优秀作品

南京栖霞广厅　中国·江苏·南京　设计深化中

2015　厦门同安新城（丙洲片区）　中国·福建·厦门　作为总控单位设
计深化中

北京首钢世界侨商创新中心方案　中国·北京　项目未落实

天津美术学院方案　中国·天津　参加国际竞标，未定

2016　南京美术馆新馆　中国·江苏·南京　国际投标中标　已竣工

青岛（红岛）铁路客站　中国·山东·青岛　设计深化中　施工完成

南京城墙博物馆方案　中国·江苏·南京　参加国际竞标

苏州中学苏州湾校区　中国·江苏·苏州　已竣工

2017　杭州萧山国际机场新建航站楼方案设计及陆侧核心区总体规划概念
设计方案　中国·浙江·杭州　国际竞赛入围，未中标

首钢世界侨商创新中心一期方案　中国·北京　未落实

西安交通大学科技创新港科创基地 8 号楼及 9 号楼　已竣工　2021 年度浙江省勘察设计行业优秀勘察设计成果（建筑工程设计类）一等奖（2021 年 6 月）

杭州西站枢纽地区（仓前科创新城）核心区城市设计暨概念规划设计方案　中国·浙江 杭州　国际投标中标，城市设计及建筑方案优化完成

杭州西站枢纽综合体　投标中标　中国·浙江·杭州　已竣工

长春雕塑博物馆二期设计方案　中国·吉林·长春　未落实

2018 北京城市副中心城市绿心起步区详细规划及剧院、图书馆、博物馆建筑设计方案　中国·北京　国际竞赛入围，未中标

江阴中国国乐中心　中国·江苏·江阴　施工中

南京江北新区图书馆　中国·江苏·南京　施工中

嘉兴市委党校设计方案　中国·浙江·嘉兴　国际竞赛入围，未中标

2019 衡阳市博物馆设计方案　中国·湖南·衡阳　中标，未落实

厦门新体育中心、新会展中心城市设计及建筑概念设计方案　中国·福建·厦门　国际投标中标，城市设计及建筑方案优化完成

南京雨花华邑酒店　中国·江苏·南京　施工中

东南大学九龙湖校区工科综合科研大楼　中国·江苏·南京　设计中

西安易俗历史文化街区概念设计方案　中国·陕西·西安　未落实

北京新国展二、三期项目设计方案　中国·北京　国际竞赛评审第一名，未中标

中国第二历史档案馆新馆设计方案　中国·江苏·南京　国际竞赛入围，未中标

2020 徐州宕口酒店　中国·江苏·徐州　已竣工

国深博物馆设计方案　中国·广东·深圳　国际竞赛未入围

深圳改革开放博物馆设计方案　中国·广东·深圳　未参加第二轮投标

中国水工科技馆和运河会议中心　中国·江苏·淮安　水工馆施工中，会议中心未实施

雄安新区启动区05、07地块创新坊标志建筑设计方案　中国·北京　未落实

2021　南京溧水文化设计方案　中国·江苏·南京　未落实

南京北站站房暨站城融合核心区设计方案　中国·江苏·南京　国际竞赛入围 未中标

杭州TOD城市设计海潮站（城站）设计　中国·浙江·杭州　设计中

厦门环东海域新城文体公建群B地块方案设计　中国·福建·厦门　国际竞赛入围，未中标

苏州大剧院规划及建筑概念方案国际征集　中国·江苏·苏州　国际竞赛入围，暂未评审定标

2022　西昌建川电影博物馆聚落 中国电影发展馆　中国·四川·西昌　施工中

西昌凉山州博物馆　中国·四川·西昌　施工中

国家宪法馆设计方案　中国·浙江·杭州　国际竞赛入围，项目取消

绍兴市王羲之纪念馆设计方案　中国·浙江·绍兴　未落实

开封自贸试验区国际文化艺术品交易中心设计方案　中国·河南·开封　未中标

北京协和医学院天津校区设计方案　中国·天津　国际竞赛第一名，方案深化完成

衢江姑蔑古国考古遗址公园博物馆　中国·浙江·衢州　国际竞赛中标，设计中

2023　深圳海洋大学方案设计方案　中国·广东·深圳　未中标

长沙湘江科学城核心展示区标志性建筑　中国·湖南·长沙　国际竞赛中标

后　记

2014年，笔者在中国工程院《建筑院士访谈录 程泰宁》中写过：

"我看了他们对您的描写，总觉得和我眼中的您有些距离。"

"哦？"先生笑了，随口问了一句，"你眼中的我是什么样？"

我一下被问住了。

除了最先闪过的博学和睿智外，执着／超脱，强势／无奈，完美／妥协，激进／低调，喜新／守拙，大气／细节，自我／随和，荣耀／寂寞……一组组相互对立的词语，手拉着手向我示威。

一千个人眼里，又岂止一千个哈姆雷特呢？

对一个充满多样个性的先生的印象，又怎么可能用数百个字描写清楚呢？我想，关于先生的故事，应该是另外的篇章了。

九年过去，这个另外的篇章能让读者眼前立起先生的形象么？

这是一本介乎他传与自传之间的传记。

他传求真。六年数百小时的直面交流，构筑了"口述史"的真；参加完成老科学家学术成长资料采集工程，沉浸在档案、图纸、信件、手稿、照片、音频、视频，以及访谈交流中的重新发现，成就了"信史"的真；穿越历史缩小代差，走入建筑跨越壁垒，拨开行为发掘思想、寻找逻辑，或可化为"解读史"的真。因不敢有瑕疵，下笔寥寥两行，墨盒车载斗量。

自传求实。作为一支被先生称为"不是太合适也不是不合适"的"笔"，除了要将先生惊人的记忆和鲜活的讲述转为珍贵感人的细节，也要完全接受先生对毫厘之差的不断调校。如果本书的准确性、独特性和可读性能得到读者的些许认可，那多半是先生的功劳。

这是一本汇聚众人智慧和心血的作品。

感谢陈宏建老师加入后期创作指导，在疫情肆虐的八个月内通过十

333

次视频沟通和书写，为本书增添了视角，开拓了深度。

感谢唐海英、费移山、葛能全、王大鹏、王幼芬和季欣（按提供审稿意见顺序）六位老师对送审稿的认真审阅和细致意见。

感谢王宏甲老师的传授、斧正并为本书作序，引领笔者在字斟句酌中体会纪实文学的魅力，在立意推敲中感悟智慧生命的真谛。

感谢程永宁、张敏娟、杨生龙、段永茂、王立富、王正寅、叶湘菡、陈忠麟、姚建华、岑章志、钱伯霖、徐东平、金联盟、王幼芬、王静、费移山、程戈（按照采访顺序）等人接受访谈，感谢他们提供的湮没的往事和不同的视角。

感谢临汾市建筑设计院石文红院长，协助联系临汾和运城绛县的同事。感谢陈萌引荐王宏甲和陈宏建两位老师参与本书创作。

感谢陈畅协助附录2《程泰宁建筑作品年表》整理和照片提供。

感谢网络信息时代，为相关资讯的检索、查阅与注释提供了充分的便利与迅捷。

由于年代原因，有些内容已难以追溯考证，加之笔者能力所限，文中难免存在错、漏、碰、缺之憾。不当之处，诚恳接受读者的批评指正。